Das deutsche parlamentarische Regierungssystem
als mögliches Modell für Korea

SCHRIFTEN
zum internationalen und zum öffentlichen
RECHT

Herausgegeben von Gilbert Gornig

Band 56

PETER LANG
Frankfurt am Main · Berlin · Bern · Bruxelles · New York · Oxford · Wien

Do-Hyub Kim

Das deutsche parlamentarische Regierungssystem als mögliches Modell für Korea

PETER LANG
Europäischer Verlag der Wissenschaften

Bibliografische Information Der Deutschen Bibliothek
Die Deutsche Bibliothek verzeichnet diese Publikation in der Deutschen Nationalbibliografie; detaillierte bibliografische Daten sind im Internet über <http://dnb.ddb.de> abrufbar.

Zugl.: Marburg, Univ., Diss., 2004

D 4
ISSN 0943-173X
ISBN 3-631-53073-0

www.peterlang.de

Meiner Mutter

Vorwort

Die vorliegende Arbeit wurde von der Rechtswissenschaftlichen Fakultät der Philipps-Universität Marburg im Sommersemester 2004 als Dissertation angenommen.

An dieser Stelle gilt mein besonderer Dank Herrn Professor Dr. Hans-Detlef Horn für die von Interesse und Engagement getragene Betreuung dieser Arbeit. Danken möchte ich auch Herrn Professor Dr. Dr. h. c. Gilbert Gornig für die zügige Erstellung des Zweitgutachtens.

Ein ganz herzlicher Dank gilt meinem Vater, meiner Mutter (†) und meinen Schwiegereltern sowie meinem Freund, Herrn Kai Jendrusch.

Zuletzt möchte ich besonders meiner Frau Mi-Jin Park und meinem Sohn Ju-Yeoub Kim danken.

Marburg, im Juli 2004

Do-Hyub Kim

Inhaltsverzeichnis

Abkürzungsverzeichnis

a. A.	anderer Ansicht
Abs.	Absatz
Anh.	Anhang
Anm.	Anmerkung
Apr.	April
Art.	Artikel
AÖR	Archiv des öffentlichen Rechts
AG	Amtsgericht
Aufl.	Auflage
Aug.	August
BBG	Bundesbeamtengesetz
Bd.	Band
bes.	besonders
BGBI	Bundesgesetzblatt
BGH	Bundesgerichtshof
BK	Kommentar zum Bonner Grundgesetz
BMinG	Bundesministergesetz
BRD	Bundesrepublik Deutschland
BVerfG	Bundesverfassungsgericht
BVerfGE	Entscheidungen des Bundesverfassungsgerichts
BVerfGG	Gesetz über das Bundesverfassungsgerichts
BWahlG	Bundeswahlgesetz
BayVBl	Bayerische Verwaltungsblätter
BayVerf	Verfassung des Freistaates Bayern
bzw.	beziehungsweise
CDU	Christlich Demokratische Union
CSU	Christlich Soziale Union
DDR	Deutsche Demokratische Republik
ders.	derselbe
Dez.	Dezember
d. h.	das heißt
Diss.	Dissertation
DÖV	Die öffentliche Verwaltung
DSt	Der Staat
DVBl	Deutsches Verwaltungsblatt
Ed.	Edition
etc.	etcetera

f.	folgend(e Seite)
ff.	folgende (Seiten)
FDP	Freie Demokratische Partei
Feb.	Februar
Fn.	Fußnote
GBI	Gesetzblatt
GG	Grundgesetz
ggf.	gegebenenfalls
GOBT	Geschäftsordnung des Deutschen Bundestages
HStR	Handbuch des Staatsrechts der BRD
Hrsg.	Herausgeber
Ibid	Ibidem
i.S.d.	im Sinne der (des)
i.S.v.	im Sinne von
i.V.m.	in Verbindung mit
Jan.	Januar
JÖR	Jahrbuch des öffentlichen Rechts
Jul.	Juli
Jun.	Juni
JuS	Juristische Schulung
JZ	Juristenzeitung
KoreaV	Koreanische Verfassung
KPD	Kommunistische Partei Deutschlands
KVerfGG	Gesetz über das koreanische Verfassungsgericht
Mär.	März
N.F	Neue Folge
Nov.	November
NPD	Nationaldemokratische Partei Deutschlands
Nr.	Nummer
Okt.	Oktober
op.cit.	opere citato
Pol.	Politik
rd.	rund
Rn.	Randnummer
RVerf. 1871	Verfassung des Deutschen Reiches vom 16. April 1871
S.	Seite
Sep.	September
sog.	so genannt
SPD	Sozialdemokratische Partei Deutschlands

StR	Staatsrecht
Univ	Universität
USA	United States of America
usw.	und so weiter
vgl.	vergleiche
VG	Verwaltungsgericht
VVDStRL	Veröffentlichungen der Vereinigung der Deutschen Staatsrechtslehrer
WahlGBPräs	Gesetz über die Wahl des Bundespräsidenten durch die Bundesversammlung
WRV	Weimarer Reichsverfassung vom 11. August 1919
WV	Weimarer Verfassung
ZaöRV	Zeitschrift für ausländisches öffentliches Recht und Völkerrecht
ZAR	Zeitschrift für Ausländerrecht und Ausländerpolitik
ZöR	Zeitschrift für öffentliches Recht
z. B.	zum Beispiel
ZfP	Zeitschrift für Parlamentsfragen

ERSTES KAPITEL

Einleitung

A. Problemstellung

Die Geschichte Koreas hat gezeigt, dass das präsidiale Regierungssystem die Probleme des Landes, welche insbesondere auch durch die langjährige Trennung in Süd- und Nordkorea entstanden sind, nicht zu bewältigen vermag. Verantwortlich für die „verfassungsrechtlichen Wirrungen" der letzten Jahrzehnte sind dabei die systemimmanenten Probleme des Präsidialsystems, daneben sind aber auch systemfremde Faktoren, welche aus der spezifischen koreanischen Lage resultieren, mitursächlich.

Die schwerwiegenden Probleme sind durch zahlreiche Missstände offen zu Tage getreten; sie sind heute allbekannt und längst zu historischen Tatsachen geworden. Die Probleme und auch die Unzufriedenheit mit dem geltenden Regierungssystem bestehen auch in Zeiten, in denen eine demokratische Politik Einzug gehalten hat und ein demokratisches Bewusstsein im koreanischen Volk besteht. Selbst das unbestrittene Wirtschaftswachstum lässt die verfassungsrechtliche Diskussion nicht verstummen. Auch die Erfahrungen bei den 15. Präsidentenwahlen im Jahre 1997 und bei der letzten Wahl im Jahre 2002, welche beide durch heftige Machtkämpfe geprägt waren, zeigen die Notwendigkeit der Systemveränderung. Die Diskussion über eine Verfassungsänderung, die den Wechsel hin zum parlamentarischen Regierungssystem vollzieht, steht somit nach wie vor im Mittelpunkt der verfassungsrechtlichen Debatte.

Meines Erachtens hat die Geschichte, und insbesondere die darin aufgetretenen gravierenden Missstände, deutlich gezeigt, dass es einer Abkehr vom präsidialen Regierungssystem bedarf. Die nachstehende Arbeit soll zeigen, dass das parlamentarische Regierungssystem eine erfolgsversprechende Alternative für Korea darstellen kann. Der Optimismus für das parlamentarische Regierungssystem als Erfolgsmodell für Korea resultiert zum einen aus den positiven Erfahrungen in Deutschland, wo sich das System nun mittlerweile über ein halbes Jahrhundert erfolgreich etabliert hat, und zum anderen aus den historischen Erfahrungen, welche in Korea mit dem parlamentarischen Regierungssystems in der Zweiten Republik Korea gesammelt werden konnten.

Die Reform des Regierungssystems stellt eine zentrale Richtungsentscheidung für die kommenden Jahrzehnte dar und ist deshalb für die Zukunft des gesamten Volkes von elementarer Bedeutung. Dementsprechend sollte die Entscheidung über ein neues Regierungssystem auf einer sorgfältigen Forschung und Debatte fußen. Die bis dato vorhandenen wissenschaftlichen Auseinandersetzungen mit dieser Frage bilden meines Erachtens keine ausreichende Grundlage für eine solche Richtungsentscheidung.

Die vorliegende Untersuchung macht daher den Versuch, das deutsche parlamentarische Regierungssystem als Vorbild für Korea zu nehmen.

B. Gang der Untersuchung

Als geeignete Vorlage für die Einführung eines parlamentarischen Regierungssystems wählt diese Arbeit das deutsche parlamentarische Regierungssystem aus. Um eine fundierte Basis für die zur Zeit in Korea geführte Verfassungsdiskussion zu schaffen, werden der historische Hintergrund des Parlamentarismus, die Entwicklung des parlamentarischen Systems in Deutschland sowie die Strukturmerkmale der Verfassung näher beleuchtet.

Zunächst wird in den allgemeinen Lehren auf den ideengeschichtlichen Hintergrund des parlamentarischen Regierungssystems eingegangen, bevor die historische Entwicklung beschrieben wird. Sodann sind die institutionellen Charakterzüge des parlamentarischen Systems darzustellen.

Daran schließt sich ein Überblick über die deutsche Verfassungsgeschichte an, wobei besonderer Wert auf die Entwicklungsgeschichte des Parlamentarismus in Deutschland zu legen sein wird.

Danach wird das derzeit praktizierte parlamentarische Regierungssystem in Deutschland in den Mittelpunkt der Betrachtung gerückt. Dargestellt werden die wichtigsten staatlichen Organe mit ihren wesentlichen Funktionen und ihrer Stellung im „Verfassungsgefüge". Namentlich wird auf die verfassungsrechtliche Stellung und die Kompetenzen des Bundestages, des Bundesrates, der Bundesregierung, des Bundespräsidenten und des Bundesverfassungsgerichts eingegangen. Dem folgt die Darstellung der „Erfolgsfaktoren" des deutschen parlamentarischen Regierungssystems; dies sind die Vertrauensfrage des Bundeskanzlers, das konstruktive Misstrauensvotum des Bundestages, das Wahlsystem, die starke Verfassungsgerichtsbarkeit, die Stellung und Funktion der politischen

Parteien sowie die pluralistische Volkswillensbildung. Diese Ausführungen sollen dazu dienen, die genannten „Erfolgsfaktoren“ als Garanten für ein funktionierendes Regierungssystem zu bestimmen, wie es auch in Korea erfolgreich sein könnte.

An die Schilderung des deutschen Systems schließt sich eine Darstellung des parlamentarischen Regierungssystems in der Zweiten Republik Korea (19. August 1960 bis 16. Mai 1961) an. Dieses System hatte viele Ähnlichkeiten und Parallelen mit dem deutschen. Der genauen Untersuchung dieser Parallelen kommt daher eine wichtige Bedeutung zu. Deshalb wird die historische Entwicklung und die Struktur des parlamentarischen Regierungssystems der Zweiten Republik Korea ausführlich analysiert. Sodann wird eine verfassungsgeschichtliche Bewertung dieses Systems vorgenommen, insbesondere wird nach den Gründen für die Kurzlebigkeit dieses Systems gesucht werden.

Im dritten Kapitel wird auf die Probleme des präsidialen Regierungssystems in der gegenwärtigen koreanischen Verfassung eingegangen. Zunächst wird die historische Entwicklung dargestellt, bevor auf die Probleme des Systems eingegangen wird.

Danach soll basierend auf den bis dato erfolgten Darstellungen gezeigt werden, dass das deutsche parlamentarische Regierungssystems, insbesondere aufgrund der historisch verwurzelten parlamentarischen Erfahrungen aus der Zweiten Republik Korea, als das erfolgsversprechendste Modell für Korea erscheint. Dabei werden zunächst die voraussichtlichen Erträge einer Übernahme des deutschen Systems dargestellt, woran sich eine Schilderung der Vorbedingungen einer erfolgreichen Übernahme anschließt. Schließlich wird das parlamentarische Regierungssystem mit Blick auf eine zukünftige Wiedervereinigung von Süd- und Nordkorea beleuchtet.

Im letzten Teil werden die gefundenen Ergebnisse kurz zusammengefasst. Prägnant werden die wichtigsten Gründe, welche für eine Übernahme des deutschen parlamentarischen Regierungssystems in Korea sprechen, herausgearbeitet. Dabei wird der Leitgedanke der Arbeit, das deutsche System als erfolgsversprechende Alternative zu empfehlen, beibehalten.

ZWEITES KAPITEL

Das parlamentarische Regierungssystem

A. Die allgemeinen Lehren

I. Der ideengeschichtliche Hintergrund des parlamentarischen Regierungssystems

Das parlamentarische Regierungssystem ist aus einem besonderen ideengeschichtlichen Hintergrund hervorgegangen, namentlich aus dem britischen „Parlamentarismus"[1]. Aufgrund dieser Tatsache sollen hier die Grundgedanken und die Hintergründe des britischen parlamentarischen Regierungssystems betrachtet werden.

1. Revolutionärer Charakter

Das britische parlamentarische Regierungssystem entwickelte sich, als eine Art Korrektiv gegenüber der absoluten Monarchie, in einer langen Zeitspanne zu einer auf natürliche Weise aufgebauten Beratungsorganisation für die Gesetzgebung, um Kompetenzen und Interessen des Parlaments zu verteidigen und zu schützen.[2] Dies ist der Grund, warum das britische Parlament im 17. Jahrhundert als „High Court of Parliament oder Grand Inquest of the Nation“ verstanden wurde.[3]

Seit dem 12. Jahrhundert, abgesehen von geringen Abweichungen, entwickelte sich in den Ländern Europas ein Parlament, in dem die Vertreter der drei Stände versammelt waren.[4] Sie vertraten aber nicht die Interessen der gesamten Bevöl-

---

1 Das hier genannte Parlament bezeichnet ursprünglich den höchsten Palastgerichthofs Parliament im Frankreich des 13. Jahrhunderts und wurde von England übernommen. Das Parliament entstand von Parler (was so viel wie ‚das Recht spricht' bedeutet) und seitdem wurde dieser Ausdruck in diesem Sinne gebraucht. Weiterführend E. Stein, Staatsrecht, 16. Aufl., 1998, S. 49; H. Rausch, Parlament, Parlamentarismus, in: Staatslexikon Bd. 4. 7. Aufl., 1988, S. 296 ff.; K. Kluxen, Geschichte und Problematik des Parlamentarismus, 1983, S. 17 f.; K. Stern, Das Staatsrecht der Bundesrepublik Deutschland, Bd. 1, 2. Aufl., 1984, S. 946.

2 K. Löwenstein, Der britische Parlamentarismus, 1964, S. 54.

3 Näher F. Glum, Die britische Demokratie, 1956, S. 32; K. Kluxen, Geschichte und Problematik des Parlamentarismus, 1983, S. 34.

4 Siehe näher F. A. Ogg, English Government and Politics, 2. Aufl. 1955, S. 20 ff.; H. Händel / D. A. Gossel, Großbritannien, 1994, S. 29.

kerung, sondern nur die der Stände, so dass sie als Gegenleistung zur Sicherung ihrer Interessen zur Machterweiterung der Monarchen beitrugen.[5] Mit der Ausweitung der Macht der Monarchen im Absolutismus verschwanden allerdings ihre Privilegien. Dennoch existierte unabhängig von der allgemeinen damaligen Atmosphäre ununterbrochen eine Ratsversammlung in England, welche als ursprüngliche Form des parlamentarischen Systems gesehen wird.[6]

Zwischen der (früh-)parlamentarischen Ebene in Form der Ratsversammlung und der Monarchie bildete sich ein Spannungsverhältnis. Die Ratsversammlung hatte einerseits Verständnis für die Monarchie, obwohl sie gegen die Auffassung vom Gottesgnadentum war, andererseits aber verteidigte sie ihre im Laufe der langen Zeit gebildeten Privilegien und Interessen gegenüber dem Herrscher. Diese Entwicklung trug durch die Einflussnahme auf den absoluten Monarchen einen revolutionären Charakter in sich, der in der glorreichen Revolution mündete.

2. *Die glorreiche Revolution (1688–1689)*

Eine der bedeutendsten ideengeschichtlichen Entwicklungsstufen des parlamentarischen Regierungssystems war die Veränderung des Verhältnisses zwischen dem britischen Parlament und dem Monarchen als Folge der glorreichen Revolution.[7] Zur Zeit Karl II. traten im Parlament zwei Parteien auf. Zum einen die Partei der Tories, die von der anglikanischen Kirche legitimiert wurde und sich auf die Seite des Königs stellte;[8] zum anderen die der Whigs, die gegen die anglikanische Kirche gerichtet war und sich auf der Seite des Parlaments befand.[9] Als

---

5 H. Händel / D. A. Gossel, Großbritannien, 1994, S. 53.

6 F. Glum, Die britische Demokratie, 1956, S. 30.

7 D. Grimm, Ursprung und Wandel der Verfassung, in: HStR, Bd. 1, 3. Aufl. 2003, § 1 Rn. 10; K. Stern, Das Staatsrecht der Bundesrepublik Deutschland, Bd. 1, 2. Aufl., 1984, S. 947; M. Morlok, in: H. Dreier, GGK, Bd. 2, 1998, Art. 38 Rn. 2.

8 Weiterführend F. O'Gorman, The Emergence of the British Two-Party System 1760-1832, 1982, S. 1; K. Löwenstein, Der britische Parlamentarismus, 1964, S. 54; K. Rohe, Parteien und Parteiensystem, in: H. Kastendiek / K. Rohe / A. Volle (Hrsg.), Länderbericht Großbritannien, 1998, S. 239 (242 f.); K. Kluxen, Geschichte und Problematik des Parlamentarismus, 1983, S. 72 ff.; W. A. Speck, Tory & Whig - The Struggle in the Constituencies 1701-1715, 1970, S. 1 f.

9 Weiterführend F. O'Gorman, The Emergence of the British Two-Party System 1760-1832, 1982, S. 1; K. Löwenstein, Der britische Parlamentarismus, 1964, S. 54; K. Rohe, Parteien und Parteiensystem, in: H. Kastendiek / K. Rohe / A. Volle (Hrsg.), Länderbericht Großbritannien, 1998, S. 239 (242 f.); K. Kluxen, Geschichte und Problematik des Parlamentarismus, 1983, S. 72 ff.; W. A. Speck, Tory & Whig - The Struggle in the Constituencies 1701-1715, 1970, S. 1 f.

Jakob II., der Nachfolger König Karls II., den Ausbau seiner Macht vorantrieb, indem er die Wiederbelebung des Katholizismus beabsichtigte, verbündeten sich die beiden Parteien, um Jakob II. abzusetzen.[10] Sie stellten dann die Tochter von Jakob II., Maria, und ihren Gemahl und Generalstatthalter der Niederlande, Wilhelm III., als gemeinsame Herrscher auf. Die beiden unterzeichneten die Declaration of Rights (1689) und vollendeten damit die so genannte glorreiche Revolution. Fortan war die Auffassung vom Gottesgnadentum abgeflaut; Andersdenkenden wurde die kirchlich religiöse Freiheit zugesichert.[11] Die Declaration of Rights bestätigte das Gesetzgebungsrecht und das Besteuerungsrecht des Parlaments und regelte die Freiheit der parlamentarischen Wahl und die Immunität der Abgeordneten. Die absolute Monarchie wurde abgeschafft und damit die Basis für eine parlamentarische Politik vorbereitet. Schließlich wurde sie zum Fundament des britischen parlamentarischen Regierungssystems.[12]

Auf diese politische Entwicklung übten der Empirismus und der „Utilitarismus"[13] großen Einfluss aus.[14] Das britische Parlament selbst wurde vom Namen und Wesen her eine Schaubühne der Politik und war nun in der Lage, Kritik an politischen Vorhaben auszuüben und die Freiheit für eine breitere politische Auseinandersetzung im Parlament zu gewährleisten.[15]

---

10 Weiterführend E. Cruickshanks, The Glorious Revolution, 2000, S. 16 ff.; M. Ashley, The Glorious Revolution of 1688, 1966, S. 194 ff.

11 Siehe näher E. Cruickshanks, The Glorious Revolution, 2000, S. 17 ff.; H. Händel / D. A. Gossel, Großbritannien, 1994, S. 48 ff.; H.-Ch. Schröder, Die Geschichte Englands. Ein Überblick, in: H. Kastendiek / K. Rohe / A. Volle (Hrsg.), Länderbericht Großbritannien, 1998, S. 25 (26 f.); K. Kluxen, Die geistesgeschichtlichen Grundlagen des englischen Parlamentarismus, in: K. Kluxen (Hrsg.), Parlamentarismus, 1967, S. 99 (100 f.); ders., Geschichte und Problematik des Parlamentarismus, 1983, S. 78 f.; M. Morlok, in: H. Dreier, GGK, Bd. 2, 1998, Art. 38 Rn. 2.

12 F. Glum, Die britische Demokratie, 1956, S. 34; H.-Ch. Schröder, Die Geschichte Englands. Ein Überblick, in: H. Kastendiek / K. Rohe / A. Volle (Hrsg.), Länderbericht Großbritannien, 1998, S. 25 (26 f.); L. G. Schwoerer, The Declaration of Rights 1689, 1981, S. 267 ff. (280); M. Morlok, in: H. Dreier, GGK, Bd. 2, 1998, Art. 38 Rn. 2.

13 Die wichtigste Person des britischen Utilitarismus war Bacon (1561-1626). Er behauptete, das allgemeine Wissen sei dasjenige, welches für das praktische Leben nützlich sein kann. Die Quelle dieses Wissens sei die Erfahrung. Weiterführend K. Kluxen, Die geistesgeschichtlichen Grundlagen des englischen Parlamentarismus, in: K. Kluxen (Hrsg.), Parlamentarismus, 1967, S. 99 (102 f., 105).

14 Siehe näher K. Kluxen, Die geistesgeschichtlichen Grundlagen des englischen Parlamentarismus, in: K. Kluxen (Hrsg.), Parlamentarismus, 1967, S. 99 (102, 105).

15 F. Glum, Die britische Demokratie, 1956, S. 34; K. Kluxen, Geschichte und Problematik des Parlamentarismus, 1983, S. 79.

3. Oppositioneller Charakter und Dualismus

Ein ebenfalls bedeutendes ideengeschichtliches Moment des parlamentarischen Regierungssystems war der ihm eigene oppositionelle Charakter. Dem lag die repräsentative, den Gedanken der damaligen Politiker entsprechende politische Theorie des 17.–18. Jahrhunderts zugrunde, die das Wesen der Politik als ein Geschehen andauernder Spannung zwischen Herrschen und Beherrschtwerden, zwischen Verfassungsmäßigkeit und Willkür, Macht und Recht, Ordnung und Freiheit verstand.[16] Demnach sahen die Parlamentarier das Aufeinandertreffen und die Auseinandersetzung verschiedener Interessen, wodurch eine freie Diskussion in der Parlamentsführung ermöglicht wurde, als unentbehrliche Vorbedingung für eine gute und gerechte Politik, also die gegenseitige Korrektur und Kontrolle.

Der Dualismus, d. h. die Auffassung, dass die dem Menschen innewohnende und permanent wirkende psychische Gegenüberstellung und der Konflikt zwischen Gefühl und Vernunft auch auf die staatliche politische Ebene zu übertragen sei, wurde ein wichtiger ideologischer Faktor für den Ausbau der britischen parlamentarischen Demokratie, welche die vom politischen Streit und Zwist hervorgerufenen Konflikte zu harmonisieren vermochte.[17] Nach dieser Auffassung sollte das Parlament eine dualistische Struktur mit Regierungspartei und Oppositionspartei aufweisen. Zudem sollte der Oppositionspartei eine freie politische Aktivität zugesichert werden.[18] So wurde die Position der Opposition im Parlament durch den, von der britischen Politikphilosophie beeinflussten, oppositionellen Charakter des Parlaments und den vom menschlichen psychischen Zustand abgeleiteten ethischen Dualismus aufgewertet. Sie legitimierten den Regie-

---

16 K. Kluxen, Die geistesgeschichtlichen Grundlagen des englischen Parlamentarismus, in: K. Kluxen (Hrsg.), Parlamentarismus, 1967, S. 99 (105); H.-D. Horn, Gewaltenteilige Demokratie, demokratische Gewaltenteilung – Überlegungen zu einer Organisationsmaxime des Verfassungsstaates, in: AÖR, 127 (2002), S. 427 (431); ders., Über den Grundsatz der Gewaltenteilung in Deutschland und Europa, in: JÖR, 49 (2001), S. 287 (289), er hat darauf hingewiesen, dass die politische Situation des 17. und 18. Jahrhunderts im Zusammenhang mit der Erfindung der Gewaltenteilung als Verfassungslehre auch eine wichtige Bedeutung hat.

17 K. Kluxen, Die geistesgeschichtlichen Grundlagen des englischen Parlamentarismus, in: K. Kluxen (Hrsg.), Parlamentarismus, 1967, S. 99 (105 f.).

18 Siehe näher R. Wahl, Entwicklung des deutschen Verfassungsstaates bis 1866, in: HStR, Bd. 1, 3. Aufl. 2003, § 2 Rn. 27 f., 50, 51 f.

rungswechsel, so dass es zu einer Peripetie des britischen Parlaments auf eine weitere, höhere Stufe kam.[19]

Auch in Deutschland musste das Verhältnis zwischen Monarchie und Volk neu geregelt werden. Hier entstand im 19. Jahrhundert der spezifische Typus des deutschen Konstitutionalismus, in dem sich dessen spezifische historische Aufgabe und zugleich der Unterschied zum Grundgesetz manifestieren.[20]

II. Historische Entwicklung des parlamentarischen Regierungssystems

1. Die Ratsversammlung und Model Parliament

Trotz der Unterschiede in den einzelnen Ländern Europas bildete sich im Laufe des 13. Jahrhunderts für den Großen Rat die Bezeichnung Parlament heraus.[21] Seit dem 17. Jahrhundert aber, als das Zeitalter der absoluten Monarchie begann, wurde diese Ratsversammlung – mit Ausnahme von England – kaum einberufen und schließlich wurde sie abgeschafft. Ursprünglich hatte diese Ratsversammlung den Charakter einer Lehensversammlung und übte eine beratende, aber keine beschließende Rolle aus.[22] Als die Ratsmitglieder allmählich geadelt wurden, veränderte sich ihr Charakter vom beratenden zu einem die eigenen Interessen schützenden Organ. In der Wissenschaft wird die Ansicht vertreten, dass diese Ratsversammlung der Ursprung des parlamentarischen demokratischen Systems sei.[23]

Tatsächlich aber unterscheidet sich diese Ratsversammlung, als einer Versammlung mit einer erzwungenen bzw. angeordneten Vertretung der Interessen des Standes, von einem modernen Parlament, das durch die vom Volk gewählten Abgeordneten gebildet wird, welche die Interessen des Volkes verfolgen und das freie Mandat als ideologische Voraussetzung hat.

---

19 Näher K. Kluxen, Die geistesgeschichtlichen Grundlagen des englischen Parlamentarismus, in: K. Kluxen (Hrsg.), Parlamentarismus, 1967, S. 99 (108 ff.).

20 R. Wahl, Entwicklung des deutschen Verfassungsstaates bis 1866, in: HStR, Bd. 1, 3. Aufl. 2003, § 2 Rn. 51.

21 Näher M. Morlok, in: H. Dreier, GGK, Bd. 2, 1998, Art. 38 Rn. 2 f.

22 D. h. das Parlament geht in seinen Wurzeln auf die lehnrechtliche Pflicht der Kronvasallen zurück, die dem König nicht nur bewaffnete Hilfe zu leisten, sondern ihn auch zu beraten. Diese Pflicht konkretisierte sich in der Ratsversammlung.

23 F. Glum, Die britische Demokratie, 1956, S. 30.

Edward I. (1272–1307) rief das so genannte „Model Parliament" im Jahre 1295 in Westminster zusammen, welches von den Vertretern des Adels, der Priester und der Bürger gebildet wurde.[24] Die Hauptaufgabe des „Model Parliaments" war die Erhebung des finanziellen Einkommens.[25]

Berücksichtigt man, dass dieses Parlament weder einem Befehl noch einem zwingenden Mandat unterstand, noch eine Berichtspflicht gegenüber dem Volk hatte, kann man dieses als Ursprung des modernen Parlaments ansehen, obwohl die Abgeordneten nicht die Vertreter des ganzen Volkes, sondern des jeweiligen Standes waren.[26]

2. *Entstehung der Parteien*

In der Zeit von Edward III., etwa im Jahre 1330, bildete sich aus der Ratsversammlung ein Zweikammernsystem heraus, nämlich das Oberhaus, in dessen Mittelpunkt die Adeligen und Priester standen, und das Unterhaus der Ritter und Vertreter der Bürger.[27] Nach Karl II. (1660–1685) entstanden sodann anfängliche Gruppierungen von Parteien. Etwa die Tories, welche den König im Parlament schützten und der Linie der anglikanischen Kirche gefolgt waren,[28] sowie die Partei der Whigs, welche das Parlament achteten und deshalb gegen die anglikanische Kirche gerichtet waren.[29]

Schwer durchzuführen war unter diesen Umständen die Bestellung der Staatsminister, denn sie standen dem König näher. Dennoch mussten sie von den beiden,

---

24 F. Glum, Die britische Demokratie, 1956, S. 32 f.; F. A. Ogg, English Government and Politics, 2. Aufl. 1955, S. 20 ff.; H. Händel / D. A. Gossel, Großbritannien, 1994, S. 29; K. Kluxen, Geschichte und Problematik des Parlamentarismus, 1983, S. 32.

25 E. Stein, Staatsrecht, 16. Aufl., 1998, S. 48 f.; F. A. Ogg, English Government and Politics, 2. Aufl. 1955, S. 20 ff.; F. Glum, Die britische Demokratie, 1956, S. 33; K. Kluxen, Geschichte und Problematik des Parlamentarismus, 1983, S. 20; M. Morlok, in: H. Dreier, GGK, Bd. 2, 1998, Art. 38 Rn. 2.

26 K. Kluxen, Geschichte und Problematik des Parlamentarismus, 1983, S. 32 f.

27 M. Morlok, in: H. Dreier, GGK, Bd. 2, 1998, Art. 38 Rn. 2.

28 F. O'Gorman, The Emergence of the British Two-Party System 1760-1832, 1982, S. 1; W. A. Speck, Tory & Whig - The Struggle in the Constituencies 1701-1715, 1970, S. 1 f.

29 F. Glum, Die britische Demokratie, 1956, S. 35; F. O'Gorman, The Emergence of the British Two-Party System 1760-1832, 1982, S. 1; K. Rohe, Parteien und Parteiensystem, in: H. Kastendiek / K. Rohe / A. Volle (Hrsg.), Länderbericht Großbritannien, 1998. S. 239 (239, 242 f.); W. A. Speck, Tory & Whig - The Struggle in the Constituencies 1701-1715, 1970, S. 1 f.

dem König und dem Parlament, vertraulich bestimmt werden, was aber tatsächlich schwer zu bewerkstelligen war. Eines der beiden Voten musste daher als allein maßgebend anerkannt werden. Karl II. erkannte diese Problematik und ernannte denjenigen als Staatsminister, der die Mehrheit im Parlament gewonnen hatte.[30] Trotz dieser Mitwirkung der Tories und Whigs muss jedoch konstatiert werden, dass diese noch keineswegs politische Parteien im modernen Sinne waren,[31] denn es bedeutete nur, dass der König das Wesen der Partei bei der Ernennung der Staatsminister im gewissen Maße wahrgenommen hatte; mit den verfassungsrechtlich begründeten Teilnahmerechten der heutigen Parteien ist dies indessen nicht vergleichbar.[32]

3. *Entstehung des Amtes des Premierministers und des Kabinetts*

Im Jahre 1679 besprach König Karl II. die wichtigsten Staatsangelegenheiten nicht mehr mit allen Mitgliedern des „Geheimen Ratskollegiums"[33], sondern mit einzelnen bzw. einigen der Minister im so genannten Kabinett. Er begründete dies damit, dass das aus vielen Mitgliedern gebildete „Geheime Ratskollegium" für die Verhandlung der wichtigsten Staatsangelegenheiten oder für deren Geheimhaltungsinteresse unangemessen groß sei.[34] Dies führte dazu, dass das Geheime Ratskollegium als Ganzes keine Tätigkeit mehr ausübte und dass die kleine ausgesuchte Gruppe sich zu einem Kabinett entwickelte.

Eine wichtige Änderung dieser Entwicklung kam durch den hannoverschen König George I. Seit etwa 1717 nahm er an der Sitzung des Kabinetts nicht mehr

---

30 D. L. Keir, The Constitutional History of Modern Britain since 1485, 7. Aufl. 1964, S. 277.

31 K. Löwenstein, Der britische Parlamentarismus, 1964, S. 54.

32 Vgl. C.-F. Menger, Deutsche Verfassungsgeschichte der Neuzeit, 7. Aufl. 1990, S. 156, er hat darauf hingewiesen, dass die um die Mitte des 19. Jahrhunderts aufkommenden politischen Parteien in Deutschland zunächst am großen Gegensatz der konservativ-restaurativen und der liberaldemokratischen Überzeugungen orientiert waren.

33 Das geheime Ratskollegium entstammt der Ratsversammlung der königlichen Ratgeber, bestehend aus Adel, Priestern und Rittern. Diese Ratsversammlung wurde in der Zeit des 13. und 14. Jahrhunderts allmählich separiert, so dass das Parlament die gesetzgebende Funktion und der Gerichtshof die Funktion der Lösung von Rechtsfragen übernehmen konnten, und dabei blieb letztlich das geheime Ratskollegium als Rest der Ratsversammlung.

34 F. W. Maitland, The Constitutional History of England, Cambridge Univ, 1955, S. 394; J. P. Mackintosh, The British Cabinet, 2. Aufl. 1968, S. 36, 37, 224, 245; S. A. Smith, Constitutional and Administrative Law, 2. Aufl. 1973, S. 151.

teil.[35] Infolgedessen wurden die Sitzungen vom Parteiführer der Whigs, Walpole, geleitet, der als Berater des Königs und dessen Vertrauter und Anführer des Parlaments fungierte und der ferner einen Posten innehatte, durch den er sich mit dem König und dem Parlament direkt in Verbindung setzen konnte.[36] Daher ist die Gewohnheit verständlich, Walpole den ersten Premierminister zu nennen, obwohl er weder Premierminister genannt wurde noch verfassungsrechtlich ein Ministerpräsidentensystem bestand.[37]

Zusammenfassend kann man den Entwicklungsverlauf des britischen Parlamentssystems wie folgt darstellen: Im Laufe der Zeit wurde die Macht des Königs allmählich beschränkt. Seine Kompetenzen gingen Schritt für Schritt auf das nunmehr gebildete Kabinett über, bis die Staatsleitung insgesamt durch den Premierminister ausgeübt wurde.

Gleichzeitig entstand das Zweikammernsystem. Daneben wurde das Wahlrecht erweitert. Das Parlament wurde vom wahlberechtigten Volk gewählt. Das Parlament wählte seinerseits das Kabinett.[38]

---

35 F. Glum, Die britische Demokratie, 1956, S. 36; H. Händel / D. A. Gossel, Großbritannien, 1994, S. 52; K. Löwenstein, Der britische Parlamentarismus, 1964, S. 68; vgl. D. C. M. Yardley, The Britisch Constitution and the Rule of Law, in: JÖR, 13 (1964), S. 129 (133); F. W. Maitland, The Constitutional History of England, Cambridge Univ, 1955, S. 395; K. Löwenstein, British Cabinet Government, 1971, S. 84; K. Stern, Das Staatsrecht der Bundesrepublik Deutschland, Bd. 1, 2. Aufl., 1984, S. 947, sie sind der Ansicht, dass dem in Deutschland geborenen König die englischen und britischen Sitten fremd waren.

36 Siehe näher E. Cruickshanks, The Glorious Revolution, 2000, S. 6 ff.; F. W. Maitland, The Constitutional History of England, Cambridge Univ, 1955, S. 395 f.; H. Händel / D. A. Gossel, Großbritannien, 1994, S. 53; K. Löwenstein, Der britische Parlamentarismus, 1964, S. 68.

37 H. Händel / D. A. Gossel, Großbritannien, 1994, S. 53; H.-Ch. Schröder, Die Geschichte Englands. Ein Überblick, in: H. Kastendiek / K. Rohe / A. Volle (Hrsg.), Länderbericht Großbritannien, 1998. S. 25 (28); K. Löwenstein, Der britische Parlamentarismus, 1964, S. 68.

38 Im Allgemeinen ist dies so zu verstehen, wie das der heutigen Form ähnliche britische parlamentarische Regierungssystem nach der Reform des Wahlsystems und des parlamentarischen Systems seit 1832. Siehe näher H. Händel / D. A. Gossel, Großbritannien, 1994, S. 54 ff.; K. v. Beyme, Der Begriff der parlamentarischen Regierungssystem, in: K. Kluxen (Hrsg.), Parlamentarismus, 1967, S. 188; K. Stern, Das Staatsrecht der Bundesrepublik Deutschland, Bd.1, 2. Aufl., 1984, S. 948; K. Kluxen, Geschichte und Problematik des Parlamentarismus, 1983, S. 132.

III. Die institutionellen Charakterzüge des parlamentarischen Regierungssystems

1. Das Zusammenwirken von Parlament und Kabinett

Als Hauptträger des parlamentarischen Regierungssystems stehen sich das Parlament und das Kabinett gegenüber. Rechtlich stehen sie in einem unabhängigen, getrennten Verhältnis; politisch wirken sie zusammen. Die Souveränität des Volkes verwirklicht sich in beiden, indem das Kabinett von der parlamentarischen Mehrheitspartei nach der Wahl durch das Volk gebildet wird.

Das Zusammenwirken von Parlament und Kabinett hat Auswirkungen für beide Seiten. Die Bildung und der Fortbestand des Kabinetts werden allein dem Parlament überlassen. Das Parlament muss aber mit dem Kabinett zusammenarbeiten, weil dieses wiederum das Parlament auflösen kann. Wenn dabei mitbedacht wird, dass das Parlament durch das Volk gewählt wird, bedeutet die politische Verantwortung des Kabinetts gegenüber dem Parlament eine gemeinschaftliche Verantwortung beider gegenüber dem Volk.

Die Zusammengehörigkeit des Kabinetts beim parlamentarischen Regierungssystem beinhaltet die politische Gleichgesinnung und solidarische Verantwortung dem Parlament gegenüber und den Gehorsam dem gleichen Oberhaupt gegenüber. Dies ist die elementare Voraussetzung für die Bildung des Kabinetts.[39]

2. Ausgleich der Macht zwischen Parlament und Kabinett

Das Hauptmerkmal des parlamentarischen Regierungssystems liegt darin, dass die Bildung und das Bestehen des Kabinetts vom Vertrauen des Parlaments abhängig ist. In dieser Konstellation hat das Parlament nötigenfalls das Misstrauensvotum auszuüben.[40] Dagegen verfügt das Kabinett über die Möglichkeit, die Auflösung des Parlaments herbeizuführen, so dass ein Ausgleich der Machtgewichte zwischen den beiden entsteht.[41] Möglichen Konflikten zwischen beiden kann so vorgebeugt werden.

Aber letzten Endes hat dieses indirekte Auflösungsrecht des Kabinetts kaum hinreichende Kraft, als wirkungsvolles Mittel gegen die Ausübung des Miss-

---

39 F. W. Maitland, The Constitutional History of England, 1955, S. 395 f.

40 Siehe näher Zweites Kapitel B.III.1.

41 Siehe näher Zweites Kapitel B.III.2.c) cc) (2) (c).

trauensvotums dem Parlament zu dienen. Denn die politische Mehrheit im Parlament stellt zugleich die politische Mehrheit im Kabinett dar. Deshalb wird das Kabinett von seiner Möglichkeit, das Parlament aufzulösen, kaum Gebrauch machen.

3. Die Zweigliedrigkeit der Exekutive

Anders als das präsidiale Regierungssystem, bei dem der Präsident das Oberhaupt des Staates und gleichzeitig der Exekutive ist, kennt das parlamentarische Regierungssystem eine Zweigliedrigkeit. Das Staatsoberhaupt, der Präsident, hat rituelle und formale Kompetenzen, während das Kabinett die Exekutivgewalt ausübt.

Nach der glorreichen Revolution im Jahre 1688 entwickelte sich der Parlamentarismus in England nach dem Prinzip des Machtausgleiches zu einem dualen parlamentarischen Regierungssystem, bei dem die verstärkte Kompetenz des Parlaments zu einer Aufteilung der Macht des Staates zwischen König und Parlament führten.[42] Infolgedessen entwickelte sich jene Zweigliedrigkeit, in der der König die Ausübung seiner Exekutivgewalt dem Kabinett überließ, welches von der Mehrheitspartei im Parlament gebildet wurde.[43] Demnach war das Kabinett der praktische Träger der politischen Verantwortung.[44] Der König trug gegenüber dem Parlament keine politische Entscheidungsgewalt. Daher ist der König oder der Präsident beim parlamentarischen Regierungssystem, anders als der Präsident beim präsidialen Regierungssystem, eine repräsentative Institution. Die eigentliche Exekutivgewalt liegt beim Kabinett, so dass das Hauptmerkmal des parlamentarischen Regierungssystems darin besteht, dass der Präsident vom Parlament gewählt wird[45] und dass der Chef der Mehrheitspartei vom König bzw. vom Präsidenten als Premierminister ernannt wird.

---

42 Näher H. Händel / D. A. Gossel, Großbritannien, 1994, S. 48; H.-Ch. Schröder, Die Geschichte Englands. Ein Überblick, in: H. Kastendiek / K. Rohe / A. Volle (Hrsg.), Länderbericht Großbritannien, 1998, S. 25 (26 f.); K. Kluxen, Die geistesgeschichtlichen Grundlagen des englischen Parlamentarismus, in: K. Kluxen (Hrsg.), Parlamentarismus, 1967, S. 99 (100 f.); M. Morlok, in: H. Dreier, GGK, Bd. 2, 1998, Art. 38 Rn. 2.

43 Weiterführend F. Glum, Die britische Demokratie, 1956, S. 36; H. Händel / D. A. Gossel, Großbritannien, 1994, S. 52.

44 Siehe näher F. W. Maitland, The Constitutional History of England, Cambridge Univ, 1955, S. 395 f.; H. Händel / D. A. Gossel, Großbritannien, 1994, S. 53; K. Löwenstein, Der britische Parlamentarismus, 1964, S. 68.

45 In Deutschland wird der Bundespräsident von der Bundesversammlung gewählt. Es gibt auch hier Bestrebungen, eine Direktwahl für das Staatsoberhaupt einzuführen.

Der formale bzw. repräsentative Status des Staatsoberhaupts im parlamentarischen Regierungssystem soll im Folgenden dargestellt werden. Beim parlamentarischen Regierungssystem ist das Staatsoberhaupt nicht nur eine zeremonielle und formale Autorität, sondern auch eine dauerhaft zwischen dem Parlament und der Regierung ausgleichende, regulierende Institution.[46] Das Staatsoberhaupt hat die Möglichkeit, in Zusammenwirkung mit der Regierung das Parlament aufzulösen.[47] Diese Autorität des Staatsoberhauptes schützt die Gewaltenteilung gegen die Verletzung der Eigenständigkeit des Parlaments durch die Exekutive.

Das Staatsoberhaupt übt insgesamt eine neutrale Rolle aus, hat gewisse Befugnisse während einer Staatskrise und ist in einem pluralisierten Parteienstaat Schutzorgan des Verfassungsrechts für die staatliche Einheit und Beständigkeit.[48]

Zusammenfassend bedeutet das parlamentarische Regierungssystem eine Regierungsform, welche auf den Prinzipien des Miteinanderbestehens und des Ausgleiches beruht. Daher ist das Vorhandensein des symbolischen Staatsoberhaupts eine notwendige Institution zur Erhaltung der Einheit und zur Regulierung der Konflikte zwischen dem Parlament und dem Kabinett.

4. Die Opposition

Es wäre allerdings ein voreiliger Schluss anzunehmen, beim parlamentarischen Regierungssystem würde das Parlament die eigene Aufsichts- und Kontrollfunktion nicht ausüben, weil das aus der Mehrheitspartei gegründete Kabinett und das Parlament in einer engen Beziehung stehen. Denn die Opposition bzw. die Minderheitspartei agiert als ständiger Alternativengeber und Kontrolleur, so dass sie zu jeder Zeit bereit ist, den Regierungswechsel herbeizuführen und selbst die

---

46 S. Detterbeck, Öffentliches Recht für Wirtschaftswissenschaftler, 2. Aufl., 2002, S. 56; W. Heun, Die Stellung des Bundespräsidenten im Licht der Vorgänge um die Auflösung des Bundestages, in: AÖR, 109 (1984), S. 13 (14 f.).

47 Ch. Degenhart, Staatsrecht I, 17. Aufl., 2001, S. 227; E. Stein, Staatsrecht, 16. Aufl., 1998, S. 99; E. Menzel, Ermessensfreiheit des Bundespräsidenten bei der Ernennung der Bundesminister?, in: DÖV, 1965, S. 581 (582 f.); W. Jellinek, Kabinettsfrage und Gesetzgebungsnotstand nach dem Bonner Grundgesetz, in: VVDStRL, 8 (1950), S. 3 (9 f.).

48 Näher E. Menzel, Ermessensfreiheit des Bundespräsidenten bei der Ernennung der Bundesminister?, in: DÖV, 1965, S. 581 (590); U. Fink, in: Mangoldt / Klein / Starck, GG, Bd. 2, 2000, Art. 54 Rn. 6 f., Art. 55 Rn. 19 f., 21 f.; U. Hemmrich, in: Münch / Kunig, GGK, Bd. 2, 5. Aufl. 2001, Art. 54 Rn. 2; W. Heun, Die Stellung des Bundespräsidenten im Licht der Vorgänge um die Auflösung des Bundestages, in: AÖR, 109 (1984), S. 13 (18).

Regierung zu übernehmen, wenn die Mehrheitspartei, also auch das bestehende Kabinett, das Vertrauen des Volkes verliert.[49] Gerade aus diesem Grund ist das Vorhandensein und die weitere Entwicklung der Opposition eine Notwendigkeit, um ein gesundes parlamentarisches Regierungssystem zu betreiben. Dies ist ein weiteres Wesensmerkmal des parlamentarischen Regierungssystems.[50]

B. Das deutsche parlamentarische Regierungssystem

I. Entwicklungslinien des deutschen parlamentarischen Regierungssystems

1. Der Ursprung des deutschen Parlamentarismus

Die Entstehung des deutschen parlamentarischen Regierungssystems ist sowohl vom englischen als auch von der Veränderung der französischen politischen Ordnung beeinflusst worden.[51] Nicht vernachlässigt werden darf aber, dass sich das deutsche parlamentarische Regierungssystem aufgrund eigener politischer, historischer und kultureller Gegebenheiten eigenständig entwickelt hat. Daher wird im Folgenden die Entstehung des deutschen parlamentarischen Systems von der Paulskirchenverfassung, über die Preußische Verfassung bis zur Bismarckschen Verfassung in groben Zügen untersucht. Im Anschluss daran wird auf die Verfassung der Weimarer Republik einzugehen sein.

a) Die Paulskirchenverfassung von 1849 [52]

Unter dem Einfluss der französischen Revolution brach im Jahre 1848 in Deutschland die Märzrevolution aus.[53] Am 18. Mai 1848 trat die direkt vom Volk

---

49 Siehe näher K. Stern, Das Staatsrecht der Bundesrepublik Deutschland, Bd. 1, 2. Aufl., 1984, S. 1035, 1044; S. Landshut, Formen und Funktionen der parlamentarischen Opposition, in: K. Kluxen (Hrsg.), Parlamentarismus, S. 401 (401 f.); W. Zeh, Gliederung und Organe des Bundestages, in: HStR, Bd. 2, 2. Aufl. 1998, § 42 Rn. 19 ff.

50 K. Kluxen, Geschichte und Problematik des Parlamentarismus, 1983, S. 188 f.; ders., Die Umformung des parlamentarischen Regierungssystems in Großbritannien beim Übergang zur Massendemokratie, in: K. Kluxen (Hrsg.), Parlamentarismus, 5. Aufl., 1980, S. 112 (136).

51 E. Stein, Staatsrecht, 16. Aufl. 1998, S. 52; H. Maurer, Staatsrecht I, 3. Aufl., 2003, S. 33 f.; M. Morlok, in: H. Dreier, GGK, Bd. 2, 1998, Art. 38 Rn. 5.

52 Teilweise wird auch von der Frankfurter Reichsverfassung gesprochen, vgl. H. Maurer, Staatsrecht I, 3. Aufl., 2003, S. 57 ff.

gewählte verfassungsgebende Nationalversammlung in der Frankfurter Paulskirche zusammen. Sie beanspruchte die oberste Gewalt. Am 27. März 1849 wurde die neu entwickelte Reichsverfassung von der Nationalversammlung beschlossen.

Die Wesensmerkmale dieser Verfassung bestehen in der Gründung eines föderalen, starken, vereinten Staates, der die grundrechtliche Sicherung der individuellen Freiheiten gegenüber staatlichen Einschränkungen anerkennt.[54] Diese Grundrechte sollten als Fundament für den angestrebten Rechtsstaat dienen.[55] Des Weiteren wurden zahlreiche einzelstaatliche Kompetenzen aufgehoben.[56]

Die Paulskirchenverfassung sah ein Zweikammersystem vor. Der als gesetzgebendes Organ fungierende Reichstag unterteilte sich in ein Staaten- und ein Volkshaus.[57] Die Mitglieder des Staatenhauses wurden zur Hälfte durch die Regierung und zur Hälfte durch die Volksvertretung der betreffenden Staaten ernannt.[58] Die Mitglieder des Volkshauses wurden für das erste Mal auf vier Jahre, danach auf drei Jahre gewählt.[59]

Daneben installierte die Verfassung den Kaiser als Träger der Reichsgewalt. Gem. § 84 FRV war er für alle Angelegenheiten zuständig, die nicht dem Reichstag zugewiesen waren. Daneben hatte er das Recht, Gesetzesinitiativen einzubringen,

---

53 C.-F. Menger, Deutsche Verfassungsgeschichte der Neuzeit, 8. Aufl., 1993, S. 135; D. Willoweit, Deutsche Verfassungsgeschichte, 2001, S. 259; W. Pauly, Die Verfassung der Paulskirche und ihre Folgewirkungen, in: HStR, Bd. 1, 3. Aufl. 2003, § 3 Rn. 5; vgl. W. Frotscher / B. Pieroth, Verfassungsgeschichte, 3. Aufl. 2002, S. 151, sie weisen darauf hin, dass die Revolution in Paris auf das übrige Europa ausstrahlte. In Italien, Ungarn, Böhmen und Polen brachen während der ersten Jahreshälfte Unruhen und Aufstände aus. Auch in Deutschland wurden in vielen Orten Volksversammlungen abgehalten, die die Umgestaltung des Deutschen Bundes und eine Volksvertretung forderten.

54 K. Stern, Das Staatsrecht der Bundesrepublik Deutschland, Bd. 5, 2000, S. 256; R. Wahl, Entwicklung des deutschen Verfassungsstaates bis 1866, in: HStR, Bd. 1, 3. Aufl. 2003, § 2 Rn. 36.

55 R. Wahl, Entwicklung des deutschen Verfassungsstaates bis 1866, in: HStR, Bd. 1, 3. Aufl. 2003, § 2 Rn. 36 ff.

56 C.-F. Menger, Deutsche Verfassungsgeschichte der Neuzeit, 8. Aufl., 1993, S. 138.

57 § 85 der Verfassung des Deutschen Reiches vom 28. März 1849; Näher R. Wahl, Entwicklung des deutschen Verfassungsstaates bis 1866, in: HStR, Bd. 1, 3. Aufl. 2003, § 2 Rn. 40 f.; C.-F. Menger, Deutsche Verfassungsgeschichte der Neuzeit, 8. Aufl.1993, S. 139; H. H. Klein, Der Bundesrat der Bundesrepublik Deutschland - die 'Zweite Kammer', in: AÖR, 108 (1983), S. 329 (333 FN 30).

58 § 88 Abs. 1 der Verfassung des Deutschen Reiches vom 28. März 1849.

59 § 88 Abs. 1, 94 der Verfassung des Deutschen Reiches vom 28. März 1849.

§ 80 FRV. Neben dem Kaiser bildeten die von ihm ernannten Reichsminister die Reichsregierung.[60]

Das Reichsgericht nach der Paulskirchenverfassung stellte keine oberste Revisionsinstanz in Zivil- und Strafsachen dar. Gem. § 126 FRV war das Reichgericht für Streitigkeiten im Verhältnis zwischen dem Reich und den Einzelstaaten, den Einzelstaaten untereinander, Streitigkeiten innerhalb des Reichs, die strafgerichtliche Ministeranklage sowie für die Verfassungsbeschwerden der Staatsbürger zuständig.[61]

Letztlich ist die Paulskirchenverfassung niemals rechtswirksam geworden. Für das Scheitern werden verschiedene Gründe angeführt.[62] Bereits zum Zeitpunkt der Verabschiedung hatte eine Gegenbewegung eingesetzt. Der von der Nationalversammlung zum Kaiser gewählte König von Preußen Friedrich Wilhelm IV. lehnte die Inthronisierung ab. Durch das Ausschlagen der Krone wurde das Scheitern nach außen manifestiert. Die tatsächlichen Gründe lagen in den anspruchsvollen Aufgaben, die man sich mit der Verfassung gesetzt hatte. So sollte ein Staat begründet, eine Verfassung ausgearbeitet sowie die altfeudale Gesellschaftsordnung beseitigt werden. Nicht zuletzt der knappe Zeitrahmen führte zum Scheitern.

b) Preußische Verfassung

Nach dem Scheitern der Verfassung von 1849 verfügte der König im Wege einer Notverordnung ein neues System zur Wahl der Volksvertretung, die seit der Konstitutionalisierung der Monarchie zu Beginn des 19. Jahrhunderts an der Gesetzgebung beteiligt war: das Dreiklassen–Wahlrecht. Die nach diesem Wahlsystem gewählten konservativen Abgeordneten erarbeiteten dann die so genannte Preußische Verfassung.[63]

---

60 § 73 f. der Verfassung des Deutschen Reiches vom 28. März 1849.

61 W. Pauly, Die Verfassung der Paulskirche und ihre Folgewirkungen, in: HStR, Bd. 1, 3. Aufl. 2003, § 3 Rn. 42.

62 Vgl. dazu W. Pauly, Die Verfassung der Paulskirche und ihre Folgewirkungen, in: HStR, Bd. 1, 3. Aufl. 2003, § 3 Rn. 43 f.; H. Maurer, Staatsrecht I, 3. Aufl., 2003, S. 57 ff.

63 D. Willoweit, Deutsche Verfassungsgeschichte, 2001, S. 274; E. Stein, Staatsrecht, 16. Aufl., 1998, S. 52; K. Stern, Das Staatsrecht der Bundesrepublik Deutschland, Bd. 5, 2000, S. 227; M. Morlok, in: H. Dreier, GGK, Bd. 2, 1998, Art. 38 Rn. 5 ff.; R. Wahl, Entwicklung des deutschen Verfassungsstaates bis 1866, in: HStR, Bd. 1, 3. Aufl. 2003, § 2 Rn. 39.

Das Dreiklassen-Wahlsystem bedeutet, dass drei gesellschaftliche Schichten unterschieden wurden. Die 1. Klasse bestand aus den Wählern, welche die höchsten Steuerleistungen bis zum Betrag eines Drittels des Gesamtaufkommens im jeweiligen Wahlbezirk erbrachten. Die 2. Klasse bildeten die Wähler, welche die nächstniedrigeren Steuerleistungen bis zur Grenze des zweiten Drittels entrichteten. Wer übrig blieb, gehörte der 3. Klasse an und war dort zusammen mit den Nichtbesteuerten wahlberechtigt. Jede Klasse wählte ein Drittel der zu wählenden Wahlmänner. Das hatte zur Folge, dass der Erfolgswert der Stimme eines reichen Wählers, der in der 1. Klasse wählen durfte, ungleich höher war als der eines Wählers der 3. Klasse. Das Ausmaß des Missverhältnisses wird deutlich, wenn man sich die Verteilung der Wähler auf die drei Klassen vor Augen führt. Im Jahre 1850 zählte die 1. Klasse 153.000 (4,7 %), die 2. Klasse 409.000 (12,6 %) und die 3. Klasse 2.691.000 (82,7 %) der Wähler.[64] Die Wahlrechtsrevision erfolgte allerdings im gesetzgeberischen Verfahren unter Zustimmung beider Kammern.[65]

Ebenso wie die Paulskirchenverfassung entsprach die revidierte Preußische Verfassung dem Verfassungstypus der konstitutionellen Monarchie, wobei das monarchische Prinzip erhalten blieb.[66]

Als oktroyierte Verfassung gab es in der Preußischen Verfassung ein Zweikammernsystem, nämlich das Herrenhaus (erste Kammer) und das Abgeordnetenhaus (zweite Kammer).[67] Das Herrenhaus wurde von den Mitgliedern der Königsfamilie, den Erbabgeordneten und den Abgeordneten auf Lebenszeit gebildet.[68] Das passive Wahlrecht bestand hier ab der Altersgrenze von 40 Jahren.[69] Das Abgeordnetenhaus hatte 433 Abgeordnete, deren Amtszeit fünf Jahre betrug. Diese wurden öffentlich, ungleich und indirekt gewählt.[70] Das aktive Wahlrecht erhielt man mit 25 Jahren, das passive Wahlrecht mit 30 Jahren.[71] Die Kompetenzen von beiden Kammern waren fast gleich, aber über die Finanzgesetzgebung

---

64 Ebenso W. Frotscher / B. Pieroth, Verfassungsgeschichte, 3. Aufl., 2002, S. 191 f.

65 Art. 62 Abs. 2 der preußischen Verfassung vom 31. Januar 1850.

66 W. Pauly, Die Verfassung der Paulskirche und ihre Folgewirkungen, in: HStR, Bd. 1, 3. Aufl. 2003, § 3 Rn. 48.

67 K. Stern, Das Staatsrecht der Bundesrepublik Deutschland, Bd. 5, 2000, S. 227.

68 Art. 65 der preußischen Verfassung vom 31. Januar 1850.

69 Art. 68 der preußischen Verfassung vom 31. Januar 1850.

70 W. Frotscher / B. Pieroth, Verfassungsgeschichte, 3. Aufl., 2002, S. 191 ff.

71 Art. 70, 74 der preußischen Verfassung vom 31. Januar 1850; siehe näher in Bezug auf das Wahlsystem der preußischen Verfassung, M. Morlok, in: H. Dreier, GGK, Bd. 2, 1998, Art. 38 Rn. 9.

und den Etat hatte das Abgeordnetenhaus das Prioritätsrecht. Dem Herrenhaus stand nur ein Zustimmungsrecht ohne Abänderungsrecht bezüglich des Staatshaushalts zu.[72]

Die starke monarchische Position war durch die von der Verfassung in Einzelvorschriften eingeräumte substantielle Prärogativen des Königs begründet. Sie betrafen die Exekutivgewalt, damit auch die rechtliche Verfügung über den Beamtenkörper, die auswärtige Gewalt sowie den Oberbefehl und die Kommandogewalt über das Heer.[73] Weiterhin hatte der König das Recht, beide Häuser einzuberufen, die Versammlung zu eröffnen und zu schließen, Pausen einlegen zu lassen und die Macht, das Abgeordnetenhaus aufzulösen.[74] Dagegen waren die Minister nur dem König gegenüber verantwortlich und hatten ein Teilnahmerecht an Sitzungen des Herrenhauses, konnten allerdings nicht durch eine Misstrauensbestimmung entlassen werden.[75] Es war also ein bürokratisches Kabinett. Zwar nahm diese Verfassung das Zweikammernsystem an, um die Macht des Königs gering zu halten. Das Parlament konnte aber seiner Aufgabe nicht gerecht werden, da seine Bildung durch Ernennung des Königs oder durch ungleiche, beschränkte Wahl erfolgte.[76]

c) *Bismarcksche Verfassung*

Nachdem der Konflikt zwischen Preußen und Österreich durch den Krieg im Jahr 1866[77] gelöst worden war, existierte die von Bismarck geschaffene und auf Preußen konzentrierte Verfassung des Norddeutschen Bundes.[78] Sie wird für den Ursprung der verfassungsmäßigen Regierungsform gehalten. Mit dieser Verfassung entwickelte sich Deutschland von einer Konföderation hin zu einem Bun-

---

72 Art. 62 Abs. 3 der preußischen Verfassung vom 31. Januar 1850.

73 Art. 47 der preußischen Verfassung vom 31. Januar 1850.

74 Art. 51 der preußischen Verfassung vom 31. Januar 1850; näher R. Wahl, Entwicklung des deutschen Verfassungsstaates bis 1866, in: HStR, Bd. 1, 3. Aufl. 2003, § 2 Rn. 40.

75 Art. 45 der preußischen Verfassung vom 31. Januar 1850; näher W. Frotscher / B. Pieroth, Verfassungsgeschichte, 3. Aufl., 2002, S. 188.

76 E.-R. Huber, in: E.-W. Böckenförde (Hrsg.), Moderne deutsche Verfassungsgeschichte (1815-1914), 2. Aufl., 1981, S. 171 ff.

77 K. Stern, Das Staatsrecht der Bundesrepublik Deutschland, Bd. 5, 2000, S. 280, „Der preußisch-österreichische Friedensschluss hat die Grundlage für eine Neuordnung in Deutschland außerhalb Österreichs durch die neue Führungsmacht Preußen geschaffen. In diesem Lichte ist das ‚Jahr 1866' ein deutsches Schicksalsjahr geworden."

78 C.-F. Menger, Deutsche Verfassungsgeschichte der Neuzeit, 8. Aufl., 1993, S. 143 f.; H. Maurer, Staatsrecht I, 3. Aufl., 2003, S. 59 f.; K. Stern, Das Staatsrecht der Bundesrepublik Deutschland, Bd. 5, 2000, S. 289 f.

desstaat.[79] Die Verfassung des Norddeutschen Bundes mündete schließlich in die Verfassung des Deutschen Reichs vom 16. April 1871.[80]

Ein wichtiger Punkt dieser Verfassung war, dass das Parlament zwar aus Bundesrat und Reichstag gebildet wurde, es aber weder ein Zweikammernsystem im modernen Sinn noch einen einheitlichen Namen gab.[81]

Der Bundesrat wurde von den Vertretern der 25 Länder[82] gebildet, wobei das Abstimmungsrecht je nach Land unterschiedlich war.[83] Um die Bedeutung des Bundesrats als oberstes Organ des Reiches gegenüber Kaiser und Reichstag hervorzuheben,[84] waren in der Verfassung die Bestimmungen über den Bundesrat denjenigen über das Präsidium und den Reichstag vorangestellt. Auch heute wird die Stellung des Bundestages dadurch betont, dass der entsprechende Abschnitt des Grundgesetzes den Regelungen über Bundesrat, Bundespräsident und Bundesregierung vorangeht.[85]

Der Reichstag wurde in allgemeiner, direkter, gleicher und geheimer Wahl gewählt.[86] Obwohl nur Männer das Wahlrecht hatten, war das Wahlrecht von 1871 zu seiner Zeit das fortschrittlichste der Welt.[87] Der Reichstag hatte das Recht zur Gesetzgebung und zur Verabschiedung des Haushaltes.[88] Er konnte Rechnungs-

---

79 C.-F. Menger, Deutsche Verfassungsgeschichte der Neuzeit, 8. Aufl., 1993, S. 144 f.; H. Maurer, Staatsrecht I, 3. Aufl., 2003, S. 62; K. Stern, Das Staatsrecht der Bundesrepublik Deutschland, Bd. 5, 2000, S. 291 f.

80 D. Willoweit, Deutsche Verfassungsgeschichte, 2001, S. 278 f.; E. Stein, Staatsrecht, 15. Aufl., 1995, S. 54; L. Bergsträsser, Die Entwicklung des Parlamentarismus in Deutschland, in: K. Kluxen (Hrsg.), Parlamentarismus, 1967, S. 138 (139 f.); R. Zippelius, Kleine deutsche Verfassungsgeschichte, 1998, S. 116 ff.; W. Frotscher / B. Pieroth, Verfassungsgeschichte, 3. Aufl., 2002, S. 198 ff.

81 W. Frotscher / B. Pieroth, Verfassungsgeschichte, S. 216.

82 22 Flächenstaaten mit konstitutioneller Monarchie und drei Stadtrepubliken (Hamburg, Bremen, Lübeck).

83 C.-F. Menger, Deutsche Verfassungsgeschichte der Neuzeit, 8. Aufl., 1993, S. 148 f.; W. Frotscher / B. Pieroth, Verfassungsgeschichte, S. 216; D. Willoweit, Deutsche Verfassungsgeschichte, 2001, S. 294; H. H. Klein, Der Bundesrat der Bundesrepublik Deutschland - die Zweite Kammer, in: AÖR, 108 (1983), S. 329 (334); zum Beispiel waren unter den insgesamt 58 Stimmen für Preußen 17 Stimmen, für Bayern 6 Stimmen, für Sachsen und Württemberg jeweils 4 Stimmen, für Baden und Hessen jeweils 3 Stimmen, für Mecklenburg - Schwerin und Braunschweig jeweils 2 Stimmen. Alle anderen Mitgliedstaaten verfügten nur über eine Bundesratsstimme (Art. 6 RVerf. 1871).

84 C.-F. Menger, Deutsche Verfassungsgeschichte der Neuzeit, 8. Aufl., 1993, S. 148.

85 W. Frotscher / B. Pieroth, Verfassungsgeschichte, 3. Aufl., 2002, S. 215.

86 Art. 20 RVerf. 1871.

87 C.-F. Menger, Deutsche Verfassungsgeschichte der Neuzeit, 8. Aufl., 1993, S. 151.

88 Art. 5, 69 RVerf. 1871.

abschlüsse tätigen, öffentliche Anleihen und Abkommen bewilligen.[89] Schon in der Reichsverfassung gab es demokratische Elemente. Allerdings war die politische Funktion des Reichstags noch stark abgeschwächt. So hatte der Kaiser den Oberbefehl über das Militär und war Inhaber der auswärtigen Gewalt.[90] Er ernannte ohne Beteiligung des Reichstags den von ihm abhängigen Reichskanzler, der die Exekutivspitze bildete. Zudem bedurfte es für das Zustandekommen von Reichsgesetzen übereinstimmender Beschlüsse von Bundesrat und Reichstag.[91] Der Reichstag konnte aber die finanzielle Politik des Kaisers durch das Steuerbewilligungsrecht verhindern.[92]

Obwohl bereits in der Paulskirchenverfassung enthalten, enthielt die Verfassung des 2. Deutschen Reichs keinen Grundrechtskatalog, auch eine Verfassungsgerichtsbarkeit war nicht vorgesehen.

Die konstitutionelle Monarchie in Deutschland wurde nach dem Ersten Weltkrieg abgeschafft.[93] Es entstand die Weimarer Republik.

2. *Die Weimarer Republik*

a) *Der geschichtliche Hintergrund*

Die Weimarer Verfassung wandelte das politische System von einer Monarchie hin zu einer föderalen Republik.[94] Gleichzeitig etablierte sie eine Kombination aus dem amerikanischen präsidialen System und den westeuropäischen parla-

---

89 C.-F. Menger, Deutsche Verfassungsgeschichte der Neuzeit, 8. Aufl., 1993, S. 152 f.

90 H. Maurer, Staatsrecht I, 3. Aufl., 2003, S. 63.

91 Art. 5, 7 RVerf. 1871.

92 C.-F. Menger, Deutsche Verfassungsgeschichte der Neuzeit, 8. Aufl., 1993, S. 150 f.; D. Willoweit, Deutsche Verfassungsgeschichte, 2001, S. 294 f.; H. Maurer, Staatsrecht I, 3. Aufl., 2003, S. 62 f.; K. Stern, Das Staatsrecht der Bundesrepublik Deutschland, Bd. 5, 2000, S. 368 ff.; L. Bergsträsser, Die Entwicklung des Parlamentarismus in Deutschland, in: K. Kluxen (Hrsg.), Parlamentarismus, 1967, S. 138 (144 ff.); W. Frotscher / B. Pieroth, Verfassungsgeschichte, 3. Aufl., 2002, S. 217 ff.

93 H. Maurer, Staatsrecht I, 3. Aufl., 2003, S. 64; K. Stern, Das Staatsrecht der Bundesrepublik Deutschland, Bd. 1, 2. Aufl., 1984, S. 951; M. Rauh, Die Parlamentarisierung des deutschen Reiches, 1977, S. 363 ff.; D. Willoweit, Deutsche Verfassungsgeschichte, 2001, S. 313 ff.; d. h. die Reichsverfassung von 1871 fand mit der Revolution im November 1918 und der Abdankung des deutschen Kaisers und aller regierender Landesfürsten ihr Ende. Der kurz vorher erfolgte Versuch, durch Einführung des parlamentarischen Regierungssystems und Gewährung weiterer Rechte an den Reichstag den Niedergang aufzuhalten, kam zu spät und blieb wirkungslos. Weiterführend K. Stern, Das Staatsrecht der Bundesrepublik Deutschland, Bd. 5, 2000, S. 490 f.

94 Ch. Gusy, Die Weimarer Reichsverfassung, 1997, S. 82 f.

mentarischen Regierungssystemen sowie direktdemokratischen Elementen nach Schweizer Vorbild.[95]

Anders als in England und Frankreich konnte die Weimarer Republik, als erste Republik in der deutschen Verfassungsgeschichte überhaupt, nicht oder nur sehr eingeschränkt an Traditionen oder Vorläufer parlamentarischer Ordnungen anknüpfen.[96] Geleitet war sie von dem Gedanken, die neu errungene Volkssouveränität zu verwirklichen.[97] Insofern startete sie gleichsam aus einer Tabula rasa, was erhebliche Anfangsschwierigkeiten zur Folge hatte.

In der Verfassungslehre ist weitgehend anerkannt, dass die Regierungsform der Weimarer Republik ein reines parlamentarisches Regierungssystem darstellt. Teilweise wird vertreten, sie sei ein parlamentarisches Regierungssystem eigener Art,[98] ein hinkendes parlamentarisches Regierungssystem,[99] ein gemischtes parlamentarisches Regierungssystem,[100] eine zweigeteilte Exekutive oder ein unechter Parlamentarismus[101].

Erarbeitet wurde die Weimarer Verfassung, wie schon die Paulskirchenverfassung, von einer vom Volk direkt gewählten Nationalversammlung, welche am 6. Februar 1919 nach Weimar einberufen wurde.[102]

b) Die Strukturmerkmale

Die Weimarer Reichsverfassung zeichnete sich durch die im Folgenden dargestellten Strukturmerkmale aus.

Art. 1 der Verfassung verankerte das demokratische Prinzip. Demnach ging alle Staatsgewalt vom Volke aus. Mit der Einrichtung eines unabhängigen Staatsgerichtshofs, welcher für Streitigkeiten zwischen dem Bund und den Ländern sowie Streitigkeiten unterhalb der Länder zuständig war, wurde der Grundsatz der

---

95 Ch. Gusy, Die Weimarer Reichsverfassung, 1997, S. 63; K. Löwenstein, Verfassungslehre, 3. Aufl., 1975, S. 90 ff.; L. Bergsträsser, Die Entwicklung des Parlamentarismus in Deutschland, in: K. Kluxen (Hrsg.), Parlamentarismus, 1967, S. 138 (153); W. Frotscher / B. Pieroth, Verfassungsgeschichte, 3. Aufl., 2002, S. 268 f., 271.

96 Weiterführend Ch. Gusy, Die Weimarer Reichsverfassung, 1997, S. 90 f.

97 Ch. Gusy, Die Weimarer Reichsverfassung, 1997, S. 71 f.

98 H. Peter, Geschichtliche Entwicklung und Grundfragen der Verfassung, 1969, S. 82 f.

99 R. Thoma, Handbuch des Deutschen Staatsrechts I, S. 504.

100 C. Schmitt, Verfassungslehre, 5. Aufl., 1970, S. 340 ff.

101 K. Löwenstein, Verfassungslehre, 3. Aufl., 1975, S. 90 ff.

102 H. Schneider, Die Reichsverfassung vom 11. August 1919, in: HStR, Bd. 1, 3. Aufl. 2003, § 5 Rn. 8.

Rechtsstaatlichkeit etabliert. Wesentlich ist auch die Entscheidung gegen den Unitarismus und für den Föderalismus. Auch wenn die Weimarer Verfassung die 26 Mitgliedstaaten nicht aufzählte, so wurde doch der Bestand der Länder hingenommen. Die Länder hatten eine durch die Homogenitätsklausel des Art. 17 WRV beschränkte Verfassungsautonomie. Der Verteilung der Kompetenzen zwischen dem Reich und den Mitgliedstaaten lag die Regel zu Grunde, wonach den Ländern die staatlichen Befugnisse und Aufgaben zustanden, soweit diese nicht anderweitig dem Reich zugewiesen sind.

Schließlich enthielt die Weimarer Reichsverfassung, wie es bereits die Paulskirchenverfassung von 1849 vorgesehen hatte, dem Bürger garantierte Grundrechte, daneben jedoch auch einige Grundpflichten.[103]

c) Die Verfassungsorganisation

aa) Der Reichstag

Das gesetzgebende Organ der Weimarer Republik war gem. Art. 68 f. WRV der Reichstag.

Er hatte die Kompetenz, die Gesetze und den Etat zu beschließen[104], Kriegserklärungen, Friedensabkommen und Vertragsschlüsse zu bewilligen[105], Wahlprüfungsgerichte aufzustellen[106], den Reichspräsidenten, Reichskanzler und Reichsminister anzuklagen[107], sowie das Recht, die Reichsregierung zu kontrollieren.[108] Die Abgeordneten wurden für jeweils vier Jahre[109] – keiner der Reichstage hat die Wahlperiode zu Ende gebracht[110] – in allgemeiner, gleicher, unmittelbarer und geheimer Wahl von allen über 20 Jahre alten Männern und Frauen in verhältnismäßig großen Wahlkreisen (von ca. 150.000 Einwohnern) nach den Grundsätzen der Verhältniswahl gewählt.[111] Die Gesamtzahl der in je-

---

103 Vgl. zum Ganzen H. Schneider, Die Reichsverfassung vom 11. August 1919, in: HStR, Bd. 1, 3. Aufl. 2003, § 5 Rn. 21 ff.

104 Art. 68 ff., 85 ff. WRV.

105 Art. 45 Abs. 2, 3 WRV.

106 Art. 31 WRV.

107 Art. 59 WRV.

108 Siehe näher H. Schneider, Die Reichsverfassung vom 11. August 1919, in: HStR, Bd. 1, 3. Aufl. 2003, § 5 Rn. 52.

109 Art. 23 Abs. 1 WRV.

110 H. Schneider, Die Reichsverfassung vom 11. August 1919, in: HStR, Bd. 1, 3. Aufl. 2003, § 5 Rn. 51.

111 Art. 22 Abs. 1 WRV.

dem der 35 Wahlkreise abgegebenen Stimmen wurde verhältnismäßig auf die vom Wähler angekreuzten Kreiswahllisten verteilt.[112]

bb) Der Reichsrat

Der Reichsrat bestand aus Vertreten der 18 Länder. Jedes Land hatte Stimmen entsprechend seiner Bevölkerungsstärke; ursprünglich je eine Stimme auf eine Million Einwohner, seit 1921 je eine auf 700.000 Einwohner.[113] Der Reichsrat hatte die Kompetenz, Gesetze vorzuschlagen, gegen Gesetzesentwürfe der Reichsregierung Einspruch zu erheben, Befehle zu bewilligen, Berichte des Reichsministeriums mitgeteilt zu bekommen, Regeln der Abgeordneten zu beschließen sowie den Etat zu prüfen.[114]

Tatsächlich aber waren diese gesetzgebenden Kompetenzen von Reichstag und Reichsrat im Vergleich zum Reichspräsidenten abgeschwächt worden. Wie gezeigt, hatte der Reichspräsident das Recht, den Reichskanzler zu ernennen und zu entlassen sowie den Reichstag aufzulösen. Zudem kam ihm der Oberbefehl in Zeiten des Notstandes zu. Der Reichspräsident verkörperte daher die Rolle eines demokratischen konstitutionellen Monarchen bzw. eines Ersatzkaisers.[115]

cc) Der Reichspräsident

Der direkt vom Volk gewählte Reichspräsident war Repräsentant der Reichseinheit und Hüter der Verfassung. Seine Amtsdauer betrug sieben Jahre; eine

---

112 Weiterführend C.-F. Menger, Deutsche Verfassungsgeschichte der Neuzeit, 8. Aufl. 1993, S. 170; Ch. Gusy, Die Weimarer Reichsverfassung, 1997, S. 116 ff.; M. Morlok, in: H. Dreier, GGK, Bd. 2, 1998, Art. 38 Rn. 9 ff.; H. Schneider, Die Reichsverfassung vom 11. August 1919, in: HStR, Bd. 1, 3. Aufl. 2003, § 5 Rn. 47; R. Zippelius, Kleine deutsche Verfassungsgeschichte, 1998, S. 128.

113 H. H. Klein, Der Bundesrat der Bundesrepublik Deutschland - die Zweite Kammer, in: AÖR, 108 (1983), S. 329 (338 f.); H. Schneider, Die Reichsverfassung vom 11. August 1919, in: HStR, Bd. 1, 3. Aufl. 2003, § 5 Rn. 57.

114 D. Wyduckel, Der Bundesrat als Zweite Kammer, in: DÖV 1989, S. 181 (183 f.); H. H. Klein, Der Bundesrat der Bundesrepublik Deutschland- die Zweite Kammer, in: AÖR, 108 (1983), S. 329 (337 f.); H. Schneider, Die Reichsverfassung vom 11. August 1919, in: HStR, Bd. 1, 3. Aufl. 2003, § 5 Rn. 58; R. Zippelius, Kleine deutsche Verfassungsgeschichte, 1998, S. 129.

115 E. Kolb, Die Weimarer Republik, 4. Aufl., 1998, S. 19; R. Zippelius, Kleine deutsche Verfassungsgeschichte, 1998, S. 129 f.; T. Ellwein / J. J. Hesse, Das Regierungssystem der Bundesrepublik Deutschland, 6.Aufl., 1987, S. 337; W. Pauly, Die Verfassung der Paulskirche und ihre Folgewirkungen, in: HStR, Bd. 1, 3. Aufl. 2003, § 3 Rn. 53; W. Weber, Spannungen und Kräfte in westdeutschen Verfassungssystem, 3. Aufl., 1970, S. 159.

Wiederwahl war zulässig.[116] Aufgrund der ihm von der Verfassung zugewiesenen Aufgaben und Befugnisse bildete er einen politischen Machtfaktor.[117] Der Reichspräsident hatte das Recht, den Reichskanzler zu ernennen und zu entlassen. Auf Vorschlag des Reichskanzlers ernannte und entließ er ferner die Reichsminister. Ihm kam der militärische Oberbefehl zu. Zudem hatte er das Recht, den Reichstag aufzulösen. Schließlich sah Art. 48 Abs. 2 WRV die Möglichkeit der kommissarischen Diktatur vor, welche dem Reichspräsidenten im Ausnahmefall das Recht gab, zur Wiederherstellung der öffentlichen Sicherheit und Ordnung durch Notverordnungen die Grundrechte zu beschränken.

Daneben kamen dem Reichspräsidenten die üblichen politischen Befugnisse zu. So oblag ihm gem. Art. 45 WRV die völkerrechtliche Außenvertretung. Er ernannte die Reichsbeamten und Offiziere.[118] Ihm kam das Begnadigungsrecht zu.[119] Art. 73 WRV sah das, niemals beanspruchte, Recht, über ein vom Reichstag beschlossenes Gesetz einen Volksentscheid herbeizuführen, vor. Wie auch noch heute kam dem Reichspräsidenten seinerzeit die Aufgabe zu, verfassungsmäßig zustande gekommene Reichsgesetze auszufertigen und zu verkünden, Art. 70 WRV. Entgegen der heute wohl herrschenden Meinung beanspruchten aber beide Reichspräsidenten neben dem formellen auch ein materielles Prüfungsrecht.

Um Gültigkeit zu erlangen bedurften jedoch alle Anordnungen und Verfügungen des Reichspräsidenten der Gegenzeichnung des Reichskanzlers oder des zuständigen Ministers. Damit übernahm die Reichsregierung die parlamentarische Verantwortung für die Handlungen des Reichspräsidenten. Eine Begrenzung der Macht des Reichspräsidenten folgte aus diesem Gegenzeichnungserfordernis indessen nicht, hatte der Reichspräsident doch jederzeit die Möglichkeit die Reichsregierung zu entlassen. Der politische Druck ging insoweit über die rechtliche Möglichkeit, der Anrufung des Staatsgerichtshofs, um die Handlungen des Reichspräsidenten hinsichtlich seiner Kompetenz überprüfen zu lassen, hinaus.[120]

---

[116] Art. 43 Abs. 1 WRV; Im Hinblick auf die Wahl des Reichspräsidenten, siehe näher Ch. Gusy, Die Weimarer Reichsverfassung, 1997, S. 99 f.

[117] So H. Schneider, Die Reichsverfassung vom 11. August 1919, in: HStR, Bd. 1, 3. Aufl. 2003, § 5 Rn. 64; Ch. Gusy, Die Weimarer Reichsverfassung, 1997, S. 101.

[118] Art. 46 WRV.

[119] Art. 49 WRV.

[120] Ch. Gusy, Die Weimarer Reichsverfassung, 1997, S. 101 ff.; D. Willoweit, Deutsche Verfassungsgeschichte, 2001, S. 325; E. Kolb, Die Weimarer Republik, 4. Aufl., 1998, S. 18; R. Zippelius, Kleine deutsche Verfassungsgeschichte, 1998, S. 129 f.; W. Frotscher/ B. Pieroth, Verfassungsgeschichte, 3. Aufl., 2002, S. 270 f.

dd) Die Reichsregierung

Der Reichskanzler und die Reichsminister hatten das Recht, im Reichstag anwesend zu sein und nach Bedarf das Wort zu ergreifen. Gleichzeitig war es ihre Pflicht, nach Anforderung durch den Reichstag anwesend zu sein und Fragen zu beantworten.[121]

Die schwache Position der Reichsregierung war geprägt durch ihre Abhängigkeit vom Reichspräsidenten auf der einen und dem Reichstag auf der anderen Seite. Wie gezeigt, hatte der Reichspräsident das Recht die Reichsregierung jederzeit zu entlassen. Dem Reichstag kam gem. Art. 57 S. 2 WRV das Recht zu, den Rücktritt der Reichsregierung zu verlangen.[122] Demzufolge war es für die Reichsregierung nur schwer möglich, eigenständige politische Zielsetzungen zu verfolgen.

d) Die Gründe des Scheiterns

Es gibt eine Vielzahl von Gründen, die letztendlich zum Scheitern der Weimarer Republik geführt hat.

Zunächst sind die schwierigen Startbedingungen zu nennen. Der verlorene Krieg, den große Teile der Bevölkerung aufgrund der Dolchstoßlegende nicht als im militärischen Sinne verloren ansahen, sowie die internationale Wirtschaftkrise waren schlechte Vorzeichen für die Gründung einer neuen parlamentarischen Demokratie.

Das Zusammentreffen von vielen kleinen Parteien und die dadurch entstehenden Koalitionskabinette, die zumeist keine eigene Parlamentsmehrheit besaßen, sowie die ideologischen Auseinandersetzungen zwischen den Konservativen und den Liberalen, führten zu einer schwachen Stellung des Reichskabinetts. Die Instabilität des Reichskabinetts wurde potenziert durch die starke Stellung des Reichspräsidenten. [123] Noch verstärkt durch direktdemokratische Elemente, wie etwa die Direktwahl des Reichspräsidenten, trug diese systematische Disharmonie des Regierungssystems mit zum Scheitern bei.

---

121 Art. 33 Abs. 1 WRV.

122 Vgl. dazu H. Schneider, Die Reichsverfassung vom 11. August 1919, in: HStR, Bd. 1, 3. Aufl. 2003, § 5 Rn. 61.

123 E. Kolb, Die Weimarer Republik, 4. Aufl., 1998, S. 73 f.; R. Zippelius, Kleine deutsche Verfassungsgeschichte, 1998, S. 134 f.

Daneben muss aber auch die Einstellung der Bevölkerung als Mitursache für das Scheitern angeführt werden. So konnten die Deutschen nicht auf eine demokratische Erfahrung zurückschauen. Die Demokratie war neu und ungewohnt. Es bildeten sich sowohl rechts- als auch linksextreme Parteien.[124]

In einer wirtschaftlich schwierigen Situation, die nicht zuletzt durch die hohen Reparationszahlungen ausgelöst wurde, verlangte die Bevölkerung nach einem starken politischen Führer. Mit der Ernennung Adolf Hitlers zum Reichskanzler am 30. Januar 1933 wurde der endgültige Niedergang der Weimarer Republik besiegelt.[125]

Gegenüber der Machtergreifung durch die Nationalsozialisten war die Weimarer Republik institutionell macht- und wehrlos. Den Niedergang der Verfassung zuzuschreiben, erscheint zu einfach.[126]

3. *Das Bonner Grundgesetz*

a) Der geschichtliche Hintergrund

Mit der Niederlage im Zweiten Weltkrieg fand das 3. Reich sein Ende. Hitler hatte sich bereits im April 1945 durch Selbstmord seiner Verantwortung entzogen. Mit dem durch die bedingungslose Kapitulation besiegelten Kriegsende am 8. Mai 1945 wurde eine neue Epoche deutscher Geschichte eingeleitet.

Mit der Berliner Erklärung vom 5. Juni 1945 übernahmen die Alliierten auch formal die oberste Regierungsgewalt in Deutschland.[127] Gleichzeitig wurde stets betont, dass damit keine Annexion Deutschlands bewirkt werde.[128]

---

124 C.-F. Menger, Deutsche Verfassungsgeschichte der Neuzeit, 8. Aufl., 1993, S. 179; H. Schneider, Die Reichsverfassung vom 11. August 1919, in: HStR, Bd. 1, 3. Aufl. 2003, § 5 Rn. 86.

125 C.-F. Menger, Deutsche Verfassungsgeschichte der Neuzeit, 8. Aufl., 1993, S. 179 f.; Ch. Gusy, Die Weimarer Reichsverfassung, 1997, S. 415 ff.; E. Kolb, Die Weimarer Republik, 4. Aufl., 1998, S. 109; H. Maurer, Staatsrecht I, 3. Aufl., 2003, S. 68 ff.; K. Kippels, Grundzüge deutscher Staats - und Verfassungsgeschichte, 2001, S. 58 ff.; K. Kluxen, Geschichte und Problematik des Parlamentarismus, 1983, S. 199 f.; W. Frotscher / B. Pieroth, Verfassungsgeschichte, S. 298 f.

126 H. Maurer, Staatsrecht I, 3. Aufl., 2003, S. 68 f.

127 M. Stolleis, Besatzungsherrschaft und Wiederaufbau 1945-1949, in: HStR, Bd. 1, 3. Aufl. 2003, § 7 Rn. 25 ff.

128 Art. 5 der Präambel; abgedruckt bei D. Rauschning (Hrsg.), Rechtsstellung Deutschlands, Völkerrechtliche Verträge und andere rechtsgestaltende Akte, 2. Aufl. 1989; I. v. Münch (Hrsg.), Dokumente des geteilten Deutschlands, Bd. 1, 2. Aufl. 1976.

Auf der Potsdamer Konferenz wurde Deutschland in vier Besatzungszonen, namentlich eine englische, eine französische, eine amerikanische und eine sowjetische, eingeteilt.[129] Innerhalb dieser Besatzungszonen lag die oberste Gewalt bei dem jeweiligen Militärgouverneur. Die sich in den Besatzungszonen herausbildenden Länder nahmen eine Doppelfunktion wahr. Sie waren auf der einen Seite das Vollzugsorgan der Militärgouverneure und auf der anderen Seite Repräsentanten gegenüber diesen.[130]

Trotz der Trennung in vier Besatzungszonen bestand auf der Potsdamer Konferenz noch das Ziel eines einheitlichen Deutschlands.[131] Diverse Differenzen in den Jahren bis 1948 führten jedoch dazu, dass mit dem Auszug der Sowjetunion aus der Alliierten Kommandantur in Berlin am 16. Juni 1948 sowie der vier Tage später folgenden Währungsreform in den westdeutschen Besatzungszonen eine Trennung zwischen Ost und West vollzogen wurde. Dass eine rasche Wiedervereinigung immer unwahrscheinlicher wurde, zeigte auch die am 24. Juni 1948 beginnende Berlin-Blockade durch die Sowjets.

In der Zone der Westalliierten (Frankreich, England, USA) wurde im Juli 1948 die westdeutsche Ministerpräsidentenkonferenz gebildet.[132] Sie stellte ein wichtiges Bindeglied zu den Alliierten dar und war gleichsam ein Vorgriff auf den künftigen kooperativen Föderalismus.[133] Den Ministerpräsidenten wurde das Ergebnis der Londoner-Sechs-Mächte-Konferenz[134] mitgeteilt, bevor die so genannten Frankfurter Dokumente übergeben wurden. Maßgebend für die zukünftige deutsche Verfassung war das Dokument Nr. I. Es enthielt die Ermächtigung der Ministerpräsidenten zur Einberufung einer verfassungsgebenden Versammlung. Überdies war die Kernforderung, Schaffung einer föderalen, rechtsstaatlichen Demokratie, für die zu erarbeitende Verfassung enthalten.[135]

129 M. Stolleis, Besatzungsherrschaft und Wiederaufbau 1945-1949, in: HStR, Bd. 1, 3. Aufl. 2003, § 7 Rn. 28 ff.

130 Vgl. zu dieser Doppelfunktion: M. Stolleis, Besatzungsherrschaft und Wiederaufbau 1945-1949, in: HStR, Bd. 1, 3. Aufl. 2003, § 7 Rn. 9.

131 R. Mußgnug, Zustandekommen des Grundgesetzes und Entstehen der Bundesrepublik Deutschland, in: HStR, Bd. 1, 3. Aufl. 2003, § 8 Rn. 4.

132 G. A. Zinn, Die Ministerpräsidenten-Konferenz – ein Element bundesstaatlicher Kooperation, in FS für A. Arndt, 1969, S. 479 ff.

133 M. Stolleis, Besatzungsherrschaft und Wiederaufbau 1945-1949, in: HStR, Bd. 1, 3. Aufl. 2003, § 7 Rn. 9.

134 Vgl. dazu R. Mußgnug, Zustandekommen des Grundgesetzes und Entstehen der Bundesrepublik Deutschland, in: HStR, Bd. 1, 3. Aufl. 2003, § 8 Rn. 13 ff.

135 R. Mußgnug, Zustandekommen des Grundgesetzes und Entstehen der Bundesrepublik Deutschland, in: HStR, Bd. 1, 3. Aufl. 2003, § 8 Rn. 22 ff.

Für die Ministerpräsidenten entstand dadurch eine kritische Situation. Auf der einen Seite würde eine Verfassung für den westdeutschen Teil die Trennung zwischen Ost und West verfestigen, andererseits bedurfte es einer Zusammenführung der Länder im Westen, welche die Zersplitterung in den drei Besatzungszonen überwand. Man einigte sich daher auf die Einsetzung eines „Parlamentarischen Rates"; die Bezeichnung verfassungsgebende Versammlung wurde bewusst vermieden. Dieser sollte ein „provisorisches" Grundgesetz als „Verfassungsersatz" erarbeiten.[136]

Am 1. September 1948 konstituierte sich der Parlamentarische Rat und wählte Konrad Adenauer zu seinem Vorsitzenden. Acht Monate später, im Mai 1949, legte der Parlamentarische Rat seinen Grundgesetzentwurf vor, welcher von den Westalliierten genehmigt wurde und nach der Annahme durch die Landtage und der Ausfertigung und Verkündung durch den Parlamentarischen Rat am 24. Mai 1949 in Kraft trat.[137]

b) *Die Strukturmerkmale*

Das aufgrund dieses geschichtlichen Hintergrunds im Jahr 1949 geborene Bonner Grundgesetz enthält ein parlamentarisches Regierungssystem. Es knüpft an die Weimarer Verfassung an und versucht, die dortigen Systemfehler zu vermeiden.[138]

So meidet das neue Bonner Grundgesetz die direkte Demokratie, bleibt aber dem Prinzip der Souveränität des Volkes treu. Es konstitutionalisiert eine repräsentative Demokratie.[139] Die Stellung und Autorität des Bundespräsidenten wird auf eine formale Position beschränkt. Gleichzeitig wird die Stellung des Bundeskanzlers und der Regierung gestärkt, um die Probleme des zweigeteilten Exekutivsystems der Weimarer Verfassung zu beseitigen.[140]

---

136 R. Mußgnug, Zustandekommen des Grundgesetzes und Entstehen der Bundesrepublik Deutschland, in: HStR, Bd. 1, 3. Aufl. 2003, § 8 Rn. 27 ff.

137 H. Maurer, Staatsrecht I, 3. Aufl., 2003, S. 86 ff.

138 C.-F. Menger, Deutsche Verfassungsgeschichte der Neuzeit, 8. Aufl., 1993, S. 205; K. Stern, Das Staatsrecht der Bundesrepublik Deutschland, Bd. 1, 2. Aufl., 1984, S. 953; R. Mußgnug, Zustandekommen des Grundgesetzes und Entstehen der Bundesrepublik Deutschland, in: HStR, Bd. 1, 3. Aufl. 2003, § 8 Rn. 62; W. Frotscher / B. Pieroth, Verfassungsgeschichte, 3. Aufl., 2002, S. 391.

139 H.-D. Horn, Mehr Demokratie ohne Repräsentation? Wenn das Volk selbst entscheidet, in: Die politische Meinung, 2001. S. 59 (60 ff.); P. Badura, Staatsrecht, 3.Aufl., 2003, S. 276.

140 Weiterführend R. Mußgnug, Zustandekommen des Grundgesetzes und Entstehen der Bundesrepublik Deutschland, in: HStR, Bd. 1, 3. Aufl. 2003, § 8 Rn. 63 ff.

Untermauert wird das „Erfolgsmodell“ Grundgesetz durch die Schaffung der freien, demokratischen Grundordnung, die Bindung des Staates an die Grundrechte, die Dreiteilung der staatlichen Gewalt, den Grundsatz des sozialen Rechtsstaats, die bundesstaatliche Gliederung, das eine breite Kontrollkompetenz besitzende Verfassungsgerichtssystem und das demokratische Wahlsystem. Daraus konstituiert sich die deutsche verfassungsmäßige Rechtsordnung.

II. Die Verfassungsorgane des deutschen Regierungssystems

1. Der Bundestag

a) Verfassungsrechtliche Stellung

Gemäß Art. 20 Abs. 2 GG geht alle Staatsgewalt vom Volke aus. Diese wird u. a. durch vom Volk gewählte Abgeordnete, die den Bundestag bilden, ausgeübt.[141] Der Bundestag bildet, aufgrund dieser unmittelbaren Legitimation durch das Volk, die Spitze der von der Verfassung konstituierten Organe des Staates.[142]

Die gewählten Abgeordneten der verschiedenen Parteien bilden das parlamentarische Repräsentativorgan, namentlich den Bundestag, das Parlament der Bundesrepublik Deutschland.[143]

Der Bundestag wird von 598 Bundestagsabgeordneten gebildet, die Hälfte, 299 Abgeordnete, werden in den 299 Wahlbezirken Deutschlands nach dem Mehrheitswahlsystem gewählt. Die gewählten Abgeordneten kommen durch sog. Direktmandate in den Bundestag. Die andere Hälfte der Abgeordneten wird im Wege der Verhältniswahl gewählt.[144] Alle Wahlberechtigten haben bei der Wahl

---

141 H.-D. Horn, Über den Grundsatz der Gewaltenteilung in Deutschland und Europa, in: JÖR, 49 (2001), S. 287 (291); H. H. Klein, Aufgaben des Bundestages, in: HStR, Bd. 2, 2. Aufl. 1998, § 40 Rn. 1 f.; L. Kissler, Der Deutsche Bundestag, in: JÖR, 26 (1977), S. 39 (50, 57 f.).

142 So K. Stern, Das Staatsrecht der Bundesrepublik Deutschland, Bd. 2, 1980, S. 40.

143 So K. Stern, Das Staatsrecht der Bundesrepublik Deutschland, Bd. 2, 1980, S. 41. H.-D. Horn, Mehr Demokratie ohne Repräsentation? Wenn das Volk selbst entscheidet, in: Die politische Meinung, 2001. S. 59 (63); H. Maurer, Staatsrecht I, 3. Aufl., 2003, S. 406 f.; L. Kissler, Der Deutsche Bundestag, in: JÖR, 26 (1977), S. 39 (53 f.).

144 §§ 1, 4, 5, 6 BWG; im September 2002 fand die Wahl zum 15. Deutschen Bundestag statt. In diesem Augenblick waren 603 Abgeordneten (davon fünf über Überhangmandate) in das Parlament eingezogen.

der Bundestagsabgeordneten jeweils zwei Stimmen abzugeben.[145] Dabei wird die Zahl der Sitze einer Partei im Bundestag proportional zu dem Anteil der Partei an der Gesamtzahl der abgegebenen Stimmen nach dem Hare/Niemeyer-Verfahren errechnet.[146]

Deutschland ist ein Mehrparteienstaat; derzeit sind sechs verschiedene Parteien, namentlich CDU, CSU, FDP, Grüne, SPD und PDS, im Bundestag vertreten.

Der Bundestag bildet mit Bundesrat, Bundespräsident und Bundesregierung das Rückgrat eines erfolgreichen parlamentarischen Regierungssystems. Ihm kommt die Aufgabe zu, Lösungen und Alternativen in der Politik zu entwickeln, die Regierten von der Richtigkeit der eingeschlagenen politischen Gesamtrichtung und der getroffenen Entscheidungen zu überzeugen und auf diese Weise politische Anteilnahme, Zustimmung oder Kritik zu wecken; insgesamt also integrierend zu wirken.[147]

b) Die Wahlperiode

Die Wahlperiode bezeichnet den Zeitraum, in dem das von gewählten Abgeordneten gebildete Parlament seine parlamentarischen Tätigkeiten ausüben kann und dessen Dauer durch die Verfassung gewährleistet wird.[148] Die regelmäßige Neuwahl sichert den Einfluss des Volkes auf die Staatswillensbildung.[149]

Nach dem Grundgesetz soll der Bundestag, der durch alle vier Jahre stattfindende Wahlen neu gebildet wird, spätestens innerhalb der nächsten 30 Tage seine erste Sitzung abhalten, wodurch gleichzeitig die Amtszeit der vorherigen Bundestagsabgeordneten beendet wird.[150] In Bezug auf die Neuwahl legt Art. 39 Abs. 1 Satz 3 GG keinen konkreten Termin fest, sondern bestimmt eine Zeitspanne, die einen Spielraum eröffnet, so dass die Regelwahlperiode von vier Jahren um

---

145 In Bezug auf das Wahlrecht wurde Art. 38 GG bislang nur einmal geändert. Durch das 27. Änderungsgesetz vom 31.07.1970 wurde in Absatz 2 das aktive Wahlrecht von 21 auf 18 Jahre herabgesetzt. Siehe näher M. Morlok, in: H. Dreier, GGK, Bd. 2, 1998, Art. 38 Rn. 16.

146 Diese Sitzverteilungsmethode wurde mit dem 7. Änderungsgesetz vom 8. März 1985 durch die bestehende d'Hondt-Rechenmethode abgelöst (BGBl. I, S. 521).

147 K. Hesse, Grundzüge des Verfassungsrechts der Bundesrepublik Deutschland, 20. Aufl., 1999, S. 245 f.; K. Stern, Das Staatsrecht der Bundesrepublik Deutschland, Bd. 2, 1980, S. 37 ff.

148 Weiterführend L.-A. Versteyl, in: Münch / Kunig, GGK, Bd. 2, 5. Aufl. 2001, Art. 39 Rn. 7.

149 Weiterführend M. Morlok, in: H. Dreier, GGK, Bd. 2, 1998, Art. 38 Rn. 10.

150 Vgl. zum Ganzen Art. 39 Abs. 1, 2 GG.

maximal zwei Monate verkürzt bzw. maximal einen Monat verlängert werden kann.[151] Durch einfaches Gesetz kann die Dauer der Wahlperiode nicht verändert werden, es bedürfte einer Verfassungsänderung, die sich nicht auf die Änderung der laufenden Periode beziehen darf.[152] Im Falle einer Auflösung des Bundestages gilt die Regelung, dass die Wahl innerhalb der nächsten 60 Tage nach der Auflösung stattfinden muss. Der genaue Wahltermin wird vom Bundespräsidenten bestimmt.[153]

c) *Grundsatz der Diskontinuität*

Zwischen den Wahlen bleibt der Bundestag als ständiges Organ erhalten, auch wenn die Mitglieder ausgetauscht werden. § 125 GOBT bestimmt, dass alle Beschlussvorlagen die am Ende einer Legislaturperiode nicht abgeschlossen sind, als erledigt gelten. Dies bezeichnet man als materielle Diskontinuität.[154] Die Vorlagen können jedoch vom neuen Bundestag erneut aufgegriffen werden.

d) *Die Verhandlungen*

Wie in den meisten Staaten, die eine parlamentarische Demokratie aufweisen, sind die Verhandlungen im deutschen Bundestag gemäß Art. 42 Abs. 1 Satz 1 GG grundsätzlich öffentlich.[155] Die Öffentlichkeit der parlamentarischen Verhandlung geht bis in die zweite Hälfte des 18. Jahrhunderts zurück.[156] Nur wenn ein Zehntel der Abgeordneten oder die Bundesregierung einen Antrag stellen und dieser die Zustimmung von zwei Drittel der Abgeordneten im Bundestag erhält, kann ausnahmsweise unter Ausschluss der Öffentlichkeit verhandelt werden.[157]

Die Sitzungen des Bundestages werden vom Bundestagspräsidenten nach Maßgabe der vom Bundestag selbst gegebenen Geschäftsordnung geleitet.[158]

Art. 42 Abs. 2 Satz 1 GG sieht vor, dass in der Regel die einfache Mehrheit der abgegebenen Stimmen genügt, um einen Beschluss zu fassen. Dies steht aber

---

151 M. Morlok, in: H. Dreier, GGK, Bd. 2, 1998, Art. 38 Rn. 15.

152 Vgl. BVerfGE 1, 14 (33); 18, 151 (154).

153 § 16 BWahlG; siehe näher K. Stern, Das Staatsrecht der Bundesrepublik Deutschland, Bd. 2, 1980, S. 70.

154 K. Stern, Das Staatsrecht der Bundesrepublik Deutschland, Bd. 2, 1980, S. 74 ff.

155 Vgl. BVerfGE 10, 4 (12 ff.), BVerfGE 60, 374 (380).

156 H. H. Klein, in: Maunz / Dürig, GGK, Bd. 3, 2002, Art. 42 Rn. 16, 19 ff.; L. Kissler, Der Deutsche Bundestag, in: JÖR, 26 (1977), S. 39 (52, 121 f.).

157 Art. 40 Abs. 1 S. 2 GG.

158 Art. 42 Abs. 2 GG.

unter dem Vorbehalt, dass keine weiteren Anforderungen an die Mehrheit geknüpft werden. Solche Vorbehalte sieht das Grundgesetz zum Beispiel bei Personalentscheidungen vor. So normiert Art. 63 Abs. 2 GG, dass der Bundeskanzler von der Mehrheit der Mitglieder des Bundestages gewählt werden muss. Entgegen der Regel kommt es hier nicht auf die Anwesenden an, allerdings wird das Quorum auf die Abstimmungsmehrheit reduziert, sofern der Bundeskanzler trotz mehrer Wahlgänge nicht die erforderliche Mehrheit der Stimmen erhält, Art. 63 Abs. 4 Satz 1 GG.

Das wohl wichtigste Erfordernis der qualifizierten Mehrheit sieht Art. 79 Abs. 2 GG vor. Er statuiert, dass ein verfassungsänderndes Gesetz der Zustimmung von zwei Drittel der Mitglieder sowohl des Bundestages als auch des Bundesrates bedarf.

e) Die Kompetenzen des Bundestags

aa) Gesetzgebungskompetenz

Das Gesetzgebungsrecht ist das grundlegendste und existentiellste Recht des Parlaments.[159] Es stellt die wichtigste und effektivste Einflussmöglichkeit des Bundestages dar, gleichzeitig wird die hervorragende Stellung im politischen Prozess betont.[160]

Die Gesetzgebung des Bundes ist im 7. Abschnitt, Art. 70 ff. GG, geregelt. Dabei trägt Art. 70 Abs. 1 GG der allgemeinen bundesstaatlichen Kompetenzabgrenzung des Art. 30 GG Rechnung.[161] Demnach liegt die Kompetenz zur Gesetzgebung grundsätzlich bei den Ländern, sofern nicht das Grundgesetz etwas anderes bestimmt. Es besteht ein so genanntes Regel-Ausnahme-Verhältnis.[162] Das heißt, der Bundestag ist nur dann zur Gesetzgebung zuständig, wenn ihm die Kompetenz in einem der Kataloge der Art. 73 – 75 GG zugewiesen ist. Daneben sind mittlerweile drei ungeschriebene Gesetzgebungskompetenzen anerkannt.

Im Einzelnen sind folgende Kompetenzen zu unterscheiden:

---

159 K. Kluxen, Geschichte und Problematik des Parlamentarismus, 1983, S. 209.

160 H.-D. Horn, Über den Grundsatz der Gewaltenteilung in Deutschland und Europa, in: JÖR, 49 (2001), S. 287 (295); R. Bäumlin, Die Kontrolle des Parlaments über Regierung und Verwaltung, in: Referate und Mitteilungen des Schweizerischen Juristenvereins 100 (1966), S. 238 ff.

161 Art. 20 Abs. 1 GG.

162 H. Maurer, Staatsrecht I, 3. Aufl., 2003, S. 547 f.

(1) Ausschließliche Gesetzgebung

Der Katalog des Art. 73 GG normiert die Bereiche, in denen dem Bund die ausschließliche Gesetzgebungskompetenz zukommt. Art. 71 GG bestimmt, dass die in Art. 73 GG genannten Bereiche dem Bund vorbehalten sind. Die Länder sind nur dann zuständig, soweit sie ein Bundesgesetz ausdrücklich dazu ermächtigt. Art. 73 GG ist nicht abschließend. Weitere ausschließliche Gesetzgebungskompetenzen finden sich etwa in Art. 105 Abs. 1 GG.

(2) Konkurrierende Gesetzgebung

In Art. 74 Abs. 1, 74 a, 105 Abs. 2 GG sind die Bereiche der konkurrierenden Gesetzgebung aufgezählt. Für diese Bereiche liegt die Gesetzgebungskompetenz bei den Ländern, solange der Bund nicht selbst davon Gebrauch gemacht hat.[163] Gemäß Art. 72 Abs. 2 GG darf der Bund aber nur dann von diesem Gesetzgebungsrecht Gebrauch machen, wenn er entweder zur Herstellung von gleichen Lebensverhältnissen im Bundesgebiet oder zur Wahrung der Rechts- oder Wirtschaftseinheit tätig wird.

Es handelt sich hierbei aber genau genommen nicht um eine konkurrierende Kompetenz, denn dem Bund steht der vorrangige Zugriff zu, während die Länder nur subsidiär zuständig sind.[164]

Einem Bundesgesetz im Bereich der konkurrierenden Gesetzgebung kommt eine zeitliche und sachliche Sperrwirkung zu. Die zeitliche Sperrwirkung besagt, dass ein Landesgesetz nicht mehr anwendbar ist, sobald ein Bundesgesetz mit gleichem Regelungsinhalt in Kraft tritt. Das Landesgesetz „lebt aber wieder auf", wenn das Bundesgesetz nicht mehr in Kraft ist. Die sachliche Sperrwirkung bezieht sich auf den Regelungsbereich. Wenn der Bundesgesetzgeber einen bestimmten Sachbereich erschöpfend geregelt hat, dann ist der Landesgesetzgeber für diese Materie von der Regelungsbefugnis ausgeschlossen.[165]

---

163 H. Maurer, Staatsrecht I, 3. Aufl., 2003, S. 551.

164 H. Maurer, Staatsrecht I, 3. Aufl., 2003, S. 551.

165 H. Maurer, Staatsrecht I, 3. Aufl., 2003, S. 551; K. Stern, Das Staatsrecht der Bundesrepublik Deutschland, Bd. 2, 1980, S. 595; R. Schmidt, Staatsorganisationsrecht, 3.Aufl., 2003, S. 317.

(3) Rahmengesetzgebung

Für die in Art. 75 GG aufgezählten Bereiche kommt dem Bund die so genannte Rahmenkompetenz zu. Das heißt, der Bund ist in diesen Bereichen berechtigt, so genannte Rahmengesetze zu erlassen.[166] Diese Rahmengesetze enthalten allgemeine Grundsätze und Richtlinien, die von den Landesgesetzgebern näher zu konkretisieren sind. Den Landesgesetzgebern muss dabei ein Entscheidungsspielraum verbleiben. Die Rahmengesetze müssen ausfüllungsfähig und ausfüllungsbedürftig sein.[167]

(4) Ungeschriebene Gesetzgebungskompetenzen

Neben den vorgenannten Kompetenzen gibt es drei ungeschriebene Kompetenzen, namentlich die Bundeskompetenz kraft Sachzusammenhang, die Annexkompetenz und die Bundeskompetenz kraft Natur der Sache.

Eine Bundeskompetenz kraft Sachzusammenhang liegt vor, wenn eine dem Bund ausdrücklich zugewiesene Materie verständlicherweise nicht geregelt werden kann, ohne dass zugleich eine nicht ausdrücklich zugewiesene Materie mitgeregelt wird, wenn also ein Übergreifen in nicht ausdrücklich zugewiesene Materien unerlässliche Voraussetzung für die Regelung einer der Bundesgesetzgebung zugewiesenen Materie ist. [168]

Im Bereich der so genannten Annexkompetenz greift der Bund nicht in einen anderen, ihm nicht zustehenden Sachbereich über, sondern bleibt in seinem Zuständigkeitsbereich, regelt dabei aber Fragenkomplexe, die generell in den Bereich der Landeskompetenzen fallen.[169]

Endlich ist die Zuständigkeit des Bundes kraft Natur der Sache zu nennen. Von dieser Kompetenz sind all diejenigen Bereiche erfasst, welche denknotwendigerweise nur vom Bund geregelt werden können.[170]

---

[166] H. Maurer, Staatsrecht I, 3. Aufl., 2003, S. 553; K. Stern, Das Staatsrecht der Bundesrepublik Deutschland, Bd. 2, 1980, S. 598 f.

[167] BVerfGE 4, 115 (129 f.).

[168] BVerfGE 3, 407 (421).

[169] H. Maurer, Staatsrecht I, 3. Aufl., 2003, S. 310; J. Ipsen, Staatsrecht I, 15. Aufl., 2003, S. 146.

[170] BVerfGE 11, 89 (99); H. Maurer, Staatsrecht I, 3. Aufl., 2003, S. 310.

bb) Besetzung der staatlichen Organe

Außer dem Gesetzgebungsrecht hat der Deutsche Bundestag das Recht zur Besetzung der staatlichen Organe. Vor allem obliegt ihm gemäß Art. 63 GG das Recht, den Bundeskanzler zu wählen.[171] Auch hat der Bundestag das Recht, ebenso wie der Bundesrat, die Hälfte der Mitglieder des Bundesverfassungsgerichtes zu wählen.[172] Weiterhin bestimmt der Bundestag zusammen mit den sachlich zuständigen Bundes- und Landesministern die Richter des Bundesgerichtshofs, des Bundesarbeitsgerichts, des Bundesverwaltungsgerichts, des Bundesfinanzgerichts und des Bundessozialgerichts. Dazu wird eine Kommission, der so genannte Richterwahlausschuss, gebildet.[173]

cc) Misstrauensvotum

Der Bundestag hat aber nicht nur, wie eben beschrieben, das Recht den Bundeskanzler zu wählen; als „schärfste Waffe“ kann er mit einem so genannten konstruktiven Misstrauensvotum gemäß Art. 67 GG die Amtszeit eines Kanzlers beenden, indem er einen neuen Kanzler wählt. Um der Bedeutung des Misstrauensvotums Rechnung zu tragen, wird es unter III. ausführlich dargestellt.

dd) Untersuchungsrecht

Um die politische Kontrollfunktion gegenüber der Regierung und Verwaltung wahrnehmen zu können, stehen dem Bundestag umfangreiche Untersuchungsrechte zur Verfügung.[174] Gemäß Art. 44 GG besteht zum Beispiel die Möglichkeit, einen Untersuchungsausschuss einzusetzen.

Ein solcher Untersuchungsausschuss wird auf Verlangen von einem Viertel der Abgeordneten des Bundestags hin eingerichtet.[175] Der Untersuchungsgegenstand muss in die Rechtszuständigkeit des Bundestages fallen. Im Wesentlichen werden zwei verschiedene Typen unterschieden. Die Gesetzgebungsenquete dient der Beschaffung von Informationen und Erkenntnissen für umfassende und komplizierte Gesetzgebungsvorhaben und die so genannten Missbrauchsenquete zur

---

171 Vgl. dazu Zweites Kapitel B.II.3.b); J. Ipsen, Staatsrecht I, 15. Aufl., 2003, S. 118 f.

172 Vgl. dazu Zweites Kapitel B.II.5.d) u. e); H. H. Klein, Aufgaben des Bundestages, in: HStR, Bd. 2, 2. Aufl. 1998, § 40 Rn. 26 f.; J. Ipsen, Staatsrecht I, 15. Aufl., 2003, S. 233.

173 Art. 95 GG; H. H. Klein, Aufgaben des Bundestages, in: HStR, Bd. 2, 2. Aufl. 1998, § 40 Rn. 24.

174 J. Ipsen, Staatsrecht I, 15. Aufl., 2003, S. 211 f.

175 Art. 44 GG; §§ 1, 2 PUAG.

Aufdeckung und Klärung von Missständen im Exekutivbereich, wobei zweitgenannter die überragende Bedeutung zukommt.[176] Neben Art. 44 GG gibt es seit 2001 eine Untersuchungsausschussgesetz. Dieses regelt die Einsetzung eines Untersuchungsausschusses, den Ablauf des Untersuchungsverfahrens und die Beweiserhebung. Gerichte und Verwaltungsbehörden müssen für die Tätigkeit des Untersuchungsausschusses zusammenwirken. Die Beschlüsse der Untersuchungsausschüsse dürfen nicht zum Gegenstand richterlicher Erörterungen gemacht werden.[177]

ee) Zitierrecht

Art. 43 Abs. 1 GG gibt dem Bundestag und seinen Ausschüssen das Recht, die Anwesenheit jedes Mitglied der Bundesregierung zu verlangen. Dieses so genannte Zitierrecht dient der parlamentarischen Kontrolle der Exekutive.[178]

Verlangt der Bundestag oder einer seiner Ausschüsse die Anwesenheit eines Mitgliedes der Bundesregierung, so müssen die Regierungsmitglieder anwesend sein, es sei denn, sie haben einen objektiven, wichtigen Grund für ihre Abwesenheit.[179] Das Zitierrecht des Parlaments gegenüber der parlamentarisch verantwortlichen Exekutive wird mit dieser Bestimmung fortgeführt.[180]

Durch die Ausübung dieses Anforderungsrechts gegenüber den Regierungsmitgliedern hat der Bundestag eine effektive Kontrollmöglichkeit gegenüber der Bundesregierung und gewinnt angemessene Informationen über sie.[181]

---

176 H. Maurer, Staatsrecht I, 3. Aufl., 2003, S. 450 ff.; K. Stern, Das Staatsrecht der Bundesrepublik Deutschland, Bd. 2, 1980, S. 61 f.; L. Kissler, Der Deutsche Bundestag, in: JÖR, 26 (1977), S. 39 (75 f.); Siehe näher in Bezug auf die Befugnisse und Stellungen der Untersuchungsausschüsse, BVerfGE 76, 363 (382 ff.), BVerfGE 77, 1 (39 ff.), BVerfGE 67, 100 (127 ff.).

177 Art. 44 GG.

178 P. Badura, Staatsrecht, 3.Aufl., 2003, S. 480.

179 Art. 43 Abs. 1 GG; §§ 100 GOBT.

180 P. Badura, Staatsrecht, 3.Aufl., 2003, S. 480.

181 H. H. Klein, Aufgaben des Bundestages, in: HStR, Bd. 2, 2. Aufl. 1998, § 40 Rn. 35 f.; K. Stern, Das Staatsrecht der Bundesrepublik Deutschland, Bd. 1, 2. Aufl., 1984, S. 999; P. Badura, Staatsrecht, 3.Aufl., 2003, S. 480; R. Bäumlin, Die Kontrolle des Parlaments über Regierung und Verwaltung in: Referate und Mitteilungen des Schweizerischen Juristenvereins 100 (1966) S. 238 ff.

ff) Interpellationsrecht

Eng mit dem Zitierrecht verknüpft ist das so genannte Interpellationsrecht.[182] Über das bloße Verlangen der Anwesenheit hat der Bundestag die Befugnis, Fragen an die Mitglieder der Regierung zu stellen.[183] Die Antwort auf derlei Fragen darf nur verweigert werden, wenn dafür zwingende Gründe der Geheimhaltung bestehen.[184]

Das in England als eine politische Gewohnheit entwickelte Interpellationsrecht bildet als Untersuchungsrecht eine starke Kontrollmaßnahme gegenüber der Regierung. Die Ausübung dieses Rechts ist von ihrem Sinn und Charakter her als eines der elementarsten Rechte des Parlaments anzusehen.[185]

Ebenso wie die anderen Kontrollrechte des Parlamentes stellt auch das Interpellationsrecht eine starke politische Waffe der Opposition dar.[186] Wenngleich das Interpellationsrecht primär ein Recht des Bundestages und der Ausschüsse ist, so ist es auch ein Minderheitenrecht, welches einzelnen Abgeordneten zustehen kann.[187]

gg) Präsidentenanklage

Wenn der Bundespräsident das Grundgesetz oder ein anderes Bundesgesetz vorsätzlich verletzt, kann ihn der Bundestag gemäß Art. 61 Abs. 1 GG vor dem Bundesverfassungsgericht anklagen. Der Antrag auf Erhebung der Anklage muss von mindestens einem Viertel der Mitglieder des Bundestages gestellt werden. Der Beschluss über die Präsidentenanklage bedarf der Mehrheit von zwei Dritteln der Mitglieder des Bundestages.[188]

Sowohl im parlamentarischen Regierungssystem als auch im präsidialen Regierungssystem liegt das Anklagerecht beim Parlament. Die Anklagemöglichkeit garantiert die Autorität des Parlaments über das Repräsentationsorgan.

---

182 BVerfGE 13, 123 (125); K. Stern, Das Staatsrecht der Bundesrepublik Deutschland, Bd. 2, 1980, S. 55.

183 Vgl. §§ 100 GOBT.

184 BVerfGE 13, 123 (125).

185 R. Bäumlin, Die Kontrolle des Parlaments über Regierung und Verwaltung. in: Referate und Mitteilungen des Schweizerischen Juristenvereins 100 (1966), S. 238 ff.

186 Näher H. H. Klein, Aufgaben des Bundestages, in: HStR, Bd. 2, 2. Aufl. 1998, § 40 Rn. 35.

187 H. Maurer, Staatsrecht I, 3. Aufl., 2003, S. 446 f.; K. Stern, Das Staatsrecht der Bundesrepublik Deutschland, Bd. 2, 1980, S. 56; P. Badura, Staatsrecht, 3.Aufl., 2003,

188 Art. 61 Abs. 1 GG.

In Deutschland wird diesem Recht keine große Bedeutung beigemessen. Letztlich ist es auch noch nie zu einer Präsidentenanklage gekommen.[189]

Die ursprüngliche Anklage entstammt dem Institut der Ministeranklage. Die Weimarer Verfassung hatte diese Anklage aufgenommen und sie auf den Reichspräsidenten ausgedehnt.[190] Aber wegen seiner besonderen Modalitäten hatte die Ministeranklage verfassungsgeschichtlich keine Bedeutung gewonnen.[191]

hh) Ratifikation von völkerrechtlichen Verträgen

Ein Vertragsabschluss mit einem ausländischen Staat liegt im Zuständigkeitsbereich des Bundespräsidenten, da dieser gemäß Art. 59 GG den Bund völkerrechtlich vertritt.[192] Die völkerrechtliche Vertretungsbefugnis des Bundespräsidenten folgt der Tradition des deutschen Staatsrechts[193] und der völkerrechtlichen Praxis.[194] Schließt der Bundespräsident Verträge, welche die politischen Beziehungen des Bundes regeln oder sich auf Gegenstände der Bundesgesetzgebung beziehen, ab, so bedarf er aber gemäß Art 59 Abs. 2 GG der Zustimmung oder Mitwirkung der jeweils für die Bundesgesetzgebung zuständigen Körperschaft, im Wesentlichen ist das der Bundestag, in Form eines Bundesgesetzes.

f) Rechte und Pflichten der Abgeordneten

aa) Die Rechte der Abgeordneten

Damit die Abgeordneten als Vertreter des Volkes ihre Aufgaben erfüllen und ferner ihre verfassungsmäßigen Kompetenzen ausführen können, bedarf es einer rechtlichen und systematischen Zusicherung von Rechten.

(1) Freies Mandat

Art. 38 Abs. 1 Satz 2 GG garantiert den Abgeordneten das so genannte freie Mandat. Als Vertreter des ganzen Volkes sind die Abgeordneten an Aufträge und Weisungen nicht gebunden. Das in der Verfassungstradition des 19. Jahrhunderts

---

189 Pieroth, in: Jarass / Pieroth, GG, 7. Aufl. 2004, Art. 61 Rn. 1.
190 Art. 59 WRV.
191 J. Ipsen, Staatsrecht I, 15. Aufl., 2003, S. 145.
192 Art. 59 Abs.1 GG.
193 Art. 11 RVerf. 1871; 45 WRV.
194 J. Ipsen, Staatsrecht I, 15. Aufl., 2003, S. 134.

stehende freie Mandat gehört zu den klassischen Elementen des parlamentarischen Regierungssystems.

Auch wenn Art. 38 Abs. 1 Satz 2 GG den Eindruck der Absolutheit vermittelt, so findet die Unabhängigkeit der Abgeordneten in der Verfassungswirklichkeit durchaus Grenzen, welche auch das Grundgesetz mit der verfassungsrechtlichen Verankerung der Mitwirkungsrechte der Parteien in Art. 21 GG anerkennt.[195] In diesem Spannungsverhältnis[196] behauptet sich das freie Mandat. Zwar gewährleistet Art. 21 Abs. 1 GG das Bestreben der Fraktionen, durch vorbereitende innerfraktionelle Willensbildung ein einheitliches politisches Agieren zu gewährleisten, die Grenze findet diese so genannte Fraktionsdisziplin jedoch in dem Fall, in dem es zur Ausübung von, wie auch immer gelagertem, Zwang kommt.[197] Durch Art. 38 Abs. 1 Satz 2 GG wird somit die Dominanz der Parteien beschränkt.[198]

Aus dem in Art. 38 Abs. 1 Satz 2 GG festgelegten Status der Abgeordneten werden eine Reihe von Rechten abgeleitet. Allgemein werden diese Rechte als Mitwirkungs- oder Teilnahmerechte bezeichnet. So haben die Abgeordneten das Recht an den Sitzungen des Bundestages teilzunehmen, das Rederecht, das Recht, mit anderen Abgeordneten Fraktionen zu bilden, die oben erwähnten Frage- und Informationsrechte gegenüber der Bundesregierung, das Antrags- und Initiativrecht und schließlich das Recht, an Wahlen und Abstimmungen teilzunehmen.[199] Die Konkretisierung dieser aus Art. 38 Abs. 1 Satz 2 GG abgeleiteten Rechte findet sich in der Geschäftsordnung des Bundestages.[200]

(2) Immunität

Die in England vom Unterhaus gegen die Autorität der Monarchie angeregte Immunität wurde erst in der Zeit von Jakob I. (1566–1625) rechtlich zugesichert. In der modernen Verfassungsgeschichte wurde sie zunächst in der von England

---

195 H. Maurer, Staatsrecht I, 3. Aufl., 2003, S. 417.

196 Zu diesem Begriff vgl. BVerfGE 2, 1 (72 f.), 4, 144 (149 ff.).

197 K. Stern, Das Staatsrecht der Bundesrepublik Deutschland, Bd. 1, 2. Aufl., 1984, S. 1075; H. H. Klein, Status des Abgeordneten, in: HStR, Bd. 2, 2. Aufl. 1998, § 41 Rn. 38 f.

198 H. Maurer, Staatsrecht I, 3. Aufl., 2003, S. 417.

199 H. Maurer, Staatsrecht I, 3. Aufl., 2003, S. 421.

200 Vgl. im Einzelnen K. Stern, Das Staatsrecht der Bundesrepublik Deutschland, Bd. 1, 2. Aufl., 1984, S. 1058 ff.; H. Maurer, Staatsrecht I, 3. Aufl., 2003, S. 421.

beeinflussten amerikanischen Verfassung ausdrücklichen aufgenommen.[201] Die systematische Bedeutung der Immunität bestand vor allem in der Gewährleistung der freien Betätigung des Parlaments. Insbesondere sollte eine Verfolgung der Abgeordneten durch die vollziehende Gewalt unter dem Vorwand strafbarer Handlungen verhindert werden.[202]

Die Immunität ist nicht als ein Privileg des einzelnen Abgeordneten, sondern des Parlaments zu sehen.[203] Daher hat allein das Parlament das Verfahrensrecht.[204] Die Immunität verbietet die Festnahme eines Abgeordneten jedoch nur während der Legislaturperiode.[205] D. h. die Immunität schützt den Abgeordneten nur für die Dauer seiner Mitgliedschaft im Bundestag.[206] Deswegen bedeutet die Immunität, anders als die Indemnität, nichts anderes als einen Verzug der Festnahme.[207]

Das Grundgesetz gewährt die Immunität in Art. 46 Abs. 2 u. 3 GG. Ein Bundestagsabgeordneter darf wegen einer strafbaren Handlung nur zur Verantwortung gezogen werden, wenn der Bundestag seine Genehmigung erteilt hat. Gleiches gilt für jede andere Beeinträchtigung der persönlichen Freiheit sowie für die Einleitung eines Verfahrens nach Art. 18 GG.[208]

(3) Indemnität

Das Grundgesetz garantiert die Indemnität der Abgeordneten in Art. 46 Abs. 1 GG. Demnach darf ein Abgeordneter zu keiner Zeit wegen seiner Äußerungen oder Abstimmungen im Bundestag gerichtlich oder dienstlich verfolgt oder anderweitig zur Verantwortung gezogen werden. Eine Ausnahme sieht Art. 46 Abs. 1 Satz 2 GG für verleumderische Beleidigungen vor. Die Indemnität erstreckt sich nur auf den parlamentarischen Bereich. Äußerungen in Wahlkampfveranstal-

---

201 H. Schulze-Fielitz, in: H. Dreier, GGK, Bd. 2, 1998, Art. 46 Rn. 1; K. Stern, Das Staatsrecht der Bundesrepublik Deutschland, Bd. 1, 2. Aufl., 1984, S. 1061.

202 H. H. Klein, Status des Abgeordneten, in: HStR, Bd. 2, 2. Aufl. 1998, § 41 Rn. 38 f.; K. Stern, Das Staatsrecht der Bundesrepublik Deutschland, Bd. 1, 2. Aufl., 1984, S. 1061 f.; P. Badura, Staatsrecht, 3.Aufl., 2003, S. 469.

203 K. Stern, Das Staatsrecht der Bundesrepublik Deutschland, Bd. 1, 2. Aufl., 1984, S. 1062.

204 E. Stein, Staatsrecht, 16. Aufl., 1998, S. 77; I. v. Münch, Staatsrecht I, 6. Aufl., 2000, S. 278; K. Hesse, Grundzüge des Verfassungsrechts der Bundesrepublik Deutschland, 20. Aufl., 1999, S. 258 f.

205 H. Maurer, Staatsrecht I, 3. Aufl., 2003, S. 423 f.; I. v. Münch, Staatsrecht I, 6. Aufl., 2000, S. 279; J. Ipsen, Staatsrecht I, 15. Aufl., 2003, S. 88.

206 P. Badura, Staatsrecht, 3.Aufl., 2003, S. 469.

207 H. Schulze-Fielitz, in: H. Dreier, GGK, Bd. 2, 1998, Art. 46 Rn. 25.

208 K. Stern, Das Staatsrecht der Bundesrepublik Deutschland, Bd. 1, 2. Aufl., 1984, S. 1063.

tungen etc. sind nicht erfasst, wenngleich eine strafrechtliche Verfolgung dort durch die Immunität zumindest solange gehemmt ist, wie der Abgeordnete sein Mandat innehat. Die Immunität schützt die freie Aussprache im Parlament und dient damit vor allem dem Schutz des Parlaments.[209]

Im Gegensatz zur Immunität reicht der Schutz der Indemnität über die Legislaturperiode hinaus. Mit anderen Worten, es kann ein Abgeordneter, auch nachdem er sein Mandat verloren hat, nicht für Äußerungen und Abstimmungen innerhalb der Legislaturperiode zur Verantwortung gezogen werden.[210]

(4) Weitere Rechte

Vorstehend wurden die wichtigsten Rechte der Abgeordneten genannt. Daneben haben die Abgeordneten gemäß Art. 48 Abs. 3 GG einen Anspruch auf eine angemessene Entschädigung. Der Anspruch auf eine angemessene Entschädigung ist Ausfluss des freien Mandats aus Art. 38 Abs. 1 Satz 2 GG und gewährleistet die Unabhängigkeit der Abgeordneten und damit die Entschlussfreiheit der Abgeordneten im Verhältnis sowohl zum Staat als auch zu gesellschaftlichen Interessen, nicht zuletzt aber auch zur eigenen Partei und Fraktion.[211]

Daneben sieht Art. 48 Abs. 1 GG einen Anspruch der Kandidaten auf den zur Vorbereitung einer Wahl erforderlichen Urlaub vor. Damit wird gewährleistet, dass sich jedermann um einen Sitz im Bundestag bewerben kann. Art. 48 Abs. 2 GG statuiert ein allgemeines Behinderungsverbot dahingehend, dass niemand gehindert werden darf, das Amt eines Abgeordneten zu übernehmen und auszuüben.

Schließlich gestattet es Art. 47 GG den Abgeordneten, das Zeugnis über Angelegenheiten, die sie in ihrer Eigenschaft als Abgeordneter erfahren haben, zu verweigern.

bb) Pflichten der Abgeordneten

Das Grundgesetz statuiert keine sanktionsbewährten Rechtspflichten der Abgeordneten. Gleichwohl wäre der Eindruck, wonach ein Abgeordneter keine

---

209 H. Maurer, Staatsrecht I, 3. Aufl., 2003, S. 422.

210 BVerwGE 83, 1 (15 f.); Pieroth, in: Jarass/Pieroth, GG, 7. Aufl, 2004, Art. 46 Rn. 3.

211 BVerfGE 4, 144 (150); 20, 56 (103); 32, 157 (164); D. C. Umbach, in: Umbach / Clemens, GGK, Bd. 2, 2002, Art. 48 Rn. 23; H.-H. Trute, in: Münch / Kunig, GGK, Bd. 2, 5. Aufl. 2001, Art. 48 Rn. 21.

Pflichten hat, falsch. Die Pflichten des Abgeordneten sind „Reflex seiner Repräsentationsstellung und seiner parlamentarischen Aufgabe“[212], qua dieser der Abgeordnete verpflichtet ist, seine Aufgaben für den Nutzen und das Wohl des Volkes nach bestem Wissen und Gewissen zu erfüllen.[213] Der politische Druck, dieser Aufgabe nachzukommen, resultiert aus dem Willen des Abgeordneten, wieder gewählt zu werden. Auch die Beobachtung durch Presse, Funk und Fernsehen beeinflusst die Haltung der Abgeordneten.

Schließlich sieht die Geschäftsordnung des Bundestages einige Pflichten der Abgeordneten vor, namentlich etwa eine Präsenzpflicht, § 13 GOBT und eine Geheimhaltungspflicht, § 17 GOBT. Zudem ist der Abgeordnete den Ordnungsmaßnahmen des Präsidenten unterworfen, § 36 ff. GOBT.

2. *Der Bundesrat*

a) *Die verfassungsrechtliche Stellung*

Der Bundesrat ist oberstes Staatsorgan.[214] Dies ergibt sich zum einen aus der unmittelbaren Schaffung durch die Verfassung selbst und zum anderen durch die unmittelbar durch die Verfassung begründeten Zuständigkeiten.[215] Er untersteht keinerlei staatlicher Aufsicht.[216]

Unter den obersten Bundesorganen nimmt der Bundesrat neben dem Bundestag einen herausragenden Rang ein. Dies folgt aus den teilweise konstitutiven Mit-

---

212 Siehe näher K. Stern, Das Staatsrecht der Bundesrepublik Deutschland, Bd. 1, 2. Aufl., 1984, S. 1067.

213 E. Friesenhahn, Parlament und Regierung im modernen Staat, in: VVDStRL, 16 (1958), S. 22 f.; H. H. Klein, Status des Abgeordneten, in: HStR, Bd. 2, 2. Aufl. 1998, § 41 Rn. 2 f., 22 ff.; K. Stern, Das Staatsrecht der Bundesrepublik Deutschland, Bd. 1, 2. Aufl., 1984, S. 1051, 1069 ff.; L. Kissler, Der Deutsche Bundestag, in: JÖR, 26 (1977), S. 39 (53 f., 58); S. Detterbeck, Öffentliches Recht für Wirtschaftswissenschaftler, 2. Aufl., 2002, S. 46 f.

214 K. Stern, Das Staatsrecht der Bundesrepublik Deutschland, Bd. 2, 1980, S. 111.

215 K. Stern, Das Staatsrecht der Bundesrepublik Deutschland, Bd. 2, 1980, S. 124.

216 G. Robbers, in: Sachs, GG, 3. Aufl. 2003, Art. 50 Rn. 5; H. Bauer in: H. Dreier, GGK, Bd. 2, 1998, Art. 50 Rn. 17; J. Ipsen, Staatsrecht I, 15. Aufl., 2003, S. 97; K. Hesse, Grundzüge des Verfassungsrechts der Bundesrepublik Deutschland, 20. Aufl., 1999, S. 262; K. Stern, Das Staatsrecht der Bundesrepublik Deutschland, Bd. 2, 1980, S. 124; R. Herzog, Stellung des Bundesrates im demokratischen Bundesstaat, in: HStR, Bd. 2, 2. Aufl. 1998, § 44 Rn. 2; S. Detterbeck, Öffentliches Recht für Wirtschaftswissenschaftler, 2. Aufl., 2002, S. 50.

wirkungsrechten an der Gesetzgebung.[217] Der Bundesrat ist Kollegialorgan, er gibt sich gemäß Art. 52 Abs. 3 GG eine eigene Geschäftsordnung.

Gemäß Art. 50 GG wirken die Länder durch den Bundesrat bei der Gesetzgebung und der Verwaltung des Bundes sowie bei Angelegenheiten der Europäischen Union mit. Der Bundesrat ist damit ein Bundesorgan.[218] Er bildet den verfassungsrechtlichen Ausfluss der Entscheidung für das föderative System.[219]

Der politische Einfluss des Bundesrates ist nicht gering zu schätzen. Durch seine Mitwirkungsrechte bei der Gesetzgebung hat der Bundesrat maßgebenden Einfluss auf die Staatsführung. Seine Zuständigkeiten hat der Bundesrat von Anfang an extensiv gehandhabt und damit seinen Einfluss noch vergrößert.[220] Durch die große Anzahl an zustimmungspflichtigen Gesetzen ist es Bundestag und Bundesregierung verwehrt, größere Reformvorhaben ohne die Zustimmung des Bundesrates zu verabschieden. In der aktuellen verfassungsrechtlichen Debatte wird daher eine Reform der Kompetenzzuweisungen erörtert, welche es verhindern soll, dass der Bundesrat als Blockadeinstrument eingesetzt werden kann.

Der Bundesrat bildet keine zweite Kammer, zumindest nicht im klassischen respektive traditionellen Sinne. Zwar nimmt der Bundesrat an der Gesetzgebung teil, jedoch wird er nicht, wie es für die zweite Kammer üblich ist, vom Volk oder Parlament gewählt.[221]

b) *Bildung und Zusammensetzung*

Gemäß Art. 51 Abs. 1 Satz 1 GG besteht der Bundesrat aus Mitgliedern der Regierung der Länder, welche bestellt und abberufen werden können. Das Grundgesetz sieht somit ausschließlich Mitglieder der Landesregierungen als Vertreter im Bundesrat vor. Neben der Mitgliedschaft in der Landesregierung müssen die Bundesratsmitglieder der jeweiligen Länder gemäß Art. 51 Abs. 1 Satz 1 GG von der Landesregierung bestellt werden. Die Bestellung erfolgt, wie auch die Abberufung, durch einen Beschluss der Landesregierung.[222]

---

217 K. Stern, Das Staatsrecht der Bundesrepublik Deutschland, Bd. 2, 1980, S. 125.

218 K. Stern, Das Staatsrecht der Bundesrepublik Deutschland, Bd. 2, 1980, S. 125.

219 H. Maurer, Staatsrecht I, 3. Aufl., 2003, S. 510.

220 K. Stern, Das Staatsrecht der Bundesrepublik Deutschland, Bd. 2, 1980, S. 127.

221 H. Maurer, Staatsrecht I, 3. Aufl., 2003, S. 533; R. Schmidt, Staatsorganisationsrecht, 3.Aufl., 2003, S. 225; K. Stern, Das Staatsrecht der Bundesrepublik Deutschland, Bd. 2, 1980, S. 126.

222 K. Stern, Das Staatsrecht der Bundesrepublik Deutschland, Bd. 2, 1980, S. 135.

Das Stimmgewicht der einzelnen Länder legt Art. 51 Abs. 2 GG fest. Die darin gewählte Differenzierung entspricht im Prinzip der deutschen Tradition des föderativen Organs. Sie entspricht einem Mittelweg zwischen Gleichheit und Bevölkerungsarithmetik.[223]

Art. 51 Abs. 2 GG sieht vor, dass jedes Bundesland mindestens drei Stimmen im Bundesrat hat. Mit steigender Einwohnerzahl wächst die Mitgliederzahl. So haben Länder mit mehr als zwei Millionen Einwohnern vier Stimmen, Länder mit mehr als sechs Millionen Einwohnern fünf Stimmen und Länder mit mehr als sieben Millionen Einwohnern sechs Stimmen. Durch diese Stimmverteilung werden die kleinen und mittleren Länder bevorzugt; das demokratische Mehrheitsprinzip erfährt eine Abschwächung.[224]

Der jetzige Bundesrat besteht aus 69 stimmberechtigten Mitgliedern, namentlich Nordrhein–Westfalen 6, Bayern 6, Baden–Württemberg 6, Niedersachsen 6, Hessen 5, Sachsen 4, Rheinland–Pfalz 4, Berlin 4, Sachsen–Anhalt 4, Thüringen 4, Brandenburg 4, Schleswig–Holstein 4, Mecklenburg–Vorpommern 3, Hamburg 3, Saarland 3, Bremen 3. Die Zahl der Stimmen der Länder im Bundesrat liegt also nicht für immer fest, sondern kann entsprechend wachsender oder sinkender Bevölkerungszahl zunehmen oder abnehmen.[225]

Die Stimmen eines Landes können gemäß Art. 51 Abs. 3 Satz 2 GG nur einheitlich abgegeben werden. Das heißt, die Mitglieder eines Bundeslandes können nicht verschieden votieren, sondern müssen ihre Stimmen gleichlautend abgeben.[226] Aus diesem Gebot der einheitlichen Stimmabgabe folgt das so genannte imperative Mandat der Bundesratsmitglieder, welches diese im Gegensatz zum freien Mandat der Bundestagsabgeordneten gemäß Art. 38 Abs. 1 Satz 2 GG innehaben. Die Mitglieder des Bundesrates sind daher an Weisungen gebunden.[227]

Im Gegensatz zum Bundestag ist der Bundesrat ein permanentes Verfassungsorgan, so dass für ihn keine Diskontinuität der Wahlperioden gilt.[228]

---

223 H. Maurer, Staatsrecht I, 3. Aufl., 2003, S. 511; K. Stern, Das Staatsrecht der Bundesrepublik Deutschland, Bd. 2, 1980, S. 141.

224 P. Badura, Staatsrecht, 3.Aufl., 2003, S. 491.

225 I. v. Münch, Staatsrecht I, 6. Aufl., 2000, S. 309.

226 H. Maurer, Staatsrecht I, 3. Aufl., 2003, S. 511; K. Stern, Das Staatsrecht der Bundesrepublik Deutschland, Bd. 2, 1980, S. 141.

227 H. Maurer, Staatsrecht I, 3. Aufl., 2003, S. 511; K. Stern, Das Staatsrecht der Bundesrepublik Deutschland, Bd. 2, 1980, S. 141.

228 K. Stern, Das Staatsrecht der Bundesrepublik Deutschland, Bd. 2, 1980, S. 138 f.

Bei verschiedenen Mehrheiten in den Ländern, welche sich von den Mehrheitsverhältnissen auf Bundesebene unterscheiden, differieren auch die Mehrheitsverhältnisse zwischen Bundestag und Bundesrat. Dies führt dazu, dass die Opposition im Bundestag die Mehrheit im Bundesrat innehaben kann.

c) Kompetenzen

Überblickt man den umfangreichen Katalog der Vorschriften, welcher die Aufgaben und Zuständigkeiten des Bundesrates bestimmt, so fällt auf, dass der Bundesrat, im Gegensatz zum Bundestag (Gesetzgebung), zur Bundesregierung (Regierungstätigkeit), zum Bundespräsidenten (Repräsentation) und dem Verfassungsgericht (Rechtsprechung), keine spezifischen Aufgabenbereiche besitzt, sondern lediglich über Mitwirkungsfunktionen bei der Wahrnehmung von Aufgaben anderer Organe verfügt. Die Zuständigkeit des Bundesrates ist daher mehr auf Kontrolle, Korrektur und Mäßigung als auf aktive Gestaltung ausgelegt.

aa) Mitwirkung an der Gesetzgebung

Wie bereits erwähnt, ist der Bundesrat als föderatives Organ an der Gesetzgebung des Bundes beteiligt.

Zum einen hat der Bundesrat die Möglichkeit, selbst Gesetzesentwürfe einzubringen, Art. 76 Abs. 1 GG. Daneben sind ihm Gesetzesinitiativen der Bundesregierung vor Einbringung in den Bundestag vorzulegen, damit sie dann mit der Stellungnahme des Bundesrates und der Erwiderung der Bundesregierung dem Bundestag zugeleitet werden können, so genannter erster Durchgang, Art. 76 Abs. 2 GG.[229] Der Grad der Mitwirkungsbefugnis hängt von der Art des Rechtsetzungsakts ab.[230]

(1) Verfassungsänderung

Bei Änderungen des Grundgesetzes stehen Bundestag und Bundesrat gleichberechtigt nebeneinander. Das Grundgesetz setzt mit Art. 79 Abs. 2 GG für eine Verfassungsänderung sowohl einen ⅔-Beschluss des Bundestages als auch einen ⅔-Beschluss des Bundesrates voraus. Dies entspricht dem bundesstaatlichen Prinzip, wonach der Bundesstaat durch die doppelte Staatlichkeit gekennzeichnet

---

229 H. Maurer, Staatsrecht I, 3. Aufl., 2003, S. 521 f.

230 K. Stern, Das Staatsrecht der Bundesrepublik Deutschland, Bd. 2, 1980, S. 142 f.

ist und die Bundesverfassung auch für die Länder gilt. Daher bedarf die Änderung des Grundgesetzes sowohl der Zustimmung des Bundestages als auch der des Bundesrates.[231]

(2) Gesetze

Bei der „einfachen" Gesetzgebung des Bundes ist der Bundesrat nie völlig ausgeschlossen. Hier ist allerdings zwischen zwei Varianten der Mitwirkung zu unterscheiden, welche für die Beteiligungsrechte des Bundesrates von maßgebender Beutung sind.

Es ist zu differenzieren zwischen Einspruchs- und Zustimmungsgesetzen. Je nachdem, um was für ein Gesetzgebungsverfahren es sich handelt, variiert das Gesetzgebungsverfahren.

Bei Einspruchsgesetzen kann der Bundesrat durch einen Einspruch – zunächst – das Zustandekommen des in Rede stehenden Gesetzes verhindern. Gleichwohl hat der Bundesrat die Möglichkeit, diesen Einspruch mit der absoluten Mehrheit seiner Stimmen zurückzuweisen, Art. 77 Abs. 4 Satz 1 GG. Hat der Bundesrat mit zwei Dritteln seiner Mitglieder Einspruch eingelegt, so bedarf auch die Zurückweisung des Einspruchs der Mehrheit von zwei Dritteln der Stimmen des Bundestages, Art. 77 Abs. 4 Satz 2 GG. Das heißt, der Bundesrat hat zwar die Möglichkeit, seine ablehnende Haltung gegen ein Einspruchsgesetz zu artikulieren, durch das Recht, den Einspruch zurückzuweisen, liegt aber „das letzte Wort" beim Bundestag.

Bei Zustimmungsgesetzen hat der Bundestag indessen nicht die Möglichkeit, den Bundesrat zu überstimmen. Legt das Grundgesetz die Zustimmungspflichtigkeit eines Gesetzes fest und verweigert der Bundesrat seine Zustimmung, so stellt dies ein absolutes Veto dar; das Gesetz kann nicht zustande kommen.[232]

Die gezeigten Unterschiede im Verfahren zeigen die Bedeutsamkeit der Unterscheidung zwischen Einspruchs- und Zustimmungsgesetz. Das Grundgesetz bestimmt das Einspruchsgesetz als Regelfall. Es liegt nur dann ein Zustimmungsgesetz vor, wenn ein entsprechender Titel im Grundgesetz nachgewiesen werden

---

231 K. Stern, Das Staatsrecht der Bundesrepublik Deutschland, Bd. 2, 1980, S. 142 f.
232 H. Maurer, Staatsrecht I, 3. Aufl., 2003, S. 569 f.

kann.[233] Die Zustimmung ist insbesondere dann erforderlich, wenn in besonderer Weise Interessen der Länder berührt werden.[234]

(3) Exkurs: Vermittlungsausschuss

Für den Fall, dass ein Gesetzesvorhaben im Bundesrat zu scheitern droht, sieht das Grundgesetz in Art. 77 Abs. 2 – 4 GG die Anrufung des Vermittlungsausschusses vor. Der verfassungsrechtliche Status des Vermittlungsausschusses ist umstritten. Einer Meinung zu Folge handelt es sich um ein selbständiges Verfassungsorgan, nach anderer Auffassung handelt es sich um ein gemeinsames Organ von Bundestag und Bundesrat.[235]

Der Vermittlungsausschuss besteht jeweils zur Hälfte aus Mitgliedern des Bundestages und des Bundesrates, welche, um ihnen einen Entscheidungsspielraum einzuräumen, gemäß Art. 77 Abs. 2 S. 3 GG nicht an Weisungen gebunden sind.

Der Vermittlungsausschuss ist bei Einspruchsgesetzen die einzige Möglichkeit des Bundesrates, auf den Inhalt eines Gesetzes Einfluss zu nehmen, wenngleich er dabei auf Zustimmung der vertretenen Bundestagsmitglieder angewiesen ist.

Einem vom Vermittlungsausschuss vorgelegten Kompromissvorschlag kommt keine Bindungswirkung zu. Sowohl Bundestag als auch Bundesrat müssen dem Vermittlungsvorschlag zustimmen, damit er Gesetz wird.

Der Vermittlungsausschuss spielt in der gesetzgeberischen Praxis als „Vermittlungsorgan" eine hervorgehobene Rolle.

(4) Gesetzgebungsnotstand

Schließlich kann der Bundesrat in Fällen des Gesetzgebungsnotstandes zum in Kraft treten eines Gesetzes beitragen. So kommt gemäß Art. 81 Abs. 2 S. 1 GG ein Gesetz nach Erklärung des Gesetzgebungsnotstandes auch ohne die Annahme durch den Bundestag zustande, wenn ihm der Bundesrat zugestimmt hat. Gleiches gilt nach Art. 81 Abs. 2 S. 2 GG für die Fälle, in denen der Bundesrat nicht binnen vier Wochen nach der Neueinbringung das Gesetz verabschiedet hat.

---

233 Vgl. dazu die Auflistungen bei: H. Maurer, Staatsrecht I, 3. Aufl., 2003, S. 521 f.; Lücke, in: Sachs, GG, 3. Aufl. 2003, Art. 77 Rn. 13; K. Stern, Das Staatsrecht der Bundesrepublik Deutschland, Bd. 2, 1980, S. 145 f.

234 H. Maurer, Staatsrecht I, 3. Aufl., 2003, S. 570.

235 H. Maurer, Staatsrecht I, 3. Aufl., 2003, S. 575; K. Stern, Das Staatsrecht der Bundesrepublik Deutschland, Bd. 2, 1980, S. 100; jeweils m.w.N.

(5) *Rechtsverordnungen*

Endlich kommen dem Bundesrat umfangreiche Mitwirkungsrechte beim Erlass von Rechtsverordnungen zu, Art. 80 GG. Auch hier ist der Bundesrat wieder in den Fällen zu beteiligen, in denen Eingriffe in die Verwaltungs- und Organisationshoheit der Länder in Rede stehen. Zu nennen ist an dieser Stelle die Zustimmungspflicht beim Erlass von allgemeinen Verwaltungsvorschriften durch den Bund, Art. 84 Abs. 2 GG, Art. 85 Abs. 2 GG und Art. 107 Abs. 7 GG.[236]

Das Zustimmungserfordernis hat als Ausfluss des föderativen Prinzips seinen guten Zweck, weil Verwaltungsvorschriften alle Behörden, auch die der mittelbaren Staatsverwaltung, binden.[237]

bb) *Mitwirkungsrechte im Bereich der Exekutive*

Ferner hat der Bundesrat im Bereich der Exekutive gemäß Art. 35 Abs. 3 GG, Art. 91 Abs. 2 GG das Recht, Maßnahmen der Bundesregierung, welche im Rahmen der Katastrophenhilfe oder im Falle des inneren Notstandes getroffen wurden, aufzuheben.

Daneben hat der Bundesrat einem vom Bundestag festgestellten Verteidigungsfall gemäß Art. 115 a Abs. 1 GG zuzustimmen.

cc) *Mitwirkungsbefugnisse im Bereich der Judikative*

Aufgrund der Unabhängigkeit der Gerichte scheidet eine unmittelbare Einflussnahme des Bundesrates auf die Rechtsprechung aus. Dennoch nimmt der Bundesrat durch die Wahl der Hälfte der Verfassungsrichter gemäß Art. 94 Abs. 1 S. 2 GG mittelbar Einfluss auf die Verfassungsrechtssprechung.

Durch die paritätische Wahl der Verfassungsrichter durch Bundestag und Bundesrat wird die herausragende Stellung des Bundesverfassungsgerichts gegenüber den sonstigen Gerichtsbarkeiten hervorgehoben. Dies geht mit einer gesteigerten demokratischen und bundesstaatlichen Legitimation des Bundesverfassungsgerichts einher.

---

236 Ch. Degenhart, Staatsrecht I, 14 Aufl. 1998, S. 190.

237 S. Broß, in: Münch / Kunig, GGK, Bd. 3, 5. Aufl. 2003, Art. 85 Rn. 12.

dd) Mitwirkung im Bereich der Europäischen Union

Bereits Art. 50 GG spricht von der Mitwirkung des Bundesrates in Angelegenheiten der Europäischen Union. Die fortschreitende europäische Integration führt zu erheblichen Kompetenzverlusten der Länder, was gemäß Art. 23 GG durch die verstärkten Mitwirkungsrechte des Bundesrates bei bundesinternen Willensbildungsprozessen, welche europäische Angelegenheiten betreffen, zumindest teilweise aufgefangen oder ausgeglichen werden soll.[238]

ee) Präsidentenanklage

Endlich hat der Bundesrat gemäß Art. 61 Abs. 1 GG, wie auch der Bundestag, das Recht den Bundespräsidenten vor dem Bundesverfassungsgericht anzuklagen, sofern dieser vorsätzlich das Grundgesetz oder ein anderes Bundesgesetz verletzt.

3. Die Bundesregierung

a) Die verfassungsrechtliche Stellung

Nach dem Prinzip der Zweigliedrigkeit des parlamentarischen Regierungssystems bleibt der deutsche Bundespräsident eine symbolische Figur, die nur formelle und zeremonielle Kompetenzen innehat, während die praktische, exekutive Gewalt bei der Bundesregierung liegt. Im Grundgesetz befasst sich der VI. Abschnitt (Art. 62 – 69 GG) mit der Bundesregierung. Gemäß Art. 62 GG besteht die Bundesregierung aus dem Bundeskanzler und den Bundesministern. Die Bundesregierung wird traditionell als Kabinett oder Bundeskabinett bezeichnet.[239] Sie besteht somit aus mehreren Organwaltern, welche ihren Organwillen durch Mehrheitsbeschlüsse fassen. Mithin ist sie ein Kollegialorgan.[240]

Als Verfassungsorgan ist die Bundesregierung keine juristische Person, sondern ein Organ der Bundesrepublik Deutschland. Ihre Handlungen werden dem Staat zugeordnet. Als Beteiligte des inneren Verfassungsrechtskreises ist sie teilrechtsfähig, soweit ihr eigene Zuständigkeiten zugewiesen sind.[241]

---

238 H. Maurer, Staatsrecht I, 3. Aufl., 2003, S. 525.

239 H. Maurer, Staatsrecht I, 3. Aufl., 2003, S. 465.

240 H. Maurer, Staatsrecht I, 3. Aufl., 2003, S. 465; K. Stern, Das Staatsrecht der Bundesrepublik Deutschland, Bd. 2, 1980, S. 274.

241 K. Stern, Das Staatsrecht der Bundesrepublik Deutschland, Bd. 2, 1980, S. 274.

Die Bundesregierung ist Organ der vollziehenden Gewalt.[242] Als Regierungsorgan im institutionellen Sinne obliegt der Bundesregegierung insbesondere die politische Staatsleitung.[243]

b) Bildung

Die Bildung der Bundesregierung erfolgt nach dem Grundgesetz in zwei Schritten. Zunächst wird der Bundeskanzler vom Bundestag gewählt, bevor der neu gewählte Kanzler seine Regierungsmitglieder dem Bundespräsidenten vorschlägt, damit diese von ihm ernannt werden.

aa) Wahl des Bundeskanzlers

Die Wahl des Bundeskanzlers kann durch drei verschiedene Konstellationen erfolgen. Zunächst kann der Bundeskanzler gemäß Art. 63 Abs. 1 GG durch die Empfehlung des Bundespräsidenten im Bundestag ohne Aussprache gewählt werden. Im Grunde liegt das Vorschlagsrecht im Ermessen des Bundespräsidenten, aber im Allgemeinen berücksichtigt der Bundespräsident bei seiner Entscheidung lediglich die Machtverteilung zwischen den Parteien. Daher schlägt er in der Regel den Kanzlerkandidaten der Mehrheitspartei als Bundeskanzler vor.[244] Der Vorgeschlagene muss dabei nicht Mitglied des Bundestages sein.[245]

Wenn der vom Bundespräsidenten empfohlene Kanzlerkandidat die Mehrheit der Bundestagsabgeordneten gewinnt, wird er vom Bundespräsidenten zum Bundeskanzler ernannt.[246]

Zu beachten ist, dass der Bundespräsident das Empfehlungsrecht nur einmal in Anspruch nehmen darf. Erhält der von ihm empfohlene Kandidat keine Mehrheit im Bundestag, so hat er keine zweite Gelegenheit, das Empfehlungsrecht auszuüben, dieses fällt dann allein in den Machtbereich des Bundestags.[247] Daher

---

242 M. Schröder, Bildung, Bestand und parlamentarische Verantwortung, in: HStR, Bd. 2, 2. Aufl. 1998, § 51 Rn. 2.

243 Ch. Degenhart, Staatsrecht I, 17. Aufl. 2001, S. 193 f.

244 H. Maurer, Staatsrecht I, 3. Aufl., 2003, S. 471 f.; M. Oldiges, in: Sachs, GG, 3. Aufl., 2003, Art. 63 Rn. 13 ff.; M. Schröder, in: Mangoldt / Klein / Starck, GG, Bd. 2, 2000, Art. 63 Rn. 27; W. Heun, Die Stellung des Bundespräsidenten im Licht der Vorgänge um die Auflösung des Bundestages, in: AÖR, 109 (1984), S. 13 (16).

245 R. Schmidt, Staatsorganisationsrecht, 3.Aufl., 2003, S. 231.

246 Art. 63 Abs. 2 GG.

247 M. Schröder, Bildung, Bestand und parlamentarische Verantwortung, in: HStR, Bd. 2, 2. Aufl. 1998, § 51 Rn. 17.

empfiehlt der Bundespräsident, wenn es keinen speziellen Grund gibt, unabhängig von seiner politischen Einstellung, in der Regel den Kandidaten, der eine reelle Chance hat, die Wahl zu gewinnen, um sein Empfehlungsrecht erfolgreich auszuüben. Gerade das ist die Basis der rationalen und stabilen deutschen Politik.

Findet der vom Bundespräsidenten empfohlene Kandidat keine Mehrheit im Bundestag, wird er also nicht gewählt, so kann der Bundestag gemäß Art. 63 Abs. 3 GG innerhalb von 14 Tagen mit der Mehrheit der Bundestagsabgeordneten einen eigenen Kandidaten vorschlagen und wählen, welcher anschließend vom Bundespräsidenten zum Bundeskanzler ernannt wird.[248] Der diesbezügliche Wahlvorschlag muss aus den Reihen des Bundestages kommen und gemäß § 4 S. 2 GOBT von mindestens einem Viertel der Abgeordneten unterzeichnet sein.

Die letzte (dritte) Variante regelt Art. 63 Abs. 4 GG. Diese knüpft daran an, dass eine Wahl innerhalb der Frist des Art. 63 Abs. 3 GG nicht zustande gekommen ist. Sodann ist, im Gegensatz zu Abs. 3, zwingend ein neuer Wahlgang durchzuführen. Bezüglich des gefundenen Ergebnisses sind zwei Alternativen zu unterscheiden, welche maßgebend von der erlangten Mehrheit abhängen.

Erhält einer der Kanzlerkandidaten die absolute Mehrheit, sprich die Mehrheit der gesetzlichen Mitglieder des Bundestages gemäß Art. 121 GG, so ist dieser zwingend vom Bundespräsidenten innerhalb von sieben Tagen zum Kanzler zu ernennen, Art. 63 Abs. 4 S. 2 GG.

Erhält ein Kandidat hingegen keine absolute Mehrheit, so kommt dem Bundespräsidenten ein Wahlrecht zu. Gemäß Art. 63 Abs. 4 S. 3 GG kann der Bundespräsident diesen Kandidaten innerhalb von sieben Tagen ernennen oder den Bundestag auflösen.

Die erstgenannte Alternative ist dann sinnvoll, wenn davon auszugehen ist, dass der ernannte „Minderheitenkanzler“ sich auch ohne Mehrheit durchsetzen und behaupten wird.[249]

Die Auflösung des Bundestages liegt dann nahe, wenn berechtigte Hoffnungen bestehen, dass durch die nach der Auflösung des Bundestages erforderlichen Neuwahlen klare Mehrheitsverhältnisse geschaffen werden.

---

248 Art. 63 Abs. 3 GG; § 4 GOBT.

249 H. Maurer, Staatsrecht I, 3. Aufl., 2003, S. 472.

bb) Ernennung der Bundesminister

Im Gegensatz zum Bundeskanzler werden die Minister nicht vom Bundestag gewählt, sondern vom Bundespräsidenten auf Vorschlag des Bundeskanzlers ernannt, Art. 64 Abs. 1 GG.

Der Bundespräsident hat bei der Ernennung der Minister kein Vorschlagsrecht, er ist an die Vorschläge des Kanzlers gebunden. Umstritten ist, welche Prüfungsrechte dem Bundespräsidenten bei der Ernennung der Minister zukommen.[250] Nach heute herrschender Lehre kommt dem Bundespräsidenten nur ein formelles Prüfungsrecht zu.[251] Das heißt, der Bundespräsident darf die Ernennung eines Kandidaten, der nach seiner Meinung nicht über die persönliche oder fachliche Eignung verfügt, nicht verweigern; Eignung und Fähigkeit stehen in der Beurteilungsprärogative des Kanzlers.[252] Erst recht darf der Bundespräsident einen Kandidaten nicht aufgrund von politischen oder parteipolitischen Erwägungen ablehnen.[253]

Hingegen kommt dem Bundespräsidenten ein Ablehnungsrecht zu, sofern der zu ernennende Minister nicht die rechtlichen Voraussetzungen, welche für die Wahl nötig sind, erfüllt; zum Beispiel wenn der Bundeskanzler einen Ausländer zur Ernennung vorschlägt.

Grundsätzlich unterliegt das Vorschlagsrecht des Bundeskanzlers keinerlei Einschränkungen. Das heißt aber nicht, dass der Bundeskanzler tatsächlich frei von jeglichen Einflüssen ist. So ist er in der Verfassungswirklichkeit zumeist an Koalitionsabsprachen oder Koalitionsvereinbarungen gebunden.[254]

Zudem stehen Personalentscheidungen unter genauer Beobachtung durch das Volk und Medien.[255]

---

250 Vgl. dazu W.-R. Schenke, in: BK, Art. 64 Rn. 9 ff. m.w.N.

251 H. Maurer, Staatsrecht I, 3. Aufl., 2003, S. 473 f; K. Stern, Das Staatsrecht der Bundesrepublik Deutschland, Bd. 2, 1980, S. 290 ff.

252 H. Maurer, Staatsrecht I, 3. Aufl., 2003, S. 473 f; K. Stern, Das Staatsrecht der Bundesrepublik Deutschland, Bd. 2, 1980, S. 290 ff.

253 H. Maurer, Staatsrecht I, 3. Aufl., 2003, S. 473 f.

254 Stichwort: faktische Präsentationsbefugnis, vgl. K. Stern, Das Staatsrecht der Bundesrepublik Deutschland, Bd. 2, 1980, S. 292.

255 So bereits: K. Stern, Das Staatsrecht der Bundesrepublik Deutschland, Bd. 2, 1980, S. 292.

c) Amtszeit

Gemäß Art. 69 Abs. 2 GG endet die Amtszeit der Regierung mit dem Zusammentritt eines neuen Bundestages. Dies ist der vom Grundgesetz vorgesehene Regelfall, welcher sich sowohl auf die Bundesminister wie auch den Kanzler bezieht. Daneben sieht das Grundgesetz aber auch noch weitere Möglichkeiten vor, wie die Amtszeit vorzeitig beendet werden kann. Dabei ist das „politische Schicksal" der Minister mit dem des Kanzlers eng verbunden. Das Ende eines Kanzlers bedeutet zugleich das Ende der gesamten Regierung und damit auch der einzelnen Minister.

aa) Kanzler

Für den Kanzler gilt der eben genannte Regelfall, wonach seine Amtszeit mit dem Zusammentritt des neuen Bundestages beendet wird. Damit fallen das Ende der Wahlperiode und das Ende der Amtszeit des Bundeskanzlers zusammen, sie sind gleichgeschaltet. Jeder Bundestag wählt seinen eigenen Kanzler.[256] Dies ist die Konsequenz des parlamentarischen Regierungssystems, wonach die Regierung ihre Legitimation durch das Parlament erhält, dieses wiederum die seinige durch die Volkswahlen erlangt.[257]

Neben diesem Regelfall sind folgende Möglichkeiten denkbar, durch welche die Amtszeit des Kanzlers beendet werden kann.

Nicht ausdrücklich im Grundgesetz geregelt, aber doch vorausgesetzt,[258] ist der freiwillige Rücktritt des Bundeskanzlers. Niemand kann gezwungen werden, gegen seinen Willen das Amt des Kanzlers zu begleiten. So ist zum Beispiel Bundeskanzler Willi Brandt im Jahre 1974 zurückgetreten.[259]

Die Amtszeit des Bundeskanzlers endet selbstredend mit dem Tode oder dem Verlust der Amtsfähigkeit. Diese Möglichkeiten sind so selbstverständlich, dass auch sie nicht expressis verbis im Grundgesetz vorgesehen sind.[260]

---

256 H. Maurer, Staatsrecht I, 3. Aufl., 2003, S. 481.

257 Näher E. Stein, Staatsrecht, 16. Aufl., 1998, S. 91 ff.; H. Maurer, Staatsrecht I, 3. Aufl., 2003, S. 480, 484; I. v. Münch, Staatsrecht I, 6. Aufl., 2000, S. 355; K. Stern, Das Staatsrecht der Bundesrepublik Deutschland, Bd. 2, 1980, S. 295.

258 Vgl. dazu: Stern, Das Staatsrecht der Bundesrepublik Deutschland, Bd. 2, 1980, S. 295.

259 Stern, Das Staatsrecht der Bundesrepublik Deutschland, Bd. 2, 1980, S. 295.

260 Stern, Das Staatsrecht der Bundesrepublik Deutschland, Bd. 2, 1980, S. 295.

Neben diesen im Grundgesetz nicht aufgezählten Varianten gibt es für den Bundestag die Möglichkeit, den Bundeskanzler abzuwählen. Das Grundgesetz sieht diese Option in Art. 67 GG vor. Demnach kann der Bundestag dem amtierenden Bundeskanzler das Misstrauen aussprechen, indem er, der Bundestag, einen neuen Kanzler wählt. Dem nach der Wahl erfolgenden Gesuch des Bundestages an den Bundespräsident, den Gewählten zum Kanzler zu ernennen, muss der Bundespräsident entsprechen. Damit einher geht die Beendigung der Amtszeit des „alten" Kanzlers.

bb) Minister

Wie bereits erwähnt, ist die Amtszeit der Bundesminister mit der des Bundeskanzlers eng verknüpft. Tritt ein Kanzler zurück, ist die Legislaturperiode zu Ende oder endet die Amtszeit des Kanzlers aus einem anderen Grund, so zieht dies die Beendigung des Amtes der Bundesminister ipso jure mit sich.

Wie auch der Kanzler haben die Bundesminister das Recht zum freiwilligen Rücktritt. Selbstverständlich führt auch der Tod oder der Verlust der Amtsfähigkeit zum Ende des Ministeramtes.

In Art. 64 Abs. 1 sieht das Grundgesetz daneben die Möglichkeit vor, einen Minister zu entlassen. Wie auch die Ernennung erfolgt die Entlassung auf Vorschlag des Bundeskanzlers durch den Bundespräsidenten. Formal steht dieses Recht nur dem Bundeskanzler zu. Es ist jedoch zu beachten, dass bei der Entscheidung, einen Minister zu entlassen, sowohl das öffentliche Meinungsbild als auch parteipolitische Zwänge eine nicht unerhebliche Rolle spielen.[261]

d) Kompetenzen

Die interne Organisation und Aufgabenverteilung sind geprägt durch drei Strukturprinzipien, welche sich der Systematik des Art. 65 GG entnehmen lassen. Dies sind: das Kanzlerprinzip, das Ressortprinzip und das Kollegialprinzip.[262]

Die in Art. 65 S. 1 GG normierte Befugnis des Bundeskanzlers zur Bestimmung der politischen Richtlinien versteht man als Kanzlerprinzip.[263] Das Ressortprinzip

---

261 Angedeutet bei: Stern, Das Staatsrecht der Bundesrepublik Deutschland, Bd. 2, 1980, S. 294.

262 M. Schröder, Bildung, Bestand und parlamentarische Verantwortung, in: HStR, Bd. 2, 2. Aufl. 1998, § 51 Rn. 15; Ch. Degenhart, Staatsrecht I, 17. Aufl. 2001, S. 198 f.

263 B. Pieroth, in: Jarass / Pieroth, GG, 7. Aufl., 2004, Art. 65 Rn. 1.

folgt aus Art. 65 S. 2 GG, danach leiten die Bundesminister innerhalb der vom Kanzler vorgegebenen Richtlinien ihren Geschäftsbereich selbständig und unter eigener Verantwortung.[264] Das Kollegialprinzip greift schließlich dann ein, wenn die Bundesregierung als Kollegium entscheidet.[265]

Im Folgenden ist auf die Stellung und die verschiedenen Kompetenzen des Bundeskabinetts einzugehen, wobei zwischen den Kompetenzen, die den einzelnen Teilen, namentlich Kanzler und Minister, und dem Kollegium als Ganzem zukommen, zu differenzieren ist.

aa) Bundeskanzler

Dem Bundeskanzler kommt im parlamentarischen Regierungssystem der Bundesrepublik Deutschland die herausragende Rolle zu. Er steht nicht nur formal an der Spitze des Bundeskabinetts, sondern er ist für die gesamte Amtsführung der Regierung verantwortlich.

Diese herausgehobene Stellung des Kanzlers wird maßgebend geprägt durch die ihm obliegende Richtlinienkompetenz, die Kabinettsbildungskompetenz und die Geschäftsleitungskompetenz.[266]

(1) Richtlinienkompetenz

Die „Richtlinienkompetenz" des Bundeskanzlers steht verfassungshistorisch in einer langen, bis auf die Reichsverfassung von 1871 zurückzuführenden Tradition. Unmittelbarer Vorläufer dieser Vorschrift war Art. 56 WRV.[267]

Gemäß Art. 65 S. 1 GG kann der Bundeskanzler die Richtlinien der Politik ohne vorherige Absprache mit den Bundesministern selbst bestimmen. Die Durchführung der Regierungsaufgaben muss sich dann in diesem festgelegten Rahmen halten.[268] Adressat der vom Kanzler vorgegebenen Richtlinien sind ausschließlich die Bundesminister; eine Bindung der anderen Staatsorgane scheidet schon aufgrund deren Unabhängigkeit aus.[269]

---

264 J. Ipsen, Staatsrecht I, 15. Aufl., 2003, S. 112.
265 Ch. Degenhart, Staatsrecht I, 17. Aufl., 2001, S. 198 f.
266 H. Maurer, Staatsrecht I, 3. Aufl., 2003, S. 487 f.
267 D. Weckerling-Wilhelm, in: Umbach / Clemens, GGK, Bd. 2, 2002, Art. 65 Rn. 1.
268 So auch § 1 GOBR.
269 H. Maurer, Staatsrecht I, 3. Aufl., 2003, S. 487 f.

Der materielle Zweck der Richtlinienkompetenz liegt in der Gestaltung der Gesamtpolitik, sie manifestiert die politische Führungsaufgabe des Bundeskanzlers.[270]

Unter Richtlinien versteht man eine grundlegende politische Leitentscheidung, welche typischerweise als Rahmenentscheidung[271] auf Ausfüllung innerhalb der Ressortverantwortung der Bundesminister angelegt ist, sich aber auch als konkrete politische Einzelentscheidung darstellen kann.[272]

(2) Kabinettsbildungsrecht

Wie bereits oben bei der Bildung der Bundesregierung ausgeführt, obliegt es gemäß Art. 64 Abs. 1 GG allein dem Kanzler, die Fachminister auszuwählen.

Neben der personellen Besetzung der Bundesministerien umfasst das Kabinettsbildungsrecht aber auch die Kompetenz, die Anzahl der Bundesminister festzulegen. Überdies obliegt es dem Kanzler, die Geschäftsbereiche der Ministerien festzulegen. Der Kanzler hat somit sowohl die Personal- als auch die Organisationshoheit inne.

(3) Geschäftsleitungskompetenz

Neben der Richtlinienkompetenz und der Kabinettsbildungskompetenz verfügt der Kanzler über die so genannte Geschäftsleitungskompetenz.[273] Danach obliegt es dem Kanzler als Vorsitzenden, die Sitzungen der Bundesregierung vorzubereiten, einzuberufen und schließlich zu leiten. Die Geschäftsverteilungskompetenz umfasst daneben die Koordination der Arbeit zwischen den verschiedenen Ministerien.

Bei der Koordination der Bundesregierung wird der Kanzler vom Staatssekretär des Bundeskanzleramtes, der zugleich Staatssekretär der Bundesregierung ist, unterstützt.[274]

---

270 K. Stern, Das Staatsrecht der Bundesrepublik Deutschland, Bd. 2, 1980, S. 302.
271 Vgl. dazu: K.Stern, Das Staatsrecht der Bundesrepublik Deutschland, Bd.2, 1980, S.301 ff.
272 Ch. Degenhart, Staatsrecht I, 17. Aufl., 2001, S. 199.
273 Vgl. im Einzelnen: H. Maurer, Staatsrecht I, 3. Aufl., 2003, S. 488.
274 H. Maurer, Staatsrecht I, 3. Aufl., 2003, S. 488.

(4) Vertrauensfrage

Das Grundgesetz hat seine Lehren aus der Weimarer Republik gezogen. Mit der „Vertrauensfrage"[275] in Art. 68 GG wurde ein systematisches Instrument geschaffen, durch das dem Kanzler eine noch stärkere Kompetenz zur politischen Stabilisierung gegeben wurde.[276] Die Vertrauensfrage des Bundeskanzlers kann dazu gebraucht werden, dass der Bundeskanzler wichtige Entscheidungen nach seiner Überzeugung treffen und ausführen kann. Er kann so den Bundestag, und vor allem seine eigene Partei, dazu zwingen, seine politischen Pläne und Entscheidungen mitzutragen.[277] Er kann demnach die Vertrauensfrage als Druckmittel einsetzen.[278] Art. 81 Abs. 1 S. 2 GG gibt dem Bundeskanzler die Möglichkeit, die Vertrauensfrage mit einer Sachfrage zu verknüpfen.

(5) Weitere Rechte des Bundeskanzlers

Neben diesen, die herausgehobene Position des Bundeskanzlers tragenden Kompetenzen verfügt der Kanzler über folgende weitere Rechte. Gemäß Art. 69 Abs. 1 GG obliegt die Auswahl und Ernennung seines Stellvertreters dem Bundeskanzler. Art. 39 Abs. 3 S. 3 GG gibt dem Bundeskanzler das Recht, gegenüber dem Bundespräsidenten die Einberufung des Bundestages zu verlangen. Das Zutritts- und Rederecht im Bundestag ergibt sich aus Art. 43 Abs. 2 GG, selbiges im Bundesrat folgt aus Art. 53 GG. Schließlich bedürfen Anordnungen und Verfügungen des Bundespräsidenten zu ihrer Gültigkeit der Gegenzeichnung durch den Bundeskanzler oder des zuständigen Bundesministers.

bb) Bundesminister

Die Kompetenzen der Bundesminister sind durch die bereits erwähnten Prinzipien, namentlich das Kanzler- und das Ressortprinzip, geprägt. Das Ressortprinzip aus Art. 65 Satz 2 GG gibt den Ministern das Recht zur Leitung ihrer Geschäftsbereiche in eigener Verantwortung unter Beachtung der vom Kanzler

---

275 Siehe da Zweites Kapitel. B.III.2.

276 Näher D.C. Umbach, in: Umbach / Clemens, GGK, Bd.2, 2002, Art. 68 Rn.9 ff.; H. Maurer, Staatsrecht I, 3. Aufl., 2003, S. 490; P. Badura, Staatsrecht, 3.Aufl., 2003, S. 523 f.; R. Herzog in: Maunz / Dürig, GGK, Bd. 3, 2002, Art. 68 Rn. 1; I. v. Münch, Staatsrecht I, 6. Aufl., 2000, S. 355.

277 Näher H. Maurer, Staatsrecht I, 3. Aufl., 2003, S. 482 f.; J. Ipsen, Staatsrecht I, 15. Aufl., 2003, S. 124; P. Badura, Staatsrecht, 3.Aufl., 2003, S. 523 f.

278 G. Hermes in: H. Dreier, GGK, Bd. 2, 1998, Art. 68 Rn. 7; K. Stern, Das Staatsrecht der Bundesrepublik Deutschland, Bd. 1, 2. Aufl., 1984, S. 993 ff.

vorgegebenen Richtlinien. Innerhalb ihres Geschäftsbereichs obliegt den Ministern sowohl die Personal- als auch die Organisationshoheit.[279]

Daneben werden einzelnen Ministern im Grundgesetz und in der Geschäftsordnung der Bundesregierung Sonderrechte zugewiesen. Zu nennen sind diesbezüglich Art. 112 GG, § 28 Abs. 2 BHO, § 26 Abs. 1 GOBR für den Bundesfinanzminister, Art. 65 a GG für den Verteidigungsminister und schließlich § 26 Abs. 2 GOBR für den Innen- und den Justizminister.[280]

Neben diesen speziellen Rechten haben alle Bundesminister Zutritts- und Rederecht im Bundestag und Bundsrat, dies ergibt sich aus Art. 43 und Art. 53 GG.

cc) Kabinettszuständigkeit

Neben den eben benannten Kompetenzen, welche dem Bundeskanzler und den Ministern zukommen, gibt es eine Reihe von Rechten, die der Regierung als Kollegialorgan zukommen.

Bei Streitigkeit zwischen Bundesministern entscheidet gemäß Art. 65 Abs. 3 GG die Bundesregierung.

(1) Mitwirkung im Bereich der Gesetzgebung

Die Hauptaufgabe der Regierung, die politische Staatsleitung, wird maßgebend durch die Mitwirkungsrechte im Bereich der Gesetzgebung gewährleistet. So hat die Bundesregierung gemäß Art. 76 GG das Recht, Gesetzesvorlagen einzubringen. Die Einbringung von Gesetzesvorlagen durch die Bundesregierung bildet auch den Regelfall. Daneben kann die Bundesregierung gemäß Art. 77 Abs. 4 GG die Anrufung des Vermittlungsausschusses verlangen. Schließlich muss die Regierung finanzwirksamen Gesetzen ihre Zustimmung erteilen, Art. 113 GG.

(2) Erlass von Rechtsverordnungen und allgemeinen Verwaltungsvorschriften

Die Bundesregierung kann aufgrund einer Ermächtigung in einem formellen Gesetz Rechtsverordnungen erlassen. In diesem Fall müssen Inhalt, Zweck und Umfang der anvertrauten Kompetenzen im Parlamentsgesetz geregelt sein. Zu-

---

279 M. Schröder, Bildung, Bestand und parlamentarische Verantwortung, in: HStR, Bd. 2, 2. Aufl. 1998, § 51 Rn. 20 ff.

280 Ch. Degenhart, Staatsrecht I, 17. Aufl., 2001, S. 199.

dem muss die Rechtsgrundlage in der Verordnung angegeben werden, Art. 80 Abs. 1 GG.[281] Diese Vorschrift dient der Rechtsklarheit, da sie das Auffinden der Ermächtigungsgrundlage und die Prüfung, ob der Verordnungsgeber sich im Rahmen seiner Ermächtigung gehalten hat, erleichtert.[282] Neben dem Recht, Verordnungen zu erlassen, gibt das Grundgesetz der Bundesregierung die Kompetenz, mit der Zustimmung des Bundesrats allgemeine Verwaltungsvorschriften zu erlassen.[283]

(3) Aufsicht über die Länder

Gemäß Art. 84 Abs. 3 GG übt die Bundesregierung die Aufsicht über die Länder bei der Ausführung der Bundesgesetze aus. Dabei bestimmt das Grundgesetz die Direktions- und Aufsichtsbefugnisse der Bundesregierung. Namentlich hat die Regierung die Möglichkeit zum Erlass von Verwaltungsvorschriften, Art. 84 Abs. 2, 85 Abs. 2, 108 Abs. 7 GG, daneben verfügt sie gemäß Art. 84 Abs. 5, 85 Abs. 3, 108 Abs. 3 GG über Weisungsrechte.

(4) Weitere Kompetenzen

Weiterhin bedarf es eines Kabinettsbeschlusses zur Anrufung des Bundesverfassungsgerichts, Art. 93 Abs. 1 GG.

Gemäß Art. 37 GG obliegt es der Bundesregierung mit Zustimmung des Bundesrats, ein Bundesland, welches die ihm nach dem Grundgesetz oder einem Bundesgesetz obliegenden Bundespflichten nicht erfüllt, im Wege des Bundeszwanges zur Erfüllung seiner Pflichten anzuhalten.

Endlich kommen der Regierung wesentliche Kompetenzen im Not- oder Verteidigungsfall zu. Derlei Regelungen finden sich für den Katastrophenfall in Art. 35 Abs. 3 GG, für den Spannungsfall in Art. 80 a Abs. 3 GG, für den inneren Notstand in Art. 91 Abs. 2 GG und schließlich für den Verteidigungsfall in Art. 115 a ff. GG.

---

281 Näher L. Kissler, Der Deutsche Bundestag, in: JÖR, 26 (1977), S. 39 (107, 136 f.).

282 BVerfGE 101, 1 (41 ff.); B.-O. Bryde, in: Münch / Kunig, GGK, Bd. 3, 5. Aufl. 2003, Art. 80 Rn. 24.

283 Art. 80 Abs. 2, Art. 84 Abs. 2, Art. 85 Abs. 2, Art. 108 Abs. 7 GG; weiterführend M. Sachs, Das parlamentarische Regierungssystem und der Bundesrat – Entwicklungsstand und Reformbedarf, in: VVDStRL, 58 (1999), S. 39 (66 f.).

e) *Verantwortung vor dem Parlament*

Es gehört zu den prägenden Merkmalen des parlamentarischen Regierungssystems, dass die Regierung für ihre Amtsführung dem Parlament verantwortlich ist.[284] Verfassungsrechtlich normiert ist diese Verantwortlichkeit in Art. 65 GG. Im Wesentlichen handelt es sich dabei um eine Kanzlerverantwortlichkeit, denn lediglich diesem kann der Bundestag gemäß Art. 67 GG das Misstrauen aussprechen. Mittelbar berührt sie dadurch aber auch das gesamte Kabinett, auch wenn das Grundgesetz nicht die Möglichkeit vorsieht, einen einzelnen Minister abzuwählen.[285]

Der Umfang der parlamentarischen Kontrolle erstreckt sich auf alle der Bundesregierung zugewiesenen Entscheidungen. Als Instrumente zur Realisierung der parlamentarischen Kontrolle verfügt der Bundestag gemäß Art. 43 Abs. 1, 44 GG über Zitier- und Untersuchungsrechte bis hin zur bereits genannten Möglichkeit, durch ein konstruktives Misstrauensvotum die Regierung abzuwählen.

4. *Bundespräsident*

a) *Die verfassungsrechtliche Stellung*

Der Bundespräsident ist protokollarisch das erste Staatsorgan der Bundesrepublik Deutschland.[286] Er ist unabhängig von Weisungen anderer Organe. Er steht ferner unter keinerlei Aufsicht.[287] Gleichwohl ist er an Recht und Gesetz gebunden. Bei Verstößen gegen das Grundgesetz kann er vom Bundestag oder Bundesrat vor dem Verfassungsgericht angeklagt werden.[288]

Der Reichspräsident in der Weimarer Reichsverfassung hatte eine unabhängige Stellung und stand auf der gleichen Ebene wie das republikanische Parlament. Ferner bildete er durch die lange Amtszeit und seine ausgeprägten Kompetenzen

---

284 M. Schröder, Bildung, Bestand und parlamentarische Verantwortung, in: HStR, Bd. 2, 2. Aufl. 1998, § 51 Rn. 49.

285 M. Schröder, Bildung, Bestand und parlamentarische Verantwortung, in: HStR, Bd. 2, 2. Aufl. 1998, § 51 Rn. 49.

286 K. Schlaich, Der Status des Bundespräsidenten, in: HStR, Bd. 2, 1. Aufl. 1987, § 48 Rn. 2.

287 Ch. Degenhart, Staatsrecht I, 17. Aufl., 2001, S. 221; P. Badura, Staatsrecht, 3.Aufl., 2003, S. 498; U. Fink, in: Mangoldt / Klein / Starck, GG, Bd. 2, 2000, Art. 54 Rn. 4; K. Hesse, Grundzüge des Verfassungsrechts der Bundesrepublik Deutschland, 20. Aufl., 1999, S. 275.

288 Art. 61 Abs. 1 GG.

einen der beiden Eckpfeiler der verfassungsmäßigen Ordnung.[289] In den letzten Jahren der Weimarer Republik hat sich das Regierungssystem zu einer Präsidialdiktatur entwickelt, in der das Parlament nur noch eine Nebenrolle spielte.[290]

Hinsichtlich der Rolle des Bundespräsidenten war die Position der Mitglieder des parlamentarischen Rates nicht unumstritten. Aufgrund der negativen Erfahrungen in der Weimarer Zeit sollte die Stellung des Bundespräsidenten, nach übereinstimmender Meinung, jedoch erheblich geschwächt werden, um einen erneuten Machtmissbrauch eines Präsidenten zu verhindern. Insofern einigte man sich auf eine symbolische Rolle des Bundespräsidenten. Diese eingeschränkte Funktion des Bundespräsidenten entsprach auch dem Standpunkt der Besatzungsstaaten.[291] Der Bundespräsident ist heute kein Staatschef mit praktischer Macht, sondern nur ein Staatsnotar oder eine Galionsfigur.[292]

Die Position des Bundespräsidenten ist durch eine parteipolitische Neutralität geprägt.[293] Zur Sicherung dieser Neutralität darf der Bundespräsident weder dem Bundestag, der Bundes- noch einer Landesregierung angehören.[294]

Aus diesem Grund bleibt der Bundespräsident in einer neutralen Position und übt seinen Einfluss als neutrale Kraft bei wichtigen politischen Angelegenheiten aus. Ferner bleibt die Position des Bundespräsidenten außerhalb des Machtspiels zwischen verschiedenen Parteien. Sein Wort und seine Reden werden als überparteilich betrachtet. Der Bundespräsident nimmt daher nicht aktiv am politischen Leben teil. Er kann jedoch durch seine Reden, Interviews oder Diskussionen das Interesse der Bevölkerung und Medien auf sich lenken. Ihm kommt daher

---

289 P.Badura, Staatsrecht, 3.Aufl., 2003, S. 499; R. Schmidt, Staatsorganisationsrecht, 3.Aufl., 2003, S. 243; U. Fink, in: Mangoldt / Klein / Starck, GG, Bd. 2, 2000, Art. 54 Rn. 8 f.; U. Hemmrich, in: Münch / Kunig, GGK, Bd. 2, 5. Aufl. 2001, Art. 54 Rn. 1.

290 J. Ipsen, Staatsrecht I, 15. Aufl., 2003, S. 133; J. J. Hesse, Das Regierungssystem der Bundesrepublik Deutschland, 6.Aufl., 1987, S. 337 f.; P. Badura, Staatsrecht, 3.Aufl., 2003, S. 499.

291 K. Fromme, Von der Weimarer Verfassung zum Bonner Grundgesetz, 1960, S. 10, „Diesbezüglich hat Bevin, damaliger Außenminister von England, geäußert, dass das eigenständige Recht und die Pflicht des Bundespräsidenten beschränkt werden solle."

292 G. Scholz, Die Bundespräsidenten, Biographien eines Amtes, 3.Aufl., 1997, S. 5.

293 Näher E. Menzel, Ermessensfreiheit des Bundespräsidenten bei der Ernennung der Bundesminister?, in: DÖV, 1965, S. 581 (590); P. Badura, Staatsrecht, 3.Aufl., 2003, S. 500; U. Fink, in: Mangoldt / Klein / Starck, GG, Bd. 2, 2000, Art. 54 Rn. 6 f., Art. 55 Rn. 19 f., 21 f.; U. Hemmrich, in: Münch / Kunig, GGK, Bd. 2, 5. Aufl. 2001, Art. 54 Rn. 2; W. Heun, Die Stellung des Bundespräsidenten im Licht der Vorgänge um die Auflösung des Bundestages, in: AÖR, 109 (1984), S. 13 (18).

294 Art. 55 Abs. 1 GG.

durchaus ein politischer Einfluss zu. Wegen seiner Funktion und Rolle wird der Bundespräsident auch als Hüter der Politik bezeichnet.[295]

Die Aussage des ersten Bundespräsidenten Theodor Heuss (1949-1959): „Dass ich sowohl mit der linken als auch mit der rechten Seite sprechen kann und mit denen Freundschaft und Vertrauen aufbaue und aufbauen werde, betrachte ich als meinen Lebenssieg. ... Ich verweise auf keine politische Linie. Ich verschaffe nur die Atmosphäre"[296], unterstreicht die neutrale Rolle des Bundespräsidenten.

Diese politisch neutrale Position macht es in der Bundesrepublik sehr unwahrscheinlich, dass es zwischen dem Bundespräsidenten und der Bundesregierung im Allgemeinen oder dem Kanzler im speziellen zu politischen Streitigkeiten kommt.

b) Die Wahl des Bundespräsidenten

Der Bundespräsident wird gemäß Art. 54 GG von der Bundesversammlung gewählt. Sie ist Verfassungsorgan, obwohl ihr das Grundgesetz keinen eigenen Abschnitt gewidmet hat.[297] Die Bundesversammlung ist keine Dauereinrichtung, sondern wird nach Bedarf vom Bundestagspräsidenten einberufen.[298] Die Zusammensetzung der Bundesversammlung vereint die Grundsätze der mittelbaren, repräsentativen Demokratie und des Föderalismus.[299]

Sie wird aus Mitgliedern des Bundestages und einer gleichen Anzahl von Mitgliedern, die von den Volksvertretungen der Länder nach den Grundsätzen der Verhältniswahl gewählt werden, gebildet.[300] Tatsächlich sind es wiederum die politischen Parteien, die entsprechend den Mehrheitsverhältnissen in der Bundesversammlung, die allerdings wegen der von den Landtagen gewählten Mitglieder anders liegen können als im Bundestag, die Wahl bestimmen.[301]

---

295 T. Ellwein / J. J. Hesse, Das Regierungssystem der Bundesrepublik Deutschland, 6.Aufl., 1987, S. 339.

296 H. Dohr, Staatsbürgerkunde für Polizeibeamte, Hilden, 1992, S. 303.

297 So auch K. Stern, Das Staatsrecht der Bundesrepublik Deutschland, Bd. 2, 1980, S. 179.

298 Weiterführend J. Ipsen, Staatsrecht I, 15. Aufl., 2003, S. 142; K. Stern, Das Staatsrecht der Bundesrepublik Deutschland, Bd. 2, 1980, S. 179.

299 D. C. Umbach, in: Umbach / Clemens, GGK, Bd. 2, 2002, Art. 54 Rn. 52.

300 Siehe näher H. Maurer, Staatsrecht I, 3. Aufl., 2003, S. 495; K. Stern, Das Staatsrecht der Bundesrepublik Deutschland, Bd. 2, 1980, S. 181 f.; U. Fink, in: Mangoldt / Klein / Starck, GG, Bd. 2, 2000, Art. 54 Rn. 34 f.; U. Hemmrich, in: Münch / Kunig, GGK, Bd. 2, 5. Aufl. 2001, Art. 54 Rn. 10 ff.

301 H. Maurer, Staatsrecht I, 3. Aufl., 2003, S. 496.

Die Abgeordneten, die von den Volksvertretungen der Länder gewählt werden, unterliegen in diesem Fall keiner Weisungspflicht, sondern wählen nach eigenständigem Ermessen.[302] Selbstverständlich sind auch die Abgeordneten des Bundestages an keinerlei Weisungen gebunden.

Die Mitglieder der Bundesversammlung genießen ebenso wie die Bundestagsabgeordneten Indemnität und Immunität. Sie besitzen das gleiche Zeugnisverweigerungsrecht und sie dürfen nicht gehindert werden, das Amt eines Mitglieds der Bundesversammlung zu übernehmen und auszuüben. Eine Kündigung oder Entlassung aus diesem Grunde ist unzulässig.[303]

Um in der Bundesversammlung zum Bundespräsidenten gewählt zu werden, wird die Zustimmung der Mehrheit der Mitglieder der Bundesversammlung benötigt.[304]Gewinnt der Bundespräsidentschaftskandidat auch bei der zweiten Wahl keine Mehrheit[305], wird eine dritte Wahl durchgeführt, und derjenige, der dann die meisten Stimmen erhält, wird Bundespräsident, wobei in diesem Fall gemäß Art. 54 Abs. 6 S. 2 GG die relative Mehrheit der Stimmen genügt.

Nach dem Grundgesetz können alle Deutschen, die über vierzig Jahre alt sind und das Wahlrecht zum Bundestag haben, als Bundespräsident kandidieren.[306] Diese Bedingung muss nicht schon zum Zeitpunkt des Wahlvorschlags, sondern erst bei der Wahl vorliegen.[307] Das Alterserfordernis ist in fast allen Ländern bei Präsidentschaftswahlen verbreitet. Diese Altersgrenze betrifft nicht nur die Länder, die das Präsidialsystem praktizieren, sondern auch diejenigen, die ein parlamentarisches Regierungssystem haben.

c) *Die Amtsdauer des Bundespräsidenten*

Die Amtsdauer des Bundespräsidenten beträgt fünf Jahre. Das Grundgesetz ermöglicht gemäß Art. 54 Abs. 2 GG nur eine einmalige Wiederwahl. Dadurch soll die Möglichkeit eines zu starken persönlichen Einflusses eines Bundespräsiden-

---

302 P. Badura, Staatsrecht, 3.Aufl., 2003, S. 502.
303 U. Hemmrich, in: Münch / Kunig, GGK, Bd. 2, 5. Aufl. 2001, Art. 54 Rn. 20.
304 Art. 54 Abs. 6 Satz 1 GG.
305 Z. B. kam es bei der Bundespräsidentenwahl vom 23. Mai 1999 in der Bundesversammlung zu zwei Wahlgängen.
306 Art. 54 Abs. 1 Satz 2 GG.
307 U. Fink, in: Mangoldt / Klein / Starck, GG, Bd. 2, 2000, Art. 54 Rn. 22.

ten, welcher durch eine „überlange“ Amtsperiode entstehen könnte, verhindert werden.[308]

Die Verkürzung der Amtszeit, gegenüber der in der Weimarer Reichsverfassung, von sieben auf fünf Jahre, dient nicht der Herstellung irgendeiner Kontinuität gegenüber dem Bundestag oder der Bundesregierung oder zur Bemessung eines besonderen Gewichts des Amtes, vielmehr sollte ein zeitliches Zusammentreffen mit der Wahl zum Bundestag bzw. zur Regierungsbildung vermieden werden.[309] Insbesondere bei der Suche nach dem künftigen Bundespräsidenten ist aber eine Zunahme von parteipolitischen Einflüssen zu erkennen.

Die Wahl durch die Bundesversammlung, ein den parlamentarischen Raum überschreitendes Wahlorgan, stellt einen Kompromiss zwischen der unmittelbaren Wahl durch das Volk und der gemeinsamen Wahl durch Bundestag und Bundesrat dar. Die Wahl nach Art. 54 GG stellt damit keine Durchbrechung des parlamentarischen Regierungssystems dar und ist gleichsam Ausfluss der Reaktion auf die (zu) starke Stellung des Präsidenten in der Weimarer Zeit.[310]

Gemäß Art. 56 GG leistet der Bundespräsident einen Amtseid. Der Eid wird vor den versammelten Mitgliedern des Bundestages und des Bundesrates geleistet, also nicht vor der Bundesversammlung als dem Wahlgremium. Da zwischen Wahl und Eidesleistung einige Zeit verstreichen kann, erübrigt sich durch diese Regelung eine erneute Einberufung des speziellen Wahlorgans, namentlich der Bundesversammlung.

Die Amtszeit des Bundespräsidenten endet regelmäßig mit dem Ablauf der Amtsperiode, also nach fünf Jahren. Eine vorläufige Beendigung der Amtszeit sieht das Grundgesetz nicht vor, insbesondere besteht nicht die Möglichkeit einer Abwahl durch Bundestag oder Bundesrat. Jedoch steht gemäß Art. 61 Abs. 1 GG sowohl dem Bundestag als auch dem Bundesrat die Möglichkeit der Präsidentenanklage zu, sofern dieser vorsätzlich gegen die Verfassung oder ein Bundesgesetz verstößt. Die formellen Hürden für ein solches Verfahren sind jedoch sehr hoch. Bereits der Antrag bedarf der Unterstützung von einem Viertel der Mitglieder des Bundestages oder des Bundesrates. Die tatsächliche Entscheidung bedarf sogar einer Zweidrittelmehrheit. Gleiches gilt auch gemäß § 15 Abs. 3

---

308 Vgl. K. Stern, Das Staatsrecht der Bundesrepublik Deutschland, Bd. 2, 1980, S. 204.
309 K. Schlaich, Der Status des Bundespräsidenten, in: HStR, Bd. 2, 1. Aufl., 1987, § 48 Rn. 1.
310 J. Ipsen, Staatsrecht I, 15. Aufl., 2003, S. 128.

Satz 1 BVerfGG für die Entscheidung des Bundesverfassungsgerichts. Zu einer solchen Anklage ist es jedoch bis dato noch niemals gekommen.[311]

Daneben kommt ein vorzeitiges Ende der Amtsperiode durch freiwilligen Rücktritt, wie im Falle von Bundespräsident Lübke im Jahre 1969, in Betracht.

Schließlich endet die Amtszeit mit dem Verlust der deutschen Staatsangehörigkeit und mit dem Tode.

Im Falle der vorzeitigen Beendigung der Amtszeit muss die Bundesversammlung spätestens dreißig Tage nach dem Ablauf zusammentreten.[312]

d) *Stellvertretung im Amt*

In dem Fall, dass der Bundespräsident verunglückt oder vor dem Ablauf seiner Amtszeit zurücktritt, wird er gemäß Art. 57 GG vom Bundesratspräsidenten vertreten. Der Vertreter nimmt nur die Befugnisse des Bundespräsidenten wahr, ohne selbst Bundespräsident zu sein. Er ist aber auch nicht kraft Entscheidung des Vertretenen tätig, sondern unmittelbar auf Grund der Verfassung, er ist daher auch an keine Weisungen des Bundespräsidenten gebunden.[313] In der Weimarer Reichsverfassung wurde der Reichspräsident gemäß Art. 51 WRV durch den Reichskanzler vertreten.[314] Nach dem Tod Friedrich Ebert wurde die Vertretung zunächst durch den Reichskanzler Luther wahrgenommen, dann aufgrund des nach Art. 51 Abs.1 Satz 2 WRV erlassenen Gesetzes vom 10. März 1925 durch den Präsidenten des Reichsgerichts Simons.[315] Daran anknüpfend sah der erste Entwurf des Herrenchiemseer Verfassungskonvents auch die Vertretung des Bundespräsidenten durch den Präsidenten des Bundesverfassungsgerichts vor.[316] Zur stärkeren Verankerung des föderalen Prinzips einigte man sich letztlich jedoch auf den Bundesratspräsidenten als Stellvertreter, wobei diese Lösung durchaus auch kritisiert wird.[317]

---

311 H. Maurer, Staatsrecht I, 3. Aufl., 2003, S. 496.

312 Art. 54 Abs. 4 GG.

313 K. Stern, Das Staatsrecht der Bundesrepublik Deutschland, Bd. 2, 1980, S. 209 f.

314 D. C. Umbach, in: Umbach / Clemens, GGK, Bd. 2, 2002, Art. 57 Rn. 7.

315 P. Badura, Staatsrecht, 3.Aufl., 2003, S. 501.

316 K. Stern, Das Staatsrecht der Bundesrepublik Deutschland, Bd. 2, 1980, S. 209 f.

317 D. C. Umbach, in: Umbach / Clemens, GGK, Bd. 2, 2002, Art. 57 Rn. 22; kritisch etwa U. Hemmrich, in: Münch / Kunig, GGK, Bd. 2, 5. Aufl. 2001, Art. 57 Rn. 8.

Bei Zweifeln oder einem Konflikt, ob der Bundespräsident sein Amt ausüben kann oder ob er bei längerer Krankheit als verhindert anzusehen ist, kann das Bundesverfassungsgericht angerufen werden, das in dieser Angelegenheit dann entscheidet.[318]

e) Die Kompetenzen des Bundespräsidenten

Der Bundespräsident hat als Staatsoberhaupt nur symbolische Kompetenzen für die Erhaltung der Einigkeit des Staates und für die Repräsentation im In- und Ausland; er hat aber keine Kompetenz für eine aktive und praktische Beteiligung an den staatspolitischen Entscheidungen.[319]

aa) Repräsentation des Staates nach außen

Der Bundespräsident vertritt die Bundesrepublik gemäß Art. 59 Abs. 1 GG nach außen, schließt Verträge im Namen des Bundes und empfängt Diplomaten. Die Ausübung dieser völkerrechtlichen Vertretungskompetenz kommt traditionell dem Staatschef zu. Sie trägt maßgebend zur repräsentativen Stellung des Bundespräsidenten bei.[320] Die Vertretungsbefugnis nach außen gibt keine Befugnis zur selbständigen Gestaltung der Außenpolitik durch den Bundespräsidenten. Der Bundespräsident ist nicht regierendes Staatsoberhaupt.[321] Die Außenpolitik ist vor allem Sache des Bundeskanzlers und – innerhalb der Richtlinien der Politik, die der Bundeskanzler bestimmt – Sache des Bundesaußenministers.[322]

bb) Ausfertigungs- und Gegenzeichnungspflicht

Auch wenn dem Bundespräsident kein Initiativrecht im Bereich der Gesetzgebung zukommt und es ihm auch sonst verwehrt ist, auf den Inhalt von Gesetzen Einfluss zu nehmen, so ist der doch am Gesetzgebungsverfahren als letztes Glied in der Kette beteiligt.

---

318 H. Maurer, Staatsrecht I, 3. Aufl., 2003, S. 497.

319 E. Friesenhahn, Parlament und Regierung im modernen Staat, in: VVDStRL, 16 (1958), S. 9 (46 ff.); H. Maurer, Staatsrecht I, 3. Aufl., 2003, S. 495; W. Heun, Die Stellung des Bundespräsidenten im Licht der Vorgänge um die Auflösung des Bundestages, in: AÖR, 109 (1984), S. 13 (14 f.).

320 Vgl. J. Ipsen, Staatsrecht I, 15. Aufl., 2003, S. 134, er ist der Ansicht, dass die vom Völkerrecht vermutete Vertretungskompetenz des Staatsoberhaupts durch Art. 59 Abs. 1 GG zu einer staatsrechtlichen Kompetenz umgeformt wird.

321 K. Stern, Das Staatsrecht der Bundesrepublik Deutschland, Bd. 2, 1980, S. 224.

322 P. Badura, Staatsrecht, 3.Aufl., 2003, S. 508.

Ihm obliegt es gemäß Art. 82 GG die Gesetze nach der Gegenzeichnung auszufertigen. Diese Verfahrensakte sind integraler Bestandteil des Rechtsetzungsaktes, ohne die kein Bundesgesetz wirksam werden kann.[323]

Die Frage, ob und in welchem Umfang dem Bundespräsidenten bei der Ausfertigung der Gesetze ein Prüfungsrecht zukommt, ist seit jeher umstritten. Einigkeit besteht insoweit, dass dem Bundspräsident ein formelles Prüfungsrecht zukommt. Dies ergibt sich bereits aus dem Wortlaut des Art. 82 GG: „Die nach diesen Vorschriften des Grundgesetzes zustande gekommenen Gesetze. ..."[324] Ob dem Bundespräsidenten daneben auch ein materielles Prüfungsrecht zukommt, wird unterschiedlich bewertet. Eine Meinung billigt dem Bundespräsidenten eine Verwerfungskompetenz nur für schwere und offensichtliche Verfassungsverstöße zu.[325] Nach anderer Auffassung soll dem Bundespräsidenten hingegen ein umfassendes Prüfungsrecht zukommen.[326] Schließlich wird vertreten, der Bundespräsident verfüge lediglich über ein formelles Prüfungsrecht.[327] Zuzustimmen ist der erstgenannten Meinung, wonach dem Bundespräsidenten ein Verwerfungsrecht für die Fälle zukommt, wo ein Gesetz evident verfassungswidrig ist.

cc) Ernennung der Inhaber der wichtigsten Staatsämter

Auch die Ernennung der Inhaber der wichtigsten Staatsämter gehört zu den repräsentativen Aufgaben des Bundespräsidenten, repräsentativ insoweit, als dass dem Bundespräsidenten keine Auswahlkompetenz zugewiesen ist.

Im Einzelnen ernennt und entlässt der Bundespräsident, wie bereits erwähnt, gemäß Art. 63 GG den Bundeskanzler und die Bundesminister. Für die Bundesrichter folgt dieses Recht aus Art. 64 Abs. 1 GG. Schließlich obliegt dem Bundespräsidenten die Entlassung und Ernennung der Bundeswehroffiziere gemäß Art. 60 Abs. 1 GG.

Bei der Ernennung kommt dem Bundespräsidenten ein Ablehnungsrecht für die Fälle zu, in denen der vorgeschlagene Kandidat nicht die gesetzlichen Voraussetzungen für das Amt hat. Ein Verweigerungsrecht aus politischen oder persönlichen Gründen kommt dem Bundespräsidenten indessen nicht zu.[328]

---

323 Pieroth, in: Jarass/Pieroth, GGK, 7. Aufl., 2004, Art. 82 Rn. 1.
324 Pieroth, in: Jarass/Pieroth, GGK, 7. Aufl., 2004, Art. 82 Rn. 3.
325 B.-O. Bryde, in: Münch / Kunig, GGK, Bd. 3, 5. Aufl., 2003, Art. 82 Rn. 6.
326 J. Ipsen, Staatsrecht I, 15. Aufl., 2003, S. 411 ff.
327 Ramsauer, in: AK, Art. 82 Rn. 16 ff.
328 H. Maurer, Staatsrecht I, 3. Aufl., 2003, S. 499.

dd) Begnadigungsrecht

Das Begnadigungsrecht gehört zu den überkommenen Vorrechten des Staatsoberhaupts.[329] Die Befugnis, einen Gnadenerweis für den Einzelfall zu erteilen, gehört als Symbol zu den traditionellen Kompetenzen des Staatsoberhauptes. Das Begnadigungsrecht geht in seiner Fassung des Art. 60 Abs. 2 GG auf die Regelung des Art. 49 WRV zurück, der selbst wiederum an den Rechtszustand im Kaiserreich anknüpfte.[330]

Zu beachten ist, dass die Begnadigung stets nur einen Einzelfall betrifft, die Amnestie hingegen eine allgemeine Regelung für eine zeitlich und sachlich bestimmte Gruppe von Straftaten.[331] In diesem Zusammenhang wird der Bundespräsident durch das Grundgesetz nicht dazu ermächtigt, eine generelle Amnestie zu erlassen. Deswegen kann der Bundespräsident nur das Begnadigungsrecht für den Bund in einzelnen Fällen ausüben. Ferner können es die Ministerpräsidenten für die Länder ausüben.[332] Diese traditionell dem Staatsoberhäuptern zufallende Kompetenz betrifft nicht nur strafgerichtlich Verurteilte, sondern umfasst auch Disziplinarsachen und Bußgeldbescheide.[333]

ee) Reservebefugnis

Für die Fälle, in denen die Funktionsfähigkeit des parlamentarischen Regierungssystems gefährdet ist, weist das Grundgesetz dem Bundespräsidenten echte politische Entscheidungsbefugnisse zu.

So etwa, wenn der Bundestag nicht in der Lage ist, einen Mehrheitskanzler zu wählen, Art. 63 Abs. 4 GG. Für diesen Fall hat der Bundespräsident die Möglichkeit, den Bundestag aufzulösen und damit für Neuwahlen zu sorgen. Gleiches gilt für den Fall, dass dem Bundeskanzler auf Antrag nicht das Vertrauen ausgesprochen wird und der Kanzler deshalb den Präsidenten ersucht, den Bundestag aufzulösen, Art. 68 GG.

Gemäß Art. 81 GG kann er einen amtierenden Minderheitenkanzler dadurch unterstützen, dass er gemäß Art. 81 GG den Gesetzgebungsnotstand ausruft.

---

329 P. Badura, Staatsrecht, 3.Aufl., 2003, S. 506.
330 D. C. Umbach, in: Umbach / Clemens, GGK, Bd. 2, 2002, Art. 60 Rn. 30.
331 P. Badura, Staatsrecht, 3.Aufl., 2003, S. 506.
332 K. Stern, Das Staatsrecht der Bundesrepublik Deutschland, Bd. 2, 1980, S. 263 f.
333 D. C. Umbach, in: Umbach / Clemens, GGK, Bd. 2, 2002, Art. 60 Rn. 31; J. Ipsen, Staatsrecht I, 15. Aufl., 2003, S. 141; I. v. Münch, Staatsrecht I, 6. Aufl., 2000, S. 341; U. Hemmrich, in: Münch / Kunig, GGK, Bd. 2, 5. Aufl. 2001, Art. 60 Rn. 17 ff.

In diesen Fällen hat der Bundespräsident zwar politische Entscheidungen zu treffen, doch verfügt er auch in diesen Fällen nicht über die Kompetenz zu einer eigenen Sachpolitik. Ihm obliegt es lediglich, die Weichen zu stellen, um einen Ausweg aus der Krise zu finden.[334]

ff) Immunität

Wie auch die Bundestagsabgeordneten genießt der Bundespräsident Immunität.[335] Die von vornherein auf den Bereich des Parlaments begrenzte Indemnität fehlt folgerichtig, denn der Bundespräsident tritt im Parlament und seinen Ausschüssen nicht auf.[336]

f) Gegenzeichnungspflicht, Art. 58 GG

Das Verhältnis zwischen Bundesregierung und Bundespräsident wird maßgebend geprägt von der Gegenzeichnungspflicht des Art. 58 GG. Danach sind Anordnungen und Verfügungen des Bundespräsidenten vom Bundeskanzler oder dem zuständigen Bundesminister gegenzuzeichnen.

Auch diese Vorschrift dient im Wesentlichen der klaren Kompetenzverteilung innerhalb des Regierungssystems. Es ist dem Bundespräsidenten dadurch untersagt, eine eigenständige, gegenüber der politischen Linie der Bundesregierung gegenläufige, politische Linie zu vertreten.[337]

Der Begriff Gegenzeichnung ist insoweit irreführend, als dadurch der Eindruck entsteht, jegliches Handeln des Bundespräsidenten bedürfe der schriftlichen Kontrolle durch die Bundesregierung. Tatsächlich wird man eine Gegenzeichnungspflicht in Form der Mitunterschrift des Kanzlers oder des zuständigen Ministers nur für die Fälle annehmen, in denen es um schriftlich abgefasste Rechtsakte geht. Für Reden und sonstige Repräsentationsakte kann die Gegenzeichnung hingegen auch auf andere Art und Weise erfolgen, bis hin zur stillschweigenden Hinnahme.[338]

---

334 H. Maurer, Staatsrecht I, 3. Aufl., 2003, S. 504 f.

335 Art. 60 Abs. 4 GG; näher H. Maurer, Staatsrecht I, 3. Aufl., 2003, S. 423 f.; J. Ipsen, Staatsrecht, 15. Aufl., 2003, S. 143; U. Hemmrich, in: Münch / Kunig, GGK, Bd. 2, 5. Aufl. 2001, Art. 60 Rn. 27.

336 J. Ipsen, Staatsrecht, 15. Aufl., 2003, S. 143.

337 H. Maurer, Staatsrecht I, 3. Aufl., 2003, S. 505 ff.

338 H. Maurer, Staatsrecht I, 3. Aufl., 2003, S. 505 ff. (507).

5. *Das Bundesverfassungsgericht*

a) Entwicklungsgeschichte

Die deutsche Verfassungsgerichtsbarkeit kann auf eine lange Tradition zurückblicken, die Anfänge reichen zurück bis in das alte Deutsche Reich. Eine umfassende, an das amerikanische Verfassungsgerichtssystem angelehnte Verfassungsgerichtsbarkeit sah auch die nicht rechtswirksam gewordene Paulskirchenverfassung aus dem Jahre 1849 vor. In Preußen und im Deutschen Reich von 1871 kannte man hingegen keine Verfassungsgerichtsbarkeit. In der Weimarer Republik hingegen war eine Verfassungsgerichtsbarkeit vorgesehen; die Reichsverfassung beschränkte sich aber auf Teilbereiche im Vergleich zur heutigen Verfassungsgerichtsbarkeit.

Das Bundesverfassungsgericht wurde im Jahre 1951 nach Erlass des Bundesverfassungsgerichtsgesetzes errichtet und gehört seither zu den prägenden Elementen der Bundesrepublik Deutschland.[339]

b) Verfassungsrechtliche Stellung

Dem Bundesverfassungsgericht kommt eine Doppelfunktion[340] zu. Gemäß Art. 92 GG gehört es zur Gerichtsbarkeit, daneben ist es oberstes Verfassungsorgan des Bundes.[341]

§ 1 Abs. 1 BVerfGG kennzeichnet das Bundesverfassungsgericht als allen übrigen Verfassungsorganen gegenüber selbständigen und unabhängigen Gerichtshof des Bundes.

Als Gericht entscheidet das Bundesverfassungsgericht über konkrete Rechtsstreitigkeiten.[342] Dabei kann es nur auf Antrag tätig werden.[343]

Entgegen aller anderen Bundesgerichte ist das Bundesverfassungsgericht auch oberstes Verfassungsorgan. Die Qualifikation als Verfassungsorgan erscheint aus zwei Gründen geboten. Zunächst leitet das Bundesverfassungsgericht seine Existenz und seine Kompetenzen unmittelbar aus dem Grundgesetz ab, daneben

---

339 Ausführlich H. Maurer, Staatsrecht I, 3. Aufl., 2003, S. 651 ff. m.w.N.

340 G. Roellecke, Aufgaben und Stellung im Verfassungsgefüge, in: HStR, Bd. 2, 1. Aufl. 1987, § 53 Rn. 8 ff.

341 Ch. Degenhart, Staatsrecht I, 17. Aufl., 2001, S. 219.

342 Ch. Degenhart, Staatsrecht I, 17. Aufl., 2001, S. 219.

343 H. Maurer, Staatsrecht I, 3. Aufl., 2003, S. 653.

nimmt es durch seine Rechtsprechung erheblichen Einfluss auf die gesamtstaatliche Willensbildung.[344]

Dies folgt nicht zuletzt auch aus der politischen Relevanz der Entscheidungen. Das Bundesverfassungsgericht entscheidet ausschließlich über verfassungsrechtliche Streitigkeiten.[345] Durch seine Rechtsprechung gibt das Bundesverfassungsgericht damit die letztinstanzliche Interpretation der Verfassung vor, welche sich unmittelbar auf die Staatswillensbildung auswirkt.

Dabei sind im wesentlichen zwei Konstellationen zu unterscheiden. Auf der einen Seite stehen die Konflikte zwischen den Verfassungsorganen, auf der anderen Seite steht die Gewährleistung der verfassungsrechtlichen Rechte des Bürgers.

c) Vorrang der Verfassung

Seine tragende Rolle kommt dem Verfassungsgericht jedoch nicht nur aufgrund der im Grundgesetz zugewiesenen Kompetenzen zu, entscheidendere Bedeutung kommt letztlich auch dem Anwendungsvorrang der Verfassung zu. Einer Verfassung und denknotwendigerweise auch einer Verfassungsgerichtsbarkeit kommt nur dann eine tragende Rolle im Verfassungsleben zu, wenn ihr auch in der Verfassungswirklichkeit der Vorrang zukommt.

Dieser Vorrang der Verfassung kommt dem Grundgesetz zu. Es steht an der Spitze der Normenhierarchie der Bundesrepublik Deutschland. Verwaltungsakte und Rechtsverordnungen sind bedingt durch einfache Gesetze, welche sich wiederum im Rahmen der Verfassung halten müssen. Nur das Grundgesetz selbst ist keine bedingte Norm.

Die Verfassung steht jedoch nicht unveränderbar über der Legislative, sondern ist zur Disposition selbiger gestellt, wenngleich das Grundgesetz mit Art. 79 Abs. 3 GG einen unveränderbaren Kernbereich vorgibt und auch ansonsten eine Verfassungsänderung nur unter den erschwerten Voraussetzungen des Art. 79 Abs. 2 GG zulässt.

---

344 H. Maurer, Staatsrecht I, 3. Aufl., 2003, S. 653.

345 G. Roellecke, Aufbau und Stellung in der Gerichtsbarkeit, in: HStR, Bd. 2, 1. Aufl. 1987, § 54 Rn. 3.

d) Organisation

Gemäß § 2 BVerfGG besteht das Bundesverfassungsgericht aus zwei Senaten mit jeweils acht Richtern. Die Zuständigkeit der Senate wird in § 14 BVerfGG abschließend festgestellt. Dadurch unterscheidet sich das Bundesverfassungsgericht von den anderen deutschen Gerichten, bei denen dies durch gerichtsinterne Regelungen, so genannte Geschäftsverteilungspläne, geregelt wird.

Neben den beiden Senaten gibt es mehrere Kammern, welche jeweils aus drei Richtern des gleichen Senats bestehen, § 15 a BVerfGG. Diese Kammern dienen der Entlastung der Senate. Gemäß § 81 a BVerfGG entscheiden sie im Vorfeld über die Zulässigkeit von Vorlagebeschlüssen. §§ 93 a ff. BVerfGG regeln die Annahme von Verfassungsbeschwerden. Insbesondere in Bezug auf die Verfassungsbeschwerden ist eine solche Vorprüfung unumgänglich. Bei ca. 5000 Verfassungsbeschwerden pro Jahr wäre eine Befassung der Senate schier unmöglich. Durch die genannten Vorprüfungsverfahren werden von vornherein unzulässige oder unbegründete Verfahren abgewiesen.[346]

e) Richter

Gemäß Art. 94 Abs. 1 S. 2 GG werden die Richter des Bundesverfassungsgerichts jeweils zur Hälfte von Bundestag und Bundesrat gewählt. Die Wahl durch die obersten Bundesorgane Bundestag und Bundesrat unterstreicht die Bedeutung des Verfassungsgerichts und den Willen des Verfassungsgesetzgebers, den Richtern eine Legitimation durch die Volksvertretungen des Bundes und der Länder zu geben. Dabei reicht die Legitimationskette bis hin zum Volk, von dem gemäß Art. 20 Abs. 2 GG alle Staatsgewalt ausgeht.[347] Die Richter des Bundesverfassungsgerichts sind im Ergebnis somit sowohl parlamentarisch-demokratisch (Bundestag) als auch föderalistisch-demokratisch (Bundesrat) legitimiert.[348]

Die Wahlverfahren in Bundestag und Bundesrat sind nicht deckungsgleich. Im Bundestag erfolgt die Wahl der Verfassungsrichter mittelbar. Hierfür wurde bereits im Jahre 1951 der so genannte Richterwahlausschuss gebildet. Gemäß § 2

---

346 H. Maurer, Staatsrecht I, 3. Aufl., 2003, S. 657 u. 705 f.

347 W.K. Geck, Wahl und Status der Bundesverfassungsrichter, in: HStR, Bd. 2, 1. Aufl. 1987, § 55 Rn. 6.

348 H. Maurer, Staatsrecht I, 3. Aufl., 2003, S. 658.

Abs. 2 BVerfGG besteht dieser Wahlausschuss aus zwölf Mitgliedern, welche nach den Regeln der Verhältniswahl vom Bundestag gewählt werden.[349]

Im Gegensatz dazu wählt der Bundesrat den ihm zugewiesenen Anteil der Verfassungsrichter gemäß § 7 BVerfGG in direkter Wahl.

Durch den Wahlausschuss des Bundestages ist gewählt, wer mindestens acht der zwölf Stimmen auf sich vereinigen kann, § 6 Abs. 5 BVerfGG. Im Bundesrat bedarf die Wahl einer Zweidrittelmehrheit. Durch diese qualifizierten Mehrheiten soll die politische Neutralität der Richter gewährleistet werden.[350] Zur Sicherung ihrer Unabhängigkeit ist zudem eine Wiederwahl ausgeschlossen.[351]

Alle Richter des Bundesverfassungsgerichtes müssen über 40 Jahre alt sein, zum Bundestag wählbar sein und die Befähigung zum Richteramt haben.[352] Damit unterscheidet sich das Bundesverfassungsgericht von einigen Landesverfassungsgerichten, welche Laienrichter zulassen; das Bundesverfassungsgericht ist hingegen ein reines Juristengericht.[353]

Die Amtszeit beträgt gemäß § 4 Abs. 1 BVerfGG zwölf Jahre, wobei die Altersgrenze von 68 Jahren nicht überschritten werden darf, § 4 Abs. 3 BVerfGG.

Die Verfassungsrichter dürfen gemäß § 3 Abs. 3 BVerfGG weder dem Bundestag, dem Bundesrat, der Bundesregierung noch den entsprechenden Organen eines Landes angehören. Sie dürfen parallel neben der Tätigkeit als Richter keinen Beruf ausüben, außer der Tätigkeit als Hochschulprofessor, § 3 Abs. 4 BVerfGG.

f) Zuständigkeit und Verfahren

Wie bereits oben erwähnt, entscheidet das Bundesverfassungsgericht ausschließlich über verfassungsrechtliche Streitigkeiten. Es ist keine Superrevisionsinstanz.[354]

---

349 Vgl. ausführlich W.K. Geck, Wahl und Status der Bundesverfassungsrichter, in: HStR, Bd. 2, 1. Aufl. 1987, § 55 Rn. 7.

350 So K. Schlaich / S. Korioth, Das Bundesverfassungsgericht, 5. Aufl., 2001, Rn. 41.

351 § 4 Abs. 1 und 2 BVerfGG; näher K. Schlaich / S. Korioth, Das Bundesverfassungsgericht, 5. Aufl., 2001, Rn. 40.

352 § 3 Abs. 1 und 3 BVerfGG.

353 H. Maurer, Staatsrecht I, 3. Aufl., 2003, S. 659.

354 Kritisch dazu G. Roellecke, Aufbau und Stellung in der Gerichtsbarkeit, in: HStR, Bd. 2, 1. Aufl. 1987, § 54 Rn. 9.

Die Zuweisung an das Bundesverfassungsgericht erfolgt entgegen der an die Verwaltungsgerichtsbarkeit, § 40 VwGO, oder der an die Zivilgerichtsbarkeit, § 13 GVG, nicht durch eine Generalklausel, sondern enumerativ. Das Bundesverfassungsgericht ist also nur für die Streitigkeiten zuständig, die ihm qua Verfassung zugewiesen sind. Indessen gibt es keine verfassungsrechtliche Streitigkeit, die dem Bundesverfassungsgericht von vornherein entzogen wäre.[355]

Art. 93 Abs. 1 GG zählt die verschiedenen Zuständigkeiten des Bundesverfassungsgericht auf. Art. 93 Abs. 2 GG gibt dem Bundesgesetzgeber die Möglichkeit, dem Verfassungsgericht weitere, freilich verfassungsrechtliche, Streitigkeiten zuzuweisen. Eine Zusammenstellung der Verfahren findet sich in § 13 BVerfGG.

Im Folgenden sind die wesentlichen Verfahren darzustellen.

aa) Organstreitverfahren

Gemäß Art. 93 Abs. 1 Nr. 1 GG entscheidet das Bundesverfassungsgericht über so genannte Organstreitigkeiten. Weitere gesetzliche Bestimmungen finden sich in §§ 13 Nr. 5, 65 ff. BVerfGG.

Gegenstand eines Organstreitverfahrens sind Streitigkeiten zwischen den in Art. 93 Abs. 1 Nr. 1 GG benannten, am Verfassungsleben Beteiligten um ihre wechselseitigen Rechte und Pflichten, mithin Kompetenzstreitigkeiten.[356]

Dabei geht es in einem Organstreitverfahren nicht um die Geltendmachung subjektiver Rechte. Die Beteiligten streiten über Rechte und Pflichten, welche ihnen die Verfassung gewährt. Man spricht von so genannten Wahrnehmungszuständigkeiten.[357]

Das Organstreitverfahren trägt damit dem Grundsatz der Gewaltenteilung Rechnung; daneben dient es aber auch dem parlamentarischen Minderheitenschutz.[358]

---

355 Ch. Degenhart, Staatsrecht I, 17. Aufl., 2001, S. 221; H. Maurer, Staatsrecht I, 3. Aufl., 2003, S. 661.

356 Ch. Degenhart, Staatsrecht I, 17. Aufl., 2001, S. 221.

357 W. Löwer, Zuständigkeiten und Verfahren des Bundesverfassungsgerichts, in: HStR, Bd. 2, 1. Aufl., 1987, § 56 Rn. 9.

358 H. Maurer, Staatsrecht I, 3. Aufl., 2003, S. 671.

Antragsberechtigt sind im Organstreitverfahren zunächst alle Verfassungsorgane, namentlich Bundestag, Bundesrat, Bundesregierung, Bundespräsident, Bundesversammlung und der Gemeinsame Ausschuss (Art. 53 a GG), ferner aber auch Organteile, soweit diese mit eigenen Rechten ausgestattet sind. Danach können etwa der Bundestagspräsident, die Ausschüsse des Bundestages und die Fraktionen ein Organstreitverfahren anstrengen. Daneben wird auch einzelnen Abgeordneten und den politischen Parteien die Antragsberechtigung zugesprochen.[359]

Der Antragsteller muss geltend machen, durch eine Maßnahme oder ein Unterlassen des Antragsgegners in seinen, ihm durch das Grundgesetz übertragenen, Rechten beeinträchtigt zu sein.[360]

Gegenstand von Organstreitigkeiten waren zum Beispiel: die Parteienfinanzierung,[361] vorzeitige Auflösung des Bundestages,[362] die Rechtsstellung der Fraktionen,[363] sowie die Rechtsstellung fraktionsloser Abgeordneter.[364]

bb) Bund-Länder-Streit

Die Zuständigkeit des Bundesverfassungsgericht für Streitigkeiten im Bund-Länder-Verhältnis ergibt sich aus Art. 93 Abs. 1 Nr. 3 GG. Einfachgesetzliche Regelungen finden sich in §§ 13 Nr. 7, 68 ff. BVerfGG.

Gegenstand eines Bund-Länder-Streit sind verfassungsrechtliche Streitigkeiten, die sich aus dem bundesstaatlichen Bereich ergeben. Die Zulässigkeitsvoraussetzungen beim Bund-Länder-Streit entsprechen weitestgehend denen beim Organstreit.[365]

Antragsberechtigt sind gemäß § 68 BVerfGG für den Bund die Bundesregierung und für die Länder die jeweilige Landesregierung. Wie im Organstreitverfahren muss der Antragssteller durch eine rechtserhebliche Maßnahme des Antragsgegners in seinen verfassungsrechtlich begründeten Rechten verletzt sein.

---

359 Ausführlich W. Löwer, Zuständigkeiten und Verfahren des Bundesverfassungsgerichts, in: HStR, Bd. 2, 1. Aufl., 1987, § 56 Rn. 7 ff.

360 H. Maurer, Staatsrecht I, 3. Aufl., 2003, S. 671.

361 BVerfGE 24, 300 ff.; 85, 264 ff.

362 BVerfGE 62,1 ff.

363 BVerfGE 84, 304 ff.; 96,264 ff.

364 BVerfGE 80, 188 ff.

365 H. Maurer, Staatsrecht I, 3. Aufl., 2003, S. 677.

Die praktische Bedeutung des Bund-Länder-Streitverfahrens ist indessen nur gering, weil für die Fälle, in denen es um ein Gesetz geht, die abstrakte Normenkontrolle als „einfacheres“ Verfahren gewählt wird.[366]

Entscheidungen im Bund-Länder-Streit betrafen etwa die Bildung eines Südweststaates,[367] Volksbefragung zur Atombewaffnung[368] sowie jüngst der Streit über die Verteilung der UMTS-Erlöse.[369]

cc) Weitere föderale Streitigkeiten

Neben dem Bund-Länder-Streitverfahren sind dem Bundesverfassungsgericht gemäß Art. 93 Abs. 1 Nr. 4, 2. Var. GG i.V.m. §§ 13 Nr. 8, 71 f. BVerfGG Streitigkeiten zwischen den Ländern zugewiesen. Zulässiger Antragsteller sind diesbezüglich die jeweiligen Landesregierungen, welche eine Beeinträchtigung ihrer verfassungsrechtlich gewährleisteten Rechte geltend machen müssen. Gegenstand dieses Verfahrens waren im Wesentlichen Eingliederungsverträge aus der Weimarer Zeit.[370]

Schließlich ist das Bundesverfassungsgericht subsidiär für landesinterne Streitigkeiten zuständig, Art. 93 Abs. 1 Nr. 4, 3 Var. GG. Erfasst sind diesbezüglich landesinterne Organstreitigkeiten. Praktische Relevanz entfaltet diese Vorschrift, aufgrund der Subsidiaritätsklausel, nur für die Fälle, in denen landesgesetzliche Zuständigkeiten gänzlich fehlen oder aber die landesrechtlichen Anforderungen an die Antragsberechtigung enger sind als die des Art. 93 Abs. 1 Nr. 4, 3 Var. GG. Relevant wurde dieser Fall etwa in Bremen, wo kein Antragsrecht eines einzelnen Abgeordneten bestand.[371]

dd) Normenkontrolle

Neben den beschriebenen Organ- und föderalen Streitigkeiten ist das Bundesverfassungsgericht auch zuständig für Normenkontrollverfahren. In diesem Verfahren werden Normen auf ihre Verfassungsmäßigkeit überprüft. Prüfungs-

---

366 H. Maurer, Staatsrecht I, 3. Aufl., 2003, S. 677.

367 BVerfGE 1, 14 ff.

368 BVerfGE 8, 122 ff.

369 BVerfGE 115, 185 ff.

370 H. Maurer, Staatsrecht I, 3. Aufl., 2003, S. 677; mit Hinweis auf BVerfGE 22, 221 ff.; 42, 345 ff.

371 BVerfGE 60, 319 ff.

gegenstand sind dabei alle Rechtsnormen, Bundesrecht wie Landesrecht, untergesetzliche Normen sowie Verfassungsrecht.[372]

Es ist zu differenzieren zwischen abstrakten und konkreten Normenkontrollen. Diese Differenzierung hängt mit dem Anlass der Normenkontrolle zusammen. Die konkrete Normenkontrolle findet ihren Anlass in einem konkreten Rechtsstreit. Die abstrakte Normenkontrolle steht demgegenüber nicht im Zusammenhang mit einem konkreten Rechtsstreit, sondern bezieht sich lediglich auf die „abstrakte" Verfassungsmäßigkeit eines Gesetzes.[373]

(1) Abstrakte Normenkontrolle

Die abstrakte Normenkontrolle ist in Art. 93 Abs. 1 Nr. 2 GG verfassungsrechtlich geregelt. Einfachgesetzliche Vorschriften sind §§ 13 Nr. 6, 76 ff. BVerfGG.

Die Antragsberechtigten im Normenkontrollverfahren sind in Art. 93 Abs. 1 Nr. 2 GG abschließend benannt. Demnach sind die Bundesregierung, die Landesregierungen sowie ein Drittel der Mitglieder des Bundestages antragsberechtigt.

Prüfungsgegenstand sind grundsätzlich alle Rechtssätze. Diese müssen bereits verkündet, aber noch nicht in Kraft getreten sein.[374]

Als Antragsgrund muss der Antragsteller Zweifel über die Vereinbarkeit einer Norm mit der Verfassung oder sonstigem Bundesrecht nachweisen. Zudem besteht ein Antragsgrund, wenn Meinungsverschiedenheiten über die Vereinbarkeit einer Norm mit der Verfassung oder einfachen Gesetzen bestehen. Die insoweit verschärften Anforderungen des § 76 BVerfGG, wonach der Antragsteller die Norm für nichtig halten muss, kann in Anbetracht der Normenhierarchie keine Geltung beanspruchen.[375]

Aufgrund des objektiven Charakters der Normenkontrolle bedarf es keiner Verletzung subjektiver Rechte. Der Antragsteller muss nach der Rechtsprechung des Bundesverfassungsgerichts lediglich ein Klarstellungsinteresse nachweisen.[376]

---

372 Ch. Degenhart, Staatsrecht I, 17. Aufl., 2001, S. 227 f.
373 H. Maurer, Staatsrecht I, 3. Aufl., 2003, S. 682.
374 BVerfGE 104, 23 (29).
375 H. Maurer, Staatsrecht I, 3. Aufl., 2003, S. 687.
376 BVerfGE 60, 319 ff.

Kommt das Bundesverfassungsgericht zu dem Ergebnis, dass die zu überprüfende Norm mit der Verfassung unvereinbar ist, so erklärt es diese Norm für verfassungswidrig. Da die Nichtigkeit ipsu jure eintritt, kommt der Nichtigerklärung lediglich deklaratorischer Charakter zu.[377] Der Umfang der Nichtigkeit kann sich auf ein komplettes Gesetz beziehen, sie kann sich aber auch auf einzelne Paragraphen beschränken.

Zu beachten ist, dass neben der abstrakten Normenkontrolle nach Art. 93 Abs. 1 Nr. 2 GG in Abs. 2a eine besondere Form der abstrakten Normenkontrolle vorgesehen ist. Diese Vorschrift erfasst die Fälle, in denen über die Erforderlichkeit eines Bundesgesetzes bei konkurrierender Gesetzgebungsbefugnis gestritten wird. Der Prüfungsumfang vom Normenkontrollverfahren nach Art. 93 Abs. 1 Nr. 2 GG wird insoweit auf die Voraussetzungen des Art. 72 Abs. 2 GG beschränkt.[378]

Auch der Kreis der Antragsberechtigten weicht von dem der in Nr. 2 genannten ab. Gemäß Art. 93 Abs. 1 Nr. 2 a GG sind der Bundesrat, die Landesregierungen und die Landesparlamente antragsberechtigt.

(2) Konkrete Normenkontrolle

Die konkrete Normenkontrolle erfasst die Fälle, bei denen ein vermeintlich verfassungswidriges Gesetz bei der Urteilsfindung in einem konkreten Fall maßgebend wird.

Das entscheidende Gericht darf dann die aus seiner Sicht verfassungswidrige Norm aufgrund der Nichtigkeit nicht anwenden. Allerdings kann das Gericht kein Urteil bilden, ohne die Norm zu berücksichtigen, weil die Verwerfungskompetenz nur dem Bundesverfassungsgericht zukommt. Dieses Entscheidungsmonopol bezieht sich indessen nur auf formelle Gesetze.[379]

Für diese Fälle sieht Art. 100 Abs. 1 GG die Vorlagemöglichkeit an das Bundesverfassungsgericht vor. Maßgebend ist, dass das Gericht eine entscheidungserhebliche Norm für verfassungswidrig hält.

Kommt das Bundesverfassungsgericht im Verfahren der konkreten Normenkontrolle zu der Überzeugung, dass die geprüfte Norm mit höherrangigem Recht unvereinbar ist, so muss es die Norm für nichtig erklären.

---

377 Vgl. zu diesem Problem H. Maurer, Staatsrecht I, 3. Aufl., 2003, S. 686 m.w.N.
378 Ch. Degenhart, Staatsrecht I, 17. Aufl., 2001, S. 227 f.
379 Ch. Degenhart, Staatsrecht I, 17. Aufl., 2001, S. 230.

ee) Verfassungsbeschwerde

Als Besonderheit zu den vorbezeichneten Verfahren tritt bei einer Verfassungsbeschwerde der Bürger als Partei im Verfassungsprozess auf. Die anderen Verfahren sind auf den Binnenraum der Staatlichkeit konzentriert oder sichern die Geltung der Verfassungsordnung auf Initiative von Verfassungsorganen, Teilen dieser oder der Judikative.[380]

Die Verfassungsbeschwerde ist in Art. 93 Abs. 1 Nr. 4 a GG verfassungsrechtlich verankert und findet ihre einfachgesetzliche Ausgestaltung in §§ 13 Nr. 8 a, 90 ff. BVerfGG.

Mit der Verfassungsbeschwerde kann sich jedermann mit der Behauptung, durch einen Akt der öffentlichen Gewalt in einem seiner Grundrechte oder grundrechtsgleichen Rechte verletzt zu sein, an das Bundesverfassungsgericht wenden.

Der Verfassungsbeschwerde kommt dabei eine doppelte Funktion zu. Zum einen dient sie dem Grundrechtsschutz der Bürger, zum anderen der Wahrung und Fortbildung des objektiven Verfassungsrechts.[381]

Im Vordergrund steht der Individualrechtsschutz. Damit steht die Verfassungsbeschwerde an der Spitze aller Rechtsbehelfe. Indessen wird das Bundesverfassungsgericht durch die Verfassungsbeschwerde nicht zur letzten Revisionsinstanz. Die Verfassungsbeschwerde steht außerhalb des allgemeinen Rechtsmittelsystems. Durch sie kann nur der Verstoß gegen Verfassungsrecht, namentlich die Grundrechte oder grundrechtsgleiche Rechte, gerügt werden.[382]

Damit ist die Verfassungsbeschwerde auch nicht Ausfluss der Rechtsschutzgarantie des Art. 19 Abs. 4 GG, welche den Einstieg in das gerichtliche Rechtsschutzsystem garantiert. Damit lässt sich auch die Subsidiarität der Verfassungsbeschwerde erklären. Der Bürger muss zunächst über den allgemeinen Rechtsweg versuchen, sein Recht durchzusetzen. Erst nach Erschöpfung des Rechtsweges hat er die Möglichkeit, sich mit einer Verfassungsbeschwerde an das Bundesverfassungsgericht zu wenden. In diesen Fällen spricht man von so genannten Urteilsverfassungsbeschwerden. Daneben kommt eine Anrufung des Bundesverfassungsgerichts ohne vorherige Rechtswegerschöpfung für die Fälle

---

380 W. Löwer, Zuständigkeiten und Verfahren des Bundesverfassungsgerichts, in: HStR, Bd. 2, 1. Aufl., 1987, § 56 Rn. 140 ff.

381 H. Maurer, Staatsrecht I, 3. Aufl., 2003, S. 704; unter Hinweis auf BVerfGE 85, 109 (113).

382 W. Löwer, Zuständigkeiten und Verfahren des Bundesverfassungsgerichts, in: HStR, Bd. 2, 1. Aufl., 1987, § 56 Rn. 141.

in Betracht, in denen der Beschwerdeführer durch eine Norm unmittelbar in seinen Grundrechten oder grundrechtsgleichen Rechten betroffen wird; insoweit spricht man von einer Rechtssatzverfassungsbeschwerde.[383]

Die Erfolgsaussichten einer Verfassungsbeschwerde sind bei statistischer Betrachtung indessen nur äußerst gering. Von den jährlichen ca. 5.000 Verfassungsbeschwerden werden die meisten bereits durch Kammerentscheidungen als offensichtlich unzulässig oder unbegründet abgewiesen. Dennoch darf nicht außer Acht gelassen werden, dass die Bewahrung der Grundrechte der Wachsamkeit des Bürgers (mit-)anvertraut ist.[384]

ff) Weitere Verfahren

Neben den dargestellten Verfahren entscheidet das Bundesverfassungsgericht über folgende Streitigkeiten.

(1) Verfassungsschutzverfahren

Zum Schutz der freiheitlich demokratischen Grundordnung entscheidet ausschließlich das Bundesverfassungsgericht gemäß Art. 18 GG über die Verwirkung von Grundrechten, gemäß Art. 21 Abs. 2 GG über ein Parteiverbot, gemäß Art. 98 Abs. 2 über Maßnahmen gegen Richter, welche gegen die Verfassung verstoßen habe sowie über die mehrfach erwähnte Präsidentenanklage gemäß Art. 61 GG.[385]

(2) Wahlprüfung

Die Entscheidungskompetenz des Bundesverfassungsgericht für das Wahlprüfungsverfahren statuiert Art. 41 Abs. 2 GG.

Der Wahlprüfung durch das Bundesverfassungsgericht muss eine Wahlprüfung des Bundestages gemäß Art. 41 Abs. 1 GG vorausgegangen sein.

Gegenstand der Wahlprüfung ist nicht die Verletzung subjektiver Rechte, sondern ausschließlich die Gültigkeit der Wahl als solcher.

---

383 H. Maurer, Staatsrecht I, 3. Aufl., 2003, S. 704.

384 W. Löwer, Zuständigkeiten und Verfahren des Bundesverfassungsgerichts, in: HStR, Bd. 2, 1. Aufl., 1987, § 56 Rn. 141.

385 H. Maurer, Staatsrecht I, 3. Aufl., 2003, S. 715.

Ihre einfachgesetzliche Ausgestaltung findet das Wahlprüfungsverfahren in §§ 13 Nr. 3, 48 BVerfGG sowie im Wahlprüfungsgesetz.[386]

(3) Kommunalverfassungsbeschwerde

Schließlich entscheidet das Bundesverfassungsgericht gemäß Art. 93 Abs. 1 Nr. 4 b GG über Kommunalverfassungsbeschwerden der Gemeinden und Gemeindeverbände. Diese können sich bei einer Verletzung der sich aus Art. 28 GG ergebenen kommunalen Selbstverwaltung an das Bundesverfassungsgericht wenden.

Die kommunale Verfassungsbeschwerde ist aber nur dann zulässigen, soweit nicht Beschwerde beim Landesverfassungsgericht erhoben werden kann.[387]

g) Die Landesverfassungsgerichtsbarkeit

Alle Bundesländer haben gemäß der Organisationsstruktur des Bundesstaates ihre eigene Landesverfassung. Da jedes Land über eine eigene Verfassung verfügt, kann es auch zu Verfassungsstreitigkeiten kommen.[388] Um solche Streitigkeiten zu lösen, kann ein Bundesland sein eigenes Landesverfassungsgericht einrichten. Das Landesverfassungsgericht behandelt alle landesverfassungsrelevanten Streitigkeiten, für die nach dem Grundgesetz das Bundesverfassungsgericht nicht zuständig ist.[389] Das Bundesverfassungsgericht ist nur zuständig für bundesrechtliche Angelegenheiten oder Streitigkeiten zwischen den Bundesländern. Für die Verfassungsstreitigkeiten innerhalb eines Landes ist daher nur das jeweilige Landesverfassungsgericht zuständig.

Ein Bundesland kann jedoch nach Art. 99 GG die Entscheidung über die landesverfassungsrelevanten Streitigkeiten an das Bundesverfassungsgericht zuweisen. Das Land Schleswig-Holstein beispielsweise hat kein eigenes Landesverfassungsgericht und überlässt die Entscheidungen aller verfassungsrelevanten Streitigkeiten dem Bundesverfassungsgericht.[390] In anderen Bundesländern wird das Landesverfassungsgericht unter verschiedenen Namen geführt: Verfassungs-

---

386 Ausführlich W. Löwer, Zuständigkeiten und Verfahren des Bundesverfassungsgerichts, in: HStR, Bd. 2, 1. Aufl., 1987, § 56 Rn. 138.

387 Ausführlich W. Löwer, Zuständigkeiten und Verfahren des Bundesverfassungsgerichts, in: HStR, Bd. 2, 1. Aufl., 1987, § 56 Rn. 64 f.

388 K. Schlaich / S. Korioth, Das Bundesverfassungsgericht, 5. Aufl., 2001, Rn. 336.

389 Art. 30 GG.

390 P. Badura, Staatsrecht,3 Aufl. 2003, S. 705.

gerichtshof[391], Landesverfassungsgerichtshof[392], Verfassungsgericht[393] sowie Staatsgerichtshof.[394]

III. Die Erfolgsfaktoren des deutschen parlamentarischen Regierungssystems

1. Misstrauensvotum des Bundestags

a) Entwicklungsgeschichte und Strukturmerkmale

Der Bonner Parlamentarische Rat hielt das parlamentarische Regierungssystem für die geeignetste Regierungsform, die gewährleistet, dass das Parlament und die Regierung nicht als Konkurrenten, sondern als Kooperierende zusammen arbeiten, um eine kompromissbereite Politik zu ermöglichen.

Unter dem Einfluss dieses Verständnisses entstand das in Art. 67 GG angesiedelte konstruktive Misstrauensvotum. Für die Aufnahme ins Grundgesetz dienten die Verfassungen einiger Bundesländer, namentlich Bremen, Hamburg und Hessen, die bereits ein konstruktives Misstrauensvotum in ihren Landesverfassungen verankert hatten, als strukturelle Vorlage. Auch heute noch haben Baden–Württemberg, Bremen, Hamburg, Niedersachen, Nordrhein–Westfalen und Schleswig–Holstein das konstruktive Misstrauensvotum in ihrer Landesverfassung verankert.[395]

Das konstruktive Misstrauensvotum verhindert eine willkürliche Auflösung des Kabinetts und sichert und stärkt damit die Stellung des Kabinetts und die allgemeine politische Stabilität. Dies zeigt vor allem ein Umkehrschluss bei Betrachtung der negativen Erfahrungen in der Weimarer Zeit, wo die Verfassung lediglich ein destruktives Misstrauensvotum kannte.[396] Der Reichskanzler oder die Minister mussten gemäß Art. 54 WRV zurücktreten, wenn der Reichstag sein Misstrauen äußerte. Das destruktive Misstrauensvotum hat maßgeblich zur Instabilität der „Weimarer Regierungen" beigetragen und ist somit zumindest mittelbar mitverantwortlich für die Ablehnung des Parlamentarismus in dieser Zeit und damit auch für das Scheitern der gesamten Weimarer Republik.

---

391 Bayern, Berlin, Nordrhein-Westfalen, Rheinland-Pfalz, Saarland, Sachsen, Thüringen.
392 Mecklenburg-Vorpommern, Sachsen-Anhalt.
393 Brandenburg, Hamburg.
394 Baden-Württemberg, Bremen, Hessen, Niedersachsen.
395 G. Hermes in: H. Dreier, GGK, Bd. 2, 1998, Art. 67 Rn. 5.
396 D. Weckerling-Wilhelm, in: Umbach / Clemens, GGK, Bd. 2, 2002, Art. 67 Rn. 1.

Das in Art. 67 GG verankerte konstruktive Misstrauensvotum hingegen verhindert, dass die Mehrheit im Parlament den Bundeskanzler abwählen kann, ohne dass gleichzeitig ein neuer gewählt wird. Nur so wird garantiert, dass die Politik nicht lahm gelegt werden kann. Ein führungsloses Vakuum, wie in der Weimarer Zeit, kann demnach nicht entstehen. Damit wird die These Herrfahrdts aus dem Jahre 1927 aufgegriffen, wonach es in der Theorie des Parlamentarismus liege, dass bei einem Misstrauensvotum ein neues Kabinett zum Regierungsantritt bereitzustehen habe.[397]

In der Weimarer Republik war die Position des Kanzlers und der weiteren Regierungsmitglieder, zudem durch die Stellung zwischen dem starken Präsident auf der einen und dem Parlament auf der anderen Seite, schwierig. So waren die Regierungsmitglieder auf den Präsidenten, der sie ernannt hatte und entlassen konnte, angewiesen, sahen sich aber gleichzeitig der Gefahr eines (destruktiven) Misstrauensvotums durch das Parlament ausgesetzt.[398] Dies führte zu einer Schwächung der Regierung und machte eine Diktatorisierung des Präsidenten erst möglich.[399] Die Einführung des konstruktiven Misstrauensvotums diente somit auch zur Stärkung der Regierung gegenüber Parlament und Präsident, insbesondere wird gewährleistet, dass dem Präsidenten keine zu starke Stellung zukommt.

In letzter Konsequenz zeigt das konstruktive Misstrauensvotum die Abhängigkeit der Regierung vom Parlament, wie sie für ein parlamentarisches Regierungssystem gerade konstituierend ist. Zugleich wird deutlich, dass es nur die ultima ratio im Gefüge der parlamentarischen Kontrollmöglichkeiten darstellt.[400]

Art. 67 GG eröffnet zudem die Möglichkeit zur Veränderung der die Regierung tragenden Parlamentskoalition. Das bedeutet, dass die Opposition im Parlament

---

397 H. Herrfahrdt, Die Kabinettsbildung nach der Weimarer Verfassung unter dem Einfluss der politischen Praxis, 1927, S. 50 f.

398 Innerhalb von 14 Jahren von der Verfassungsgebung im Jahre 1919 bis zum Beginn der Diktatur Hitlers mit dem Ermächtigungsgesetz wurden 21 Kabinette gebildet und wieder aufgelöst. Dies erklärt bestens, wie chaotisch die politische Lage gewesen war. Näher E.-R. Huber, Deutsche Verfassungsgeschichte seit 1789, Die Weimarer Verfassung, Bd. 6, 1981, S. 47 ff.

399 Näher M. Friedrich, Das Parlamentarische Regierungssystem in den deutschen Bundesländern, in: JÖR, 30 (1981), S. 197 (213 ff.); U. Mager, in: Münch / Kunig, GGK, Bd. 2, 5. Aufl. 2001, Art. 67 Rn. 1.

400 K. Stern, Das Staatsrecht der Bundesrepublik Deutschland, Bd. 1, 2. Aufl., 1984, S. 991.

immer zu einer Mehrheit werden kann, wenn die politischen Umstände danach sind; sie könnte daher auch als eine latente Mehrheit bezeichnet werden.[401]

Die Möglichkeit einer so genannten Zwischenregierung wird durch das Misstrauensvotum zwar nicht gänzlich ausgeschlossen, insoweit ist das gesetzgebungspolitische Ziel nur bedingt erfüllt, gleichwohl werden diese möglichen Fälle jedoch auf ein Minimum reduziert.

Letztlich ist das konstruktive Misstrauensvotum einer der Grundbausteine, die zur Stabilisierung des deutschen parlamentarischen Regierungssystems maßgebend beitragen.[402]

b) Der Ablauf des Misstrauensvotums

aa) Antrag

Der Vorschlag für ein konstruktives Misstrauensvotum kommt dadurch zustande, dass gemäß § 97 Abs. 1 GOBT ein Antrag mit der Unterschrift von einem Viertel der Mitglieder des Bundestages oder einer Fraktion, die mindestens ein Viertel der Mitglieder des Bundestages umfasst, für die Wahl eines neuen Kanzlers abgegeben wird. Das konstruktive Misstrauensvotum ist nur auf den Kanzler beschränkt, es kann sich also nicht, zumindest nicht direkt, gegen die gesamte Regierung, die einzelnen Minister oder mehrere Minister richten,[403] obschon ein erfolgreiches Misstrauensvotum zwingend das Ende der gesamten Regierung bedeutet.

---

401 Weiterführend G. Hermes in: H. Dreier, GGK, Bd. 2, 1998, Art. 67 Rn. 10; U. Mager, in: Münch / Kunig, GGK, Bd. 2, 5. Aufl. 2001, Art. 67 Rn. 2; M. Schröder, Bildung, Bestand und parlamentarische Verantwortung, in: HStR, Bd. 2, 2. Aufl. 1998, § 51 Rn. 37.

402 C.-F. Menger, Deutsche Verfassungsgeschichte der Neuzeit, 8. Aufl., 1993, S. 208; E. Stein, Staatsrecht, 16. Aufl., 1998, S. 54; H. Maurer, Staatsrecht I, 3. Aufl., 2003, S. 481; H. Schneider, Die Reichsverfassung vom 11. August 1919, in: HStR, Bd. 1, 3. Aufl. 2003, § 5 Rn. 61; I. v. Münch, Staatsrecht I, 6. Aufl., 2000, S. 355; K. Kluxen, Geschichte und Problematik des Parlamentarismus, 1983, S. 206; K. Stern, Das Staatsrecht der Bundesrepublik Deutschland, Bd. 1, 2. Aufl., 1984, S. 989 f.; U. Mager, in: Münch / Kunig, GGK, Bd. 2, 5. Aufl. 2001, Art. 67 Rn. 1.

403 A. Döring-Manteuffel, Strukturmerkmale der Kanzlerdemokratie, in: Der Staat, 30 (1991), S. 1 (5); E. Friesenhahn, Parlament und Regierung im modernen Staat, in: VVDStRL, 16 (1958), S. 9 (58 f.); G. Hermes in: H. Dreier, GGK, Bd. 2, 1998, Art. 67 Rn. 12; H. Kornbichler / J. Polster / W. Tiede, Verfassungsrecht, 1995, S. 206; H. Schneider, Kabinettsfrage und Gesetzgebungsnotstand nach dem Bonner Grundgesetz, in: VVDStRL, 8 (1950), S. 21 (28); R. Herzog in: Maunz / Dürig, GGK, Bd. 3, 2002, Art. 67 Rn. 10; T. Maunz / R. Zippelius, Deutsches Staatsrecht, 30. Aufl., 1998, S. 298.

bb) Frist

Das Grundgesetz ordnet in Art. 67 Abs. 2 an, dass zwischen dem Antrag und der Abstimmung 48 Stunden liegen müssen. Diese Bestimmung wurde nach dem Vorbild einiger Landesverfassungen aufgenommen.[404] Der Hauptgrund war, dass einer voreiligen oder gefühlsmäßigen Zustimmung für das Misstrauensvotum vorgebeugt und den Fraktionen und Abgeordneten des Bundestages mehr Zeit zum Handeln und Überlegen gegeben werden sollte.[405] Damit wird der besonderen Tragweite der Entscheidung zur Abwahl eines Kanzlers Rechnung getragen, zugleich wird die Ausnahmestellung des Misstrauensvotums als ultima ratio untermauert.[406]

cc) Diskussion über den Antrag

Fraglich ist, ob im Bundestag eine Diskussion über die Qualifikationen oder die politischen Fähigkeiten des neu zu wählenden Kandidaten möglich ist. Dies ist im Grundgesetz zwar nicht eindeutig geregelt, aber aus der Sicht des verfassungsrechtlichen Schrifttums grundsätzlich zulässig.

Das Verbot zur Aussprache bei der Wahl des Bundeskanzlers gemäß Art. 63 Abs. 1 GG gilt nur für den Fall, dass der Bundeskanzler vom Bundespräsidenten vorgeschlagen wird. Dadurch wird verhindert, dass es im Bundestag zu einer Diskussion über den Vorschlag des Bundespräsidenten kommt und der Bundestag den Bundespräsidenten öffentlich kritisiert. Damit werden die Autorität und das Ansehen des Bundespräsidenten geschützt.[407] Ob im zweiten und dritten Wahlgang nach Art. 63 Abs. 3 u. 4 GG eine Aussprache zulässig ist, ist umstritten.[408] Jedenfalls bildet Art. 67 GG in jeder Beziehung eine selbständige und unabhängige Regelung neben Art. 63 GG, so dass bereits deshalb das Verbot zur Aussprache hier nicht Geltung beanspruchen kann. Zudem wäre die Abstimmung über den Bestand der Bundesregierung ohne eine Diskussion kaum denkbar.[409]

---

404 Z. B. Art. 110 Abs. 2 Bremer Verfassung; Art. 12 Abs. 2 Hamburger Verfassung; Art. 114 Abs. 2 Satz 1 Hessische Verfassung.

405 G. Hermes in: H. Dreier, GGK, Bd. 2, 1998, Art. 67 Rn. 15; U. Mager, in: Münch / Kunig, GGK, Bd. 2, 5. Aufl. 2001, Art. 67 Rn. 7; M. Schröder, Bestand und parlamentarische Verantwortung der Bundesregierung, in: HStR, Bd. 2, 1. Aufl., 1987, § 51 Rn. 34 ff.

406 F. Münch, Die Bundesregierung, S. 176 f.; R. Herzog, in: Maunz / Dürig, GGK, Bd. 3, 2002, Art. 67 Rn. 26 f.

407 U. Mager, in: Münch / Kunig, GGK, Bd. 2, 5. Aufl. 2001, Art. 67 Rn. 5.

408 Vgl. dazu R. Herzog, in: Maunz / Dürig, GGK, Bd. 3, 2002, Art. 63 Rn. 28.

409 R. Herzog in: Maunz / Dürig, GGK, Bd. 3, 2002, Art. 67 Rn. 30.

dd) Folgen des Misstrauensantrags

(1) Freiwilliger Rücktritt des Bundeskanzlers

Zunächst hat der Bundeskanzler die Möglichkeit, die Abstimmung über den Misstrauensantrag dadurch zu verhindern, dass er selbst von seinem Amt zurücktritt. Dabei lassen sich zwei Konstellationen unterscheiden. Zunächst kann er bereits vor Einreichung des Antrags zurücktreten, es besteht aber auch die Möglichkeit nach dem Einreichen, aber vor der Abstimmung zurückzutreten.

Bevor der Antrag auf ein Misstrauensvotum beim Bundespräsidenten eingereicht wird, kann der Bundeskanzler seinen Rücktritt erklären. Der Bundespräsident ist dann dazu verpflichtet, ihn zu entlassen.[410] Das Misstrauensvotum gemäß Art. 67 GG kann dann nicht mehr durchgeführt werden. In diesem Fall erfolgen die Wahl des nächsten Bundeskanzlers und die Ernennung eines neuen Regierungschefs auf Vorschlag des Präsidenten gemäß Art. 63 GG.[411]

Tritt der Bundeskanzler zurück, nachdem der Antrag gestellt wurde, aber noch bevor darüber abgestimmt wurde, entsteht eine Konkurrenzsituation. Diese bis dato akademische Frage wird in der Grundgesetzkommentierung nur teilweise aufgegriffen und beantwortet.[412] Nach Einreichung des Antrages zur Durchführung eines Misstrauensvotums soll sich der Kanzler diesem nicht mehr durch Rücktritt entziehen können. In diesen Fällen sei es dem Bundespräsidenten verwehrt, den Kanzler zu entlassen, er habe vielmehr das Verfahren nach Art. 67 GG abzuwarten; das eingereichte Misstrauensvotum entfaltet demnach eine Sperrwirkung.[413]

Für diese Meinung spricht, dass, unterstellte man eine Wahlmöglichkeit des Kanzlers, ob er zurücktritt oder das Misstrauensvotum über sich ergehen lässt, es zu seiner Disposition stünde, inwieweit der Bundespräsident am Verfahren bei der Wahl des neuen Kanzlers beteiligt wird, weil sich insoweit die Wahlverfahren, namentlich nach Art. 63 GG und Art. 67 GG, unterscheiden. Zudem besteht bei Art. 63 GG die Möglichkeit, einen Kanzler ohne die Mehrheit des Art. 121 GG zu wählen.[414]

---

410 H. Maurer, Staatsrecht I, 3. Aufl., 2003, S. 481.

411 Siehe näher Zweites Kapitel B.II.3.b).

412 Soweit ersichtlich nehmen nur Schenke, in: BK, 1999, Art. 67 Rn. 31, sowie Hermes, in: GGK, Bd. 2, 1998, Art. 67 Rn. 14, zu dieser Frage Stellung.

413 Hermes, in: GGK, Bd. 2, 1998, Art. 67 Rn. 14.

414 Schenke, in: BK, 1999, Art. 67 Rn. 31; Hermes, in: GGK, Bd. 2, 1998, Art. 67 Rn. 14.

Gegen eine Sperrwirkung des Misstrauensvotums spricht indessen der Sinn und Zweck des Art. 67 GG. Das konstruktive Misstrauensvotum soll es der Opposition ermöglichen, die amtierende Regierung zu stürzen und gleichzeitig (konstruktiv) eine neue Regierung (Kanzler) ins Amt zu bringen. Tritt der Kanzler und damit die gesamte Regierung aber zurück, unabhängig zu welchem Zeitpunkt, so bedarf es keines Sturzes der Regierung. Der eigentliche Sinn des Misstrauensvotums ist nämlich bereits erreicht.

Auch ein Blick auf die Konsequenzen lässt Zweifel an der erstgenannten Meinung aufkommen. Muss ein zurückgetretener Kanzler, der bis dato vom Bundespräsidenten nicht entlassen wurde, in dem Fall, dass durch das Misstrauensvotum kein neuer Kanzler gewählt wird, im Amt bleiben oder muss ihn der Bundespräsident dann entlassen?

Nach hier vertretener Auffassung wird das Misstrauensvotum mit Erklärung des Kanzlerrücktritts gegenstandslos und es ist das Wahlverfahren nach Art. 63 GG durchzuführen. Nach anderer Auffassung entfaltet der Antrag auf Durchführung des Misstrauensvotums eine Sperrwirkung in Bezug auf den Rücktritt, so dass ein neuer Kanzler im Verfahren nach Art. 67 GG gewählt wird.

(2) Wahl eines neuen Bundeskanzlers

Es ist zu beachten, dass es sich in Bezug auf das Misstrauensvotum, insbesondere beim Wahlverfahren, nicht um eine Abstimmung, sondern um die Wahl eines neuen Bundeskanzlers handelt. Die Wahl für den nächsten Bundeskanzler soll gemäß dem Grundgesetz wie auch nach der Geschäftsordnung des Bundestages geheim durchgeführt werden.[415] Der im Misstrauensvotum erwähnte Kanzlerkandidat muss die Mehrheit der Mitglieder des Bundestages auf sich vereinigen.[416] Erreicht der Kandidat diese Mehrheit nicht, so ist das Misstrauensvotum gescheitert, eine weitere Wahl findet nicht statt.[417]

Dies stimmt mit dem verfassungsmäßigen Ziel des konstruktiven Misstrauensvotums überein. Der Wechsel des Bundeskanzlers und damit einhergehend der

---

415 § 49 Abs. 1 GOBT; U. Mager, in: Münch / Kunig, GGK, Bd. 2, 5. Aufl. 2001, Art. 67 Rn. 6.

416 § 97 Abs. 2 Satz 2 GOBT; D. Weckerling-Wilhelm, in: Umbach / Clemens, GGK, Bd. 2, 2002, Art. 67 Rn 8 f.

417 Weiterführend D. Weckerling-Wilhelm, in: Umbach / Clemens, GGK, Bd. 2, 2002, Art. 67 Rn 10.

Regierungswechsel soll nur dann möglich sein, wenn der neu zu wählende Kanzler über einen ausreichenden Rückhalt im Parlament verfügt.[418] Dadurch wird gewährleistet, dass der amtierende Kanzler nicht von einer einfachen (relativen) Stimmenmehrheit gestürzt wird. Würde man dies zulassen, wäre zwar ein neuer Kanzler gewählt, weil nur dadurch die Amtszeit des alten Kanzlers beendet werden kann, ob dieser Kanzler aber über eine Mehrheit im Parlament verfügt, wäre indessen fraglich. Insofern würde es zu politischer Instabilität führen, würde man bei der Wahl eines neuen Kanzlers eine einfache Mehrheit ausreichen lassen.

In Bezug auf die absolute Mehrheit wird behauptet, dass Art. 67 GG nur die Mehrheitspartei bevorzuge, weil die kleinen Parteien, die so genannten Flügelparteien, keinen Kanzlerkandidaten aufstellen könnten. Dies ist jedoch schon deshalb falsch, weil sie eine Mehrheit bilden können, wenn sie auf ideologischer Ebene oder in einer strategischen Dimension koalieren. Daher ist die Erfüllung des Verlangens nach der Mehrheit beim Misstrauensvotum weder für die kleinen Parteien noch für die großen Parteien einseitig nach- oder vorteilhaft. Auch wenn eine Partei nicht die Mehrheitspartei, aber die zweitgrößte Partei ist, kann eine Koalition mit einer kleinen Partei doch zum Schlüssel für die Bildung einer neuen Regierung werden.

Auch die Tragweite, die einem Misstrauensvotum als politischer Richtungsentscheidung zukommt, spricht für das Erfordernis einer absoluten Mehrheit.

(3) Entlassung des amtierenden Bundeskanzlers und Ernennung des neuen Bundeskanzlers

(a) Entlassung des amtierenden Bundeskanzlers

Erreicht der vorgeschlagene Kanzlerkandidat die absolute Mehrheit, so ist der Bundespräsident von Verfassungs wegen verpflichtet, dem Ersuchen des Bundestages nach Entlassung des amtierenden Kanzlers zu entsprechen. Die Rechtsfolge von Art. 67 Abs. 1 GG liegt damit weder in einer automatischen Amtsbeendigung noch in einer Rücktrittspflicht des Kanzlers, sondern allein in der Entlassungspflicht des Bundespräsident.[419]

---

[418] J. Ipsen, Staatsrecht I, 15. Aufl., 2003, S. 436; U. Mager, in: Münch / Kunig, GGK, Bd. 2, 5. Aufl. 2001, Art. 67 Rn. 2.

[419] R. Herzog in: Maunz / Dürig, GGK, Bd. 3, 2002, Art. 67 Rn. 33.

In diesem Sinne ist das konstruktive Misstrauensvotum ein gutes Beispiel dafür, wie die Kompetenzen des Bundespräsidenten im Vergleich zur Weimarer Verfassung eingegrenzt und verkleinert wurden.[420]

Wird der Bundeskanzler aufgrund von Art. 67 GG entlassen, werden alle seine dienstlichen Beziehungen abgebrochen und gleichzeitig alle dienstlichen Beziehungen zu den Ministern des Kabinetts beendet.[421]

(b) Ernennung des neuen Bundeskanzlers

Das Grundgesetz bestimmt in Art. 67 Abs. 1 S. 2 die Ernennung des durch den Bundestag gewählten neuen Bundeskanzlers durch den Bundespräsidenten.[422] Im Hinblick auf die Kompetenz des Bundespräsidenten zur Ernennung des Bundeskanzlers stellt sich die Frage, ob es der vom Bundestag geforderten Entlassung des amtierenden Bundeskanzlers und bei der Ernennung des neu gewählten Bundeskanzlers eine Frist gibt oder ob der Bundespräsident nach eigenem Ermessen entscheiden kann. Je nach der politischen Lage kann dies von wichtiger Bedeutung sein. Teilweise wird analog Art. 63 Abs. 4 S. 2 GG eine Zeit von einer Woche für angemessen gehalten.[423]

Insbesondere die Sicherstellung einer stabilen Regierungspolitik spricht für ein schnelles Handeln des Bundespräsidenten. In diesem Interesse wird der Bundespräsident möglichst schnell den neu gewählten Bundeskanzler ernennen.

c) Prüfungsrecht

Die Frage, inwieweit dem Bundespräsidenten ein Prüfungsrecht bei der Entlassung des alten und der Ernennung des neuen Kanzlers zukommt, spielt in der staatspolitischen Realität kaum eine Rolle, sie ist allenfalls von akademischer Bedeutung.[424]

---

420 P. Badura, Staatsrecht, 3.Aufl., 2003, S. 499 f.

421 M. Schröder, Bildung, Bestand und parlamentarische Verantwortung, in: HStR, Bd. 2, 2. Aufl. 1998, § 51 Rn. 43.

422 D. Weckerling-Wilhelm, in: Umbach / Clemens, GGK, Bd. 2, 2002, Art. 67 Rn. 15.

423 W. Jellinek, Kabinettsfrage und Gesetzgebungsnotstand nach dem Bonner Grundgesetz, in: VVDStRL, 8 (1950), S. 3 (9, 11); a .A. U. Mager, in: Münch / Kunig, GGK, Bd. 2, 5. Aufl. 2001, Art. 67 Rn. 11.

424 R. Herzog in: Maunz / Dürig, GGK, Bd. 3, 2002, Art. 67 Rn. 34 a.E.

Der Bundespräsidenten muss überprüfen, ob die formellen Voraussetzungen für das Misstrauensvotum gegeben sind. Dabei trifft ihn eine doppelte Prüfungspflicht. Zunächst ist zu untersuchen, ob das Entlassungsersuchen des Bundestages rechtmäßig ist. Dies könnte etwa in Bezug auf die Frist des Art. 67 Abs. 2 GG problematisch werden. Sodann ist zu prüfen, ob der Wahl des neuen Kanzlers Hinderungsgründe entgegenstehen; so etwa in Fällen, in denen der neu gewählte Kanzler nicht Deutscher im Sinne des Grundgesetzes ist.

Nach zutreffender Ansicht führen sowohl die Verfassungswidrigkeit des Entlassungsersuchens als auch etwaige Hinderungsgründe bei der Wahl des neuen Kanzlers dazu, dass der Bundespräsident das gesamte Misstrauensvotum als gescheitert ansehen muss. Selbstredend gilt dies für die Fälle, in denen sowohl das Entlassungsersuchen als auch die Wahl des neuen Kanzlers verfassungsrechtlichen Bedenken begegnet.[425]

d) Das Misstrauensvotum in der verfassungsrechtlichen Realität

In der Geschichte der Bundesrepublik Deutschland wurde das konstruktive Misstrauensvotum bislang zweimal ausgeübt. Das erste Misstrauensvotum erfolgte am 24. April 1972, als die damalige Opposition CDU/CSU Bundeskanzler Willy Brandt das Misstrauen aussprechen und den CDU-Abgeordneten Dr. Barzel zum nächsten Bundeskanzler wählen wollte. Die nach der Bundestagswahl 1969 gebildete SPD/FDP-Koalition verlor eine ganze Reihe von Abgeordneten, die nicht bereit waren, die neue Ostpolitik mitzutragen. Damals erhielt Dr. Barzel 247 Stimmen, zwei Stimmen weniger als für die nötige absolute Mehrheit notwendig waren, so dass der Misstrauensvotumsantrag gegen den amtierenden Bundeskanzler Willy Brandt zurückgewiesen wurde.[426]

Beim zweiten Mal kam es im September 1982 zum Bruch der SPD/FDP-Koalition und zur Bildung einer Koalition von CDU/CSU und FDP. Die neuen Koalitionsfraktionen beantragten am 28. September 1982, Bundeskanzler Helmut Schmidt das Misstrauen auszusprechen und den CDU-Abgeordneten Dr. Helmut Kohl zum nächsten Bundeskanzler zu wählen. Dabei hatte Dr. Kohl die Mehrheit

---

425 R. Herzog in: Maunz / Dürig, GGK, Bd. 3, 2002, Art. 67 Rn. 34.

426 Siehe näher H. Maurer, Staatsrecht I, 2. Aufl., 2001, S. 490; U. Mager, in: Münch / Kunig, GGK, Bd. 2, 5. Aufl. 2001, Art. 67 Rn. 3; P. Schindler, Datenhandbuch zur Geschichte des Deutschen Bundestages 1949 bis 1999, Bd. 1, 2000, S. 1229 ff.

Dabei hatte Dr. Kohl die Mehrheit von 256 Stimmen erhalten, so dass die Amtszeit von Bundeskanzler Helmut Schmidt beendet wurde.[427]

Es ist jedoch zu beachten, dass die bisherigen Regierungskrisen in der deutschen Geschichte nur in einem, dem beschriebenen Fall, durch ein konstruktives Misstrauensvotum gelöst wurden. Zumeist erfolgte der Regierungswechsel durch parteiintern erzwungene Rücktritte, namentlich beim Regierungswechsel 1963 von Konrad Adenauer zu Ludwig Erhard, 1966 von Ludwig Erhard zu Kurt Georg Kiesinger als auch 1975 von Willy Brandt zu Helmut Schmidt. Die neuen Kanzler wurden nach dem Rücktritt des alten im Verfahren nach Art. 63 GG gewählt.[428]

Gleichwohl ist die verfassungsrechtlich eingeräumte Möglichkeit eines konstruktiven Misstrauensvotums für die Stabilität des parlamentarischen Regierungssystems von großer Bedeutung.

2. *Die Vertrauensfrage des Bundeskanzlers*

a) Entwicklungsgeschichte

Historisch gesehen folgt die Vertrauensfrage zwei Normen aus der Weimarer Verfassung nach, namentlich Art. 54 S. 1 WRV, welcher vorsah, dass die Regierungsmitglieder zu ihrer Amtsführung das Vertrauen des Reichstags bedurften. Dieses Vertrauen wurde dabei grundsätzlich vermutet, konnte aber jederzeit nachgefragt werden und auch durch den Reichstag in Form eines Misstrauensvotums entzogen werden. Daneben basiert Art. 68 GG auf Art. 25 WRV, der dem Reichspräsidenten das Recht gab, den Reichstag ohne weitere materielle Voraussetzungen aufzulösen.

Die Grundgesetzgeber entschieden sich mit Art. 68 GG zu einer verfassungsrechtlichen Verknüpfung beider Normen, die ohnehin gedanklich nah beieinander liegen.[429]

---

427 Siehe näher H. Maurer, Staatsrecht I, 2. Aufl., 2001, S. 490; P. Schindler, Datenhandbuch zur Geschichte des Deutschen Bundestages 1949 bis 1999, Bd. 1, 2000, S. 1232 ff.; U. Mager, in: Münch / Kunig, GGK, Bd. 2, 5. Aufl. 2001, Art. 67 Rn. 3.

428 R. Herzog in: Maunz / Dürig, GGK, Bd. 3, 2002, Art. 68 Rn. 14 f.

429 R. Herzog in: Maunz / Dürig, GGK, Bd. 3, 2002, Art. 68 Rn. 5 f.

Aus der Instabilität des Weimarer Systems, welche nicht zuletzt auf die Möglichkeit des Reichspräsidenten, den Reichstag ohne Vorliegen von materiellen Gründen aufzulösen, zurückzuführen ist, lernte das Grundgesetz. Mit Ausnahme von Art. 63 Abs. 4 S. 3 GG sieht das Grundgesetz keine Möglichkeit vor, den Bundestag aufzulösen, ohne dass der Bundeskanzler die Vertrauensfrage gestellt hat.[430]

b) Die Strukturmerkmale

Die Vertrauensfrage in Art. 68 GG ist eng mit dem konstruktiven Misstrauensvotum verbunden.[431]

Durch die Vertrauensfrage erhält der Bundeskanzler die Möglichkeit, jederzeit die Stimmung in „seiner" Fraktion und im Bundestag auszutesten, um zu sehen, ob er noch eine Mehrheit hat.[432]

Die enge Verbindung der Vertrauensfrage zum Misstrauensvotum zeigt sich darin, dass der Bundeskanzler die Vertrauensfrage stellen kann, wenn er erfährt, dass der Bundestag vorhat, gegen ihn ein Misstrauensvotum einzureichen. Mit der Vertrauensfrage hat er vor dem Einreichen des Misstrauensvotums ein starkes Druckmittel in der Hand.[433] Die Vertrauensfrage dient daher auch dazu, die Macht zwischen Bundestag und Bundeskanzler auszugleichen.

Schließlich gibt die Verfassung dem Bundeskanzler die Möglichkeit, eine Sachfrage mit der Vertrauensfrage zu verknüpfen; diese Möglichkeit stärkt die Rolle des Bundeskanzlers, der damit seine Partei und die ihn tragende Koalition disziplinieren kann.

Vielfach wurde kritisiert, dass durch die Verbindung der Vertrauensfrage mit einer Sachfrage die freie Gewissensentscheidung des Abgeordneten, Art. 38 Abs. 1 S. 2 GG, beeinträchtigt sei. Dem ist jedoch entgegenzuhalten, dass die Verknüpfung der Vertrauensfrage mit einer Sachfrage nicht den einzelnen Abgeordneten hindert, seinem Gewissen gemäß abzustimmen. Es wird von ihm höchstens eine Gewissensentscheidung über eine komplexe Materie erwartet.[434]

---

430 R. Herzog in: Maunz / Dürig, GGK, Bd. 3, 2002, Art. 68 Rn. 5 f.

431 H. Maurer, Staatsrecht I, 3. Aufl., 2003, S. 482.

432 M. Schröder, Bildung, Bestand und parlamentarische Verantwortung, in: HStR, Bd. 2, 2. Aufl. 1998, § 51 Rn. 38 f.; P. Badura, Staatsrecht, 3. Aufl., 2003, S. 523.

433 G. Hermes in: H. Dreier, GGK, Bd. 2, 1998, Art. 68 Rn. 7; K. Stern, Das Staatsrecht der Bundesrepublik Deutschland, Bd. 1, 2. Aufl., 1984, S. 993 ff.

434 Ch. Buriczak, Jura 2002, S. 465 (468).

c) Der Ablauf der Vertrauensfrage

aa) Erklärung

Der Bundeskanzler kann sein Recht, die Vertrauensfrage zu stellen, nach seinem eigenen Ermessen und seiner eigenständigen Entscheidung ohne weitere Bindungen ausüben.[435] Unabhängig davon, ob er der Gefahr eines Misstrauensvotums gegenübersteht, kann er sie eigenständig für die Beseitigung etwaiger Bedenken gegen seine Person für die Durchsetzung der nach seinem Ermessen wichtigen politischen Vorhaben oder Gesetzentwürfe sowie für die Auflösung des Bundestages, der ihn an seiner Amtsführung hindert, einsetzen.[436]

Die Art und Weise der Ausführung der Vertrauensfrage liegt in seinem Ermessen. Er kann sie mündlich oder schriftlich erklären.[437]

bb) Frist

Zwischen dem Antrag des Bundeskanzlers und der Abstimmung müssen gemäß Art. 68 Abs. 2 GG 48 Stunden liegen. Die Vorschrift entspricht im Wesentlichen dem Wortlaut von Art. 67 Abs. 2 GG. Auch die dahinter stehenden Intentionen sind ähnlich.

Der Grund für die 48-Stundenregel liegt darin, dass den Mitgliedern des Bundestages die Möglichkeit verschafft werden soll, an der Abstimmung teilzunehmen. Zudem sollen sie aufgrund der Tragweite dieser politischen Leitentscheidung die Gelegenheit haben, länger über die Abstimmung nachzudenken.[438]

Mit Art. 68 Abs. 2 GG wird eine Mindestfrist gesetzt, welche verstreichen muss, bevor der Bundestag über die Vertrauensfrage entscheiden darf. Verfassungs-

---

[435] E. Küchenhoff, Misstrauensantrag und Vertrauensfrage – Ersuchen, in: DÖV, 1967, S. 116 (116 ff.); H. Schneider, Kabinettsfrage und Gesetzgebungsnotstand nach dem Bonner Grundgesetz, in: VVDStRL, 8 (1950), S. 21 (27); T. Maunz / R. Zippelius, Deutsches Staatsrecht, 30. Aufl., 1998, S. 299.

[436] G. Hermes in: H. Dreier, GGK, Bd. 2, 1998, Art. 68 Rn. 17 ff.; K. Stern, Das Staatsrecht der Bundesrepublik Deutschland, Bd. 1, 2. Aufl., 1984, S. 993; R. Herzog in: Maunz / Dürig, GGK, Bd. 3, 2002, Art. 68 Rn. 23; M. Schröder, Bildung, Bestand und parlamentarische Verantwortung, in: HStR, Bd. 2, 2. Aufl. 1998, § 51 Rn. 40.

[437] U. Mager, in: Münch / Kunig, GGK, Bd. 2, 5. Aufl. 2001, Art. 68 Rn. 6; W. Geiger, Die Auflösung des Bundestages nach Art. 68, in: JÖR, 33 (1984), S. 41 (51).

[438] G. Hermes in: H. Dreier, GGK, Bd. 2, 1998, Art. 67 Rn. 15; U. Mager, in: Münch / Kunig, GGK, Bd. 2, 5. Aufl. 2001, Art. 67 Rn. 7; M. Schröder, Bildung, Bestand und parlamentarische Verantwortung, in: HStR, Bd. 2, 2. Aufl. 1998, § 51 Rn. 40; W. Geiger, Die Auflösung des Bundestages nach Art. 68, in: JÖR, 33 (1984), S. 41 (50).

rechtlich nicht geregelt ist die Frage, was der äußerste Zeitraum ist, der zwischen dem Stellen der Vertrauensfrage und der Abstimmung liegen darf. Einigkeit besteht insoweit, dass der Bundestag über die gestellte Vertrauensfrage abstimmen muss.[439] Kommt der Bundestag dieser Pflicht zur Abstimmung nicht nach, so sind Bundeskanzler und Bundespräsident berechtigt, davon auszugehen, dass der Bundestag dem Bundeskanzler das Vertrauen nicht ausgesprochen hat, mit den entsprechenden Rechtsfolgen, die Art. 68 GG vorsieht.[440]

cc) Mehrheit

Der Wortlaut des Art. 68 Abs. 1 S. 1 GG fordert die Mehrheit der Mitglieder des Bundestages; gefordert ist damit die Kanzlermehrheit des Art. 121 GG. Zunächst erscheint diese qualifizierte Mehrheit als Bürde für den die Vertrauensfrage stellenden Kanzler. Berücksichtigt man indessen, dass mit der negativen Beantwortung der Vertrauensfrage die Handlungsmöglichkeiten des Kanzlers erweitert werden, so erweist sich das Erfordernis der Kanzlermehrheit als Vorteil.[441] Denn eine zwingende Folge, die etwa den Bundespräsidenten verpflichtet, nach einer gescheiterten Vertrauensfrage den Kanzler zu entlassen, sieht Art. 68 GG gerade nicht vor. Damit wird deutlich, dass es sich bei der Vertrauensfrage nicht um ein Disziplinierungsinstrument des Bundestages gegenüber dem Kanzler, sondern vielmehr um ein „Mittel des Gegenangriffs" in der Hand des Kanzlers handelt.[442]

Problematisch wird die Frage der Mehrheit bei der Verknüpfung der Vertrauensfrage mit einer Sachfrage, wie es Art. 81 Abs. 1 S. 2 GG vorsieht. Hier können die verfassungsrechtlichen Anforderungen an die Mehrheit bezüglich der Vertrauensfrage und der verknüpften Sachfrage auseinander fallen. Für die Aussprache des Vertrauens gilt die Kanzlermehrheit, wohingegen die Sachfrage, zum Beispiel in Form eines Gesetzes, bereits dann angenommen ist, wenn sie die, soweit keine anderweitigen Anforderungen bestehen, einfache Mehrheit erreicht hat. Weil selbstredend nur eine Abstimmung stattfindet, gilt in diesen Fällen, dass dem Kanzler das Vertrauen nur ausgesprochen werden kann, wenn das Parlament zugleich dem vorgelegten Gesetz zustimmt (nicht umgekehrt).

---

439 R. Herzog in: Maunz / Dürig, GGK, Bd. 3, 2002, Art. 68 Rn. 5 f.

440 W. Jellinek, Kabinettsfrage und Gesetzgebungsnotstand nach dem Bonner Grundgesetz, in: VVDStRL, 8 (1950), S. 3 (11f.).

441 R. Herzog in: Maunz / Dürig, GGK, Bd. 3, 2002, Art. 68 Rn. 38 f.

442 R. Herzog in: Maunz / Dürig, GGK, Bd. 3, 2002, Art. 68 Rn. 38 f.

dd) Abstimmung und ihre Folgen

Hat der Bundeskanzler die Vertrauensfrage im Bundestag gestellt, gibt es zwei Möglichkeiten. Dem Bundeskanzler wird mit der Mehrheit das Vertrauen ausgesprochen oder aber der Bundestag verweigert dem Bundeskanzler das Vertrauen. Die rechtlichen Folgen sind dementsprechend völlig unterschiedlich.

(1) In dem Fall des Vertrauens

Falls der Bundeskanzler auf die Vertrauensfrage hin die Mehrheit im Bundestag bekommt, treten in zweierlei Hinsicht rechtlich und politisch wichtige Konsequenzen ein. Auf rechtlicher Ebene erhält der Bundeskanzler weder das Antragsrecht für die Auflösung des Bundestages gemäß Art. 68 Abs. 1 GG noch eröffnet sich ihm die Möglichkeit, den Bundespräsidenten zu ersuchen, den Gesetzgebungsnotstand zu erklären, wie es Art. 81 GG vorsieht. Die politische Lage wird daher noch stabiler als vor der Vertrauensfrage.[443] Ferner kann der bestätigte Kanzler aufgrund der gewonnenen politischen Macht noch selbstbewusster klare Lösungen in aktuellen politischen Angelegenheiten aufzeigen und diese mit Entschlossenheit durchsetzen.[444]

(2) In dem Fall der Ablehnung

Verweigert der Bundestag, dem Bundeskanzler das Vertrauen auszusprechen, bedeutet dies noch nicht zwangsweise das Ende der Regierung. Das Grundgesetz eröffnet dem Kanzler mehrere Möglichkeiten. Insgesamt sind vier Fallkonstellationen denkbar.

(a) Freiwilliger Rücktritt des Bundeskanzlers

Wird der Bundeskanzler vom Bundestag nach Stellen der Vertrauensfrage nicht bestätigt, bedeutet das nicht zwangsweise, wie beim Misstrauensvotum,[445] dass er tatsächlich zurücktreten muss. Im Falle einer Ablehnung erfolgt ein Rücktritt nach dem eigenen Ermessen des Bundeskanzlers.[446] In diesem Fall kann der

---

[443] H. Maurer, Staatsrecht I, 3. Aufl., 2003, S. 482.
[444] H. Maurer, Staatsrecht I, 3. Aufl., 2003, S. 482 f.
[445] Art. 67 GG.
[446] G. Hermes in: H. Dreier, GGK, Bd. 2, 1998, Art. 68 Rn. 21; H. Maurer, Staatsrecht I, 3. Aufl., 2003, S. 482 f.; R. Herzog, in: Maunz / Dürig, GGK, Bd. 3, 2002, Art. 68 Rn. 48 ff.; M. Schröder, Bildung, Bestand und parlamentarische Verantwortung, in: HStR, Bd. 2, 2. Aufl. 1998, § 51 Rn. 40.

Bundespräsident den amtierenden Bundeskanzler auffordern, bis zur Ernennung des nächsten Bundeskanzlers seinen Dienst weiter auszuüben.[447]

Das Grundgesetz legt die Entscheidung zum Rücktritt allein in die Hände des Bundeskanzlers. Damit bricht es mit der langjährigen parlamentarischen Tradition, wonach ein Regierungsmitglied, welches nicht mehr das Vertrauen des Parlaments genießt, zum Rücktritt verpflichtet ist.[448]

(b) Amtieren als Minderheitenkanzler

Hat der Kanzler, wie soeben festgestellt, es also selbst in der Hand, ob er zurücktritt, so ergibt sich daraus denknotwendig die Möglichkeit, im Amt zu verbleiben, ohne Konsequenzen zu ziehen.

In diesem Fall spricht man vom so genannten Minderheitskanzler.[449]

Politisch hat der Minderheitskanzler zwei Möglichkeiten. Er kann entweder auf wechselnde parlamentarische Mehrheiten setzen, um seine Politik durchzusetzen oder er ersucht den Bundespräsidenten, den Gesetzgebungsnotstand nach Art. 81 GG auszurufen, wobei er insoweit der Unterstützung des gesamten Kabinetts sowie der Zustimmung des Bundesrates bedarf.[450]

(c) Auflösung des Bundestags

Aufgrund des Art. 68 GG kann der Bundeskanzler, der bei der Vertrauensfrage nicht die Zustimmung der Mehrheit findet, dem Bundespräsidenten die Auflösung des Bundestages vorschlagen.[451] Der Bundespräsident hat jedoch keine rechtliche Pflicht, den Vorschlag des Bundeskanzlers anzunehmen. Vielmehr liegt die Entscheidung in seinem freien Ermessen.[452]

Natürlich verfällt das Auflösungsrecht, wenn der Bundeskanzler freiwillig zurücktritt oder wenn er nach 21 Tagen noch einmal die Vertrauensfrage stellt und

---

447 Art. 69 Abs. 3 GG.

448 R. Herzog, in: Maunz / Dürig, GGK, Bd. 3, 2002, Art. 68 Rn. 49.

449 H. Maurer, Staatsrecht I, 3. Aufl., 2003, S. 414; P. Badura, Staatsrecht, 3. Aufl., 2003, S. 523; R. Herzog in: Maunz / Dürig, GGK, Bd. 3, 2002, Art. 68 Rn. 50 ff.; W. Geiger, Die Auflösung des Bundestages nach Art. 68, in: JÖR, 33 (1984), S. 41 (50).

450 Vgl. dazu R. Herzog, in: Maunz / Dürig, GGK, Bd. 3, 2002, Art. 68 Rn. 50.

451 R. Herzog in: Maunz / Dürig, GGK, Bd. 3, 2002, Art. 68 Rn. 42 ff.

452 H. Maurer, Staatsrecht I, 3. Aufl., 2003, S. 420 f., 482 f.

die Zustimmung der Mehrheit erhält.[453] Das Auflösungsrecht kann nach dem Beginn einer Abstimmung für die Wahl eines neuen Bundeskanzlers nicht mehr ausgeübt werden. Die Auflösung des Bundestages kann politisch gesehen nicht nur dem Bundeskanzler, sondern gleichermaßen auch dem Bundestag großen Schaden zufügen, und ist deswegen nur als letzte Möglichkeit in Erwägung zu ziehen.[454]

Voraussetzung einer zulässigen Auflösung des Bundestages ist eine politische Lage der Instabilität zwischen Bundeskanzler und Bundestag. Diese liegt dann vor, wenn der Bundeskanzler der stetigen parlamentarischen Unterstützung durch die Mehrheit des Bundestages nicht mehr sicher sein kann.[455] Rechtsmissbräuchlich wäre es daher, wenn der Bundeskanzler, obwohl er eine sichere Mehrheit im Bundestag hat, die Vertrauensfrage stellt, nur um durch die vorzeitige Auflösung des Bundestages eine Neuwahl zu ermöglichen.[456] Dies wäre gerade dann für den Bundeskanzler interessant, wenn er weiß, dass er zu jenem Zeitpunkt bei einer neuen Bundestagswahl noch die Mehrheit erzielen könnte, jedoch einige Monate später vielleicht nicht mehr.

Das Bundesverfassungsgericht hat deshalb zu Recht dieser Möglichkeit, die letztlich auf ein Selbstauflösungsrecht des Parlaments hinauslaufen würde, ein klare Absage erteilt.[457]

(d) Erklärung des Gesetzgebungsnotstandes

Regiert der Bundeskanzler als Minderheitskanzler weiter oder lehnt der Bundespräsident den Antrag des Kanzlers, den Bundestag aufzulösen, ab, so kann der Bundeskanzler den Bundespräsidenten ersuchen, den Gesetzgebungsnotstand zu erklären, Art. 81 GG. Damit wird der Regierung die Möglichkeit gegeben, im Zusammenwirken mit Bundespräsident und Bundesrat Gesetze auch ohne den Beschluss des Bundestages in Kraft zu setzen.[458]

Die Erklärung des Gesetzgebungsnotstandes erfordert folgende Voraussetzungen. Der Bundestag hat dem Bundeskanzler das Vertrauen verweigert, der Kanzler

---

453 Art. 68 Abs. 1 Satz 2 GG.
454 W. Jellinek, Kabinettsfrage und Gesetzgebungsnotstand nach dem Bonner Grundgesetz, in: VVDStRL, 8 (1950), S. 3 (11f.).
455 Vgl. BVerfGE 62, 1 ff.
456 H. Maurer, Staatsrecht I, 3. Aufl., 2003, S. 483.
457 H. Maurer, Staatsrecht I, 3. Aufl., 2003, S. 483.
458 Pieroth, in: Jarass / Pieroth, GG, 7. Aufl. 2004, Art. 81 Rn. 1.

bleibt daraufhin im Amt und ersucht auch nicht den Bundespräsidenten, den Bundestag aufzulösen, respektive dieser verweigert die Auflösung. Weiterhin muss der Bundestag eine von der Regierung als dringend eingestufte Gesetzesvorlage nicht oder in einer für die Regierung unannehmbaren Form angenommen haben.[459]

Während des Gesetzgebungsnotstandes kann gemäß Art. 81 Abs. 3 GG jede vom Bundestag abgelehnte Gesetzesvorlage innerhalb einer Frist von sechs Monaten verabschiedet werden. Allerdings ist nach Ablauf dieser Frist während der Amtszeit des gleichen Bundeskanzlers eine weitere Erklärung des Gesetzgebungsnotstandes unzulässig.[460] Dieses System wurde seit der Verfassungsgebung des Grundgesetzes nicht ein Mal ausgeübt. Der Gesetzgebungsnotstand ist aber die äußerste und letzte Maßnahme des Grundgesetzes und hat eine wichtige Bedeutung für die Stabilisierung des deutschen parlamentarischen Regierungssystems.[461]

d) Die Vertrauensfrage in der verfassungsrechtlichen Realität

Von der Vertrauensfrage wurde gemäß Art. 68 GG bislang nur viermal Gebrauch gemacht. Das erste Mal wurde die Vertrauensfrage vom Bundeskanzler Willy Brandt am 20. September 1972 gestellt. Nach dem im April 1972 gescheiterten Misstrauensvotum gegen Bundeskanzler Willy Brandt bröckelte seine Mehrheit im Bundestag weiter. Deshalb stellte Bundeskanzler Willy Brandt die Vertrauensfrage mit dem Ziel, den Weg für die Auflösung des Bundestages und Neuwahlen freizumachen. Dabei wurde der Antrag am 22. September 1972 mit 233 gegen 248 Stimmen bei einer Enthaltung abgelehnt. Bundeskanzler Willy Brandt begab sich noch am gleichen Tag zum Bundespräsidenten und schlug ihm vor, den Bundestag aufzulösen.[462]

Zum zweiten Mal wurde die Vertrauensfrage am 3. Februar 1982 von Bundeskanzler Helmut Schmidt, der Schwierigkeiten mit seinem Koalitionspartner FDP hatte, gestellt. Sein Ziel war nicht die Auflösung des Bundestages, sondern die

---

459 Pieroth, in: Jarass / Pieroth, GG, 7. Aufl. 2004, Art. 81 Rn. 2.

460 B.-O. Bryde, in: Münch / Kunig, GGK, Bd. 3, 5. Aufl. 2003, Art. 81 Rn. 9.

461 H. H. Klein, Der Bundesrat der Bundesrepublik Deutschland - die Zweite Kammer, in: AÖR, 108 (1983), S. 329 (352).

462 Siehe näher H. Maurer, Staatsrecht I, 2. Aufl., 2001, S. 491; R. Herzog, in: Maunz / Dürig, GGK, Bd. 3, 2002, Art. 68 Rn. 69 ff.; P. Schindler, Datenhandbuch zur Geschichte des Deutschen Bundestages 1949 bis 1999, Bd. 1, 2000, S. 1238 ff.

Feststellung und Erhaltung seiner Mehrheit im Bundestag. Dabei erhielt Bundeskanzler Helmut Schmidt sämtliche der 216 SPD- und 53 FDP-Stimmen. Die anwesenden 224 CDU/CSU-Abgeordnete stimmten mit Nein.[463]

Zum dritten Mal stellte Bundeskanzler Helmut Kohl am 17. Dezember 1982 seiner Ankündigung entsprechend die Vertrauensfrage mit dem Ziel der Auflösung des Bundestages und Neuwahlen. Zur Begründung führte er aus, dass sich die neue Koalition nur einen zeitlich und sachlich begrenzten Auftrag gesetzt habe und nach dessen Erfüllung die demokratische Bestätigung durch die Wähler anstrebe. Dabei wurde die Vertrauensfrage mit 8 gegen 218 Stimmen bei 248 Enthaltungen abgelehnt. Infolgedessen wurde der Bundestag aufgelöst und anschließend folgte die Wahl im März 1983.[464] Über die Zustimmung des Bundespräsidenten zu dieser Auflösung des Bundestages behaupteten viele Abgeordnete, dass sie verfassungswidrig gewesen sei, und erhoben vor dem Verfassungsgericht Klage gegen den Bundespräsidenten. Das Bundesverfassungsgericht stufte die Entscheidung aber als verfassungskonform ein.[465]

Zum letzten Mal wurde die Vertrauensfrage von Bundeskanzler Gerhard Schröder in Bezug auf den Beschluss eines Bundeswehreinsatzes in Afghanistan am 16. November 2001 gestellt. Bundeskanzler Gerhard Schröder erhielt 336 Stimmen. Zwei Stimmen mehr als für die nötige absolute Mehrheit.[466] Zum ersten Mal wurde hier auch die Vertrauensfrage gemäß Art. 68 GG mit einer Sachentscheidung gemäß Art. 81 Abs. 1 S. 2 GG verbunden.

---

463 H. Maurer, Staatsrecht I, 2. Aufl., 2001, S. 490; R. Herzog, in: Maunz / Dürig, GGK, Bd. 3, 2002, Art. 68 Rn. 69 ff.

464 Siehe näher P. Schindler, Datenhandbuch zur Geschichte des Deutschen Bundestages 1949 bis 1999, Bd. 1, 2000, S. 1244 f.; R. Herzog, in: Maunz / Dürig, GGK, Bd. 3, 2002, Art. 68 Rn. 71; W. Geiger, Die Auflösung des Bundestages nach Art. 68, in: JÖR, 33 (1984), S. 41 (57 f.); W. Heun, Die Stellung des Bundespräsidenten im Licht der Vorgänge um die Auflösung des Bundestages, in: AÖR, 109 (1984), S. 13 (18, 21).

465 BVerfGE 62, 1 (36 ff.); E. Stein, Staatsrecht, 16. Aufl., 1998, S. 99; I. v. Münch, Staatsrecht I, 6. Aufl., 2000, S. 357; H. P. Schneider, Die vereinbarte Parlamentsauflösung, JZ, 1983, S. 652 ff.; H. H. Klein, Die Auflösung des Bundestages nach Art. 68 GG, in: Zeitschrift für Parlamentsfragen, 1983, S. 402 (402 ff.).

466 Ch. Schönberger, Parlamentarische Autonomie unter Kanzlervorbehalt?, in: JZ, 2002, S. 211 (219).

3. *Das deutsche Wahlsystem*

a) *Die Geschichte des deutschen Wahlsystems*

Die deutsche Wahlgesetzgebung stammt streng genommen aus der Verfassung der Paulskirche aus dem Jahre 1849, in der die föderative Staatsform angenommen wurde.[467] Denn die Verfassung der Paulskirche übernahm das Zweikammernsystem und verankerte die Grundsätze der allgemeinen, unmittelbaren und gleichen Wahl als Wahlrechtsprinzipien.[468] Die Preußische Verfassung entwickelte dieses Wahlsystem teilweise zurück. Aber schon in der Bismarckschen Verfassung von 1871 wurde die allgemeine, geheime, direkte Wahl wieder eingeführt.[469] Hier ist zu beachten, dass die Erweiterung des Stimmrechtes in Deutschland im Vergleich zu den anderen Ländern sehr viel früher geschah,[470] weil die Reichsverfassung von 1871 für die Wahlen zum Reichstag schon das allgemeine (Männer-)Wahlrecht einführte.[471]

Die Verfassung der Weimarer Republik ging im Jahre 1919 noch einen Schritt weiter, so dass sie eine allgemeine, gleiche, direkte, geheime und freie Wahl vorsah.[472]

Das am 8. Mai 1949 verfasste Grundgesetz regelt in Art. 38 Abs. 1 S. 1 GG, im Gegensatz zur Verfassung der Weimarer Republik, in Bezug auf die Wahl der Bundestagsabgeordneten nur die Grundprinzipien wie die allgemeine, unmittelbare, freie, gleiche und geheime Wahl und überlässt die konkrete Ausgestaltung des Wahlsystems dem Bundeswahlgesetz.

---

467 H. Maurer, Staatsrecht I, 3. Aufl., 2003, S. 58 f.; W. Pauly, Die Verfassung der Paulskirche und ihre Folgewirkungen, in: HStR, Bd. 1, 3. Aufl. 2003, § 3 Rn. 47, 54.

468 C.-F. Menger, Deutsche Verfassungsgeschichte der Neuzeit, 8. Aufl.1993, S. 136, 139.

469 M. Morlok, in: H. Dreier, GGK, Bd. 2, 1998, Art. 38 Rn. 9 f.; R. Zippelius, Kleine deutsche Verfassungsgeschichte, 1998, S. 119; vgl. W. Frotscher / B. Pieroth, Verfassungsgeschichte, 3. Aufl., 2002, S. 218: „Es fehlte der fundamentale Satz von der gleichen Wahl. Aber auch die Wahlrechtsgleichheit war im Deutschen Reich von 1871, jedenfalls auf Reichsebene, gewährleistet. Denn es galt nach wie vor das Wahlrecht von 1849, das zunächst in das Wahlgesetz für den Reichstag des Norddeutschen Bundes Eingang gefunden hatte."

470 Die Zeit der Verleihung des männlichen Stimmrechts begann in Frankreich 1848, in Deutschland 1871, in der Schweiz 1880, in Schweden 1909, in Italien 1913, in Dänemark 1918, in England 1918.

471 C.-F. Menger, Deutsche Verfassungsgeschichte der Neuzeit, 8. Aufl., 1993, S. 151.

472 Art. 22 Abs. 1, 125 WRV; weiterführend M. Morlok, in: H. Dreier, GGK, Bd. 2, 1998, Art. 38 Rn. 11.

b) Die Strukturmerkmale des Wahlsystems

Das deutsche Wahlsystem verhindert durch die Sperrklausel die Bewerbung vieler kleiner Parteien und schützt so letztlich die Zersplitterung des Parlaments. Sie dient daher der Stabilität und einer regierungsfähigen Mehrheit im Parlament. Diese Klausel wurde aufgrund der Erfahrungen der WRV eingeführt. In Weimar war es zum Teil schwierig, ordentlich zu regieren, weil zu viele kleine Parteien im Reichstag saßen.[473]

Im Folgenden werden die wichtigsten Prinzipien des Verhältniswahlsystems in Deutschland aufgezeigt: die so genannte 5-%-Sperrklausel, das Verhältniswahlsystem und die Überhangmandate.

Vorweg sind die Wahlrechtsgrundsätze des Art. 38 Abs. 1 S. 1 GG darzustellen.

aa) Wahlrechtsgrundsätze

Art. 38 Abs. 1 Satz 1 GG ordnet die allgemeine, unmittelbare, freie, gleiche und geheime Wahl an. Der hier statuierte Geltungsbereich der Wahlrechtsgrundsätze erstreckt sich über Art. 28 Abs. 1 Satz 2 GG auch auf Wahlen für Volksvertretungen der Länder, Kreise und Gemeinden. Überdies stellen die Wahlrechtsgrundsätze allgemeine Rechtsprinzipien dar, womit sie für alle Wahlen für Volksvertretungen und politischen Abstimmungen Gültigkeit entfalten.[474]

(1) Allgemeinheit der Wahl

Der Grundsatz der Allgemeinheit der Wahl gewährleistet, dass jedermann sein aktives und passives Wahlrecht ohne Einschränkungen wahrnehmen kann.[475] Es soll verhindert werden, dass bestimmte Bevölkerungsgruppen aus politischen, wirtschaftlichen oder sozialen Erwägungen, wie zum Beispiel Abstammung, Vermögen, Einkommen, Steueraufkommen, Bildung oder Berufsstand vom Wahlrecht ausgeschlossen werden.[476]

---

473 W. Schreiber, Kommentar zum BWG, z. B. § 6 Rn. 17.
474 BVerfGE 36, 139 (141 f.).
475 Pieroth, in: Jarass/Pieroth, GG, 7. Aufl. 2004, Art. 38 Rn. 5.
476 Maunz, in: Maunz / Dürig, GGK, Bd. 3, 2002, Art. 38 Rn. 39.

(2) Unmittelbarkeit der Wahl

Die Unmittelbarkeit der Wahl gewährleistet dem Wähler „das letzte Wort".[477] Damit schließt der Grundsatz der Unmittelbarkeit der Wahl jedes Wahlverfahren aus, bei dem zwischen Wähler und Wahlwerber nach der Wahlhandlung eine Instanz eingeschaltet ist, welche nach eigenem Ermessen den Vertreter auswählt und damit dem einzelnen Wähler die Möglichkeit nimmt, die zukünftigen Mitglieder der Volksvertretung durch die Stimmabgabe selbständig zu bestimmen.[478] Durch die Unmittelbarkeit der Wahl wird das aus den Vereinigten Staaten bekannte Wahlmännersystem ausgeschlossen.[479] Schließlich stellt der Grundsatz der Unmittelbarkeit der Wahl die Grenze des Einflusses der Parteien in das Wahlsystem dar. So findet der parteipolitische Einfluss bei der Aufstellung von Listen und deren Handhabung seine verfassungsrechtliche Grenze.[480]

(3) Freiheit der Wahl

Der Grundsatz der freien Wahl soll sicherstellen, dass weder von öffentlicher noch von privater Seite Druck auf die Wahlentscheidung des einzelnen Wählers ausgeübt werden kann. Die Freiheit der Wahl schützt sowohl vor als auch nach der Wahl.[481] Der Schutz umfasst dabei alle Maßnahmen, die geeignet sind, die Entscheidungsfreiheit ernstlich zu beeinträchtigen.[482]

(4) Geheime Wahl

Mit dem Grundsatz der geheimen Wahl soll gewährleistet werden, dass sowohl eine Abschirmung bei der Stimmabgabe erfolgt als auch eine Identifizierbarkeit des einzelnen Wählers und dessen Wahl nach der Stimmabgabe ausgeschlossen bleibt.[483] Prägnant formuliert: Geheimheit der Wahl schützt vor der Offenbarung, wie jemand wählen will, wählt oder gewählt hat.[484]

---

477 BVerfGE 3, 45 (49ff.); 7, 63 (68); M. Morlok, in: H. Dreier, GGK, Bd. 2, 1998, Art. 38 Rn. 73.

478 BVerfGE 47, 253 (279 f.); Pieroth, in Jarass/Pieroth, GG, 7. Aufl. 2004, Art. 38 Rn. 8.

479 Maunz, in: Maunz / Dürig, GGK, Bd. 3, 2002, Art. 38 Rn. 43.

480 Maunz, in: Maunz / Dürig, GGK, Bd. 3, 2002, Art. 38 Rn. 44 f.

481 Maunz, in: Maunz / Dürig, GGK, Bd. 3, 2002, Art. 38 Rn. 47.

482 BVerfGE 40, 11 (41); 66, 369 (380).

483 M. Morlok, in: H. Dreier, GGK, Bd. 2, 1998, Art. 38 Rn. 111; Maunz, in: Maunz / Dürig, GGK, Bd. 3, 2002, Art. 38 Rn. 54.

484 Pieroth, in: Jarass / Pieroth, GG, 7. Aufl. 2004, Art. 38 Rn. 10.

Er steht in einem engen Sinnzusammenhang zum Grundsatz der freien Wahl. Meyer weist zutreffend darauf hin, dass der Grundsatz der geheimen Wahl seinen einzigen Sinn in der Gewährleistung der freien Wahl hat.[485]

(5) Gleichheit der Wahl

Der Grundsatz der Gleichheit der Wahl besagt, dass jedermann sein Wahlrecht in formal möglichst gleicher Weise ausüben können muss.[486] Für das aktive Wahlrecht bedeutet dies, jeder Wahlberechtigte hat die gleiche Stimmenzahl; in diesem Zusammenhang wird vom so genannten Zählwert gesprochen. Weiterhin muss jede Stimme bei der Umsetzung der Stimmen in Parlamentssitze gleich berücksichtigt werden, so genannter Erfolgswert.[487]

Der Grundsatz der Wahlgleichheit ist fundamental mit dem Gedanken der Demokratie verbunden. Er gewährleistet, dass es keine sachliche Rechtfertigung für eine Ungleichbehandlung bei politischen Gestaltungsrechten gibt.[488]

bb) Sperrklausel

Die Sperrklausel ist ein wichtiger Bestandteil des erfolgreichen und stabilen deutschen parlamentarischen Regierungssystems, da sie nur Parteien an der Sitzverteilung teilnehmen lässt, die bei der Wahl mehr als eine bestimmte Anzahl der Stimmen oder Mandate bekommen haben, so dass die Bewerbungen vieler Kleinparteien gehemmt und gleichzeitig die Bildung von Mehrheitsgruppen erleichtert wird.[489] Das Bundeswahlgesetz lässt gemäß § 6 Abs. 6 BWG nur die Parteien, die mindestens 5% der gültigen Zweitstimmen bekommen haben oder mindestens drei Direktmandate haben, an der Verteilung der Plätze im Parlament teilnehmen. Dadurch wird eine Zersplitterung des Parlaments verhindert und die Stabilität desselben gestärkt.[490]

---

485 H. Meyer, Wahlgrundsätze und Wahlverfahren, in: HStR, Bd. 2, 2. Aufl. 1998, § 38 Rn. 13.

486 BVerfGE 79, 161 (166); Maunz, in: Maunz / Dürig, GGK, Bd. 3, 2002, Art. 38 Rn. 48.

487 Pieroth, in: Jarass/Pieroth, GG, 7. Aufl. 2004, Art. 38 Rn. 6.

488 H. Meyer, Wahlgrundsätze und Wahlverfahren, in: HStR, Bd. 2, 2. Aufl. 1998, § 38 Rn. 13.

489 K.-O. Zimmer, Nochmals: Zur verfassungsnäheren Gestaltung der 5% -Klausel, in: DÖV, 1985, S. 101 (102); M. Morlok, in: H. Dreier, GGK, Bd. 2, 1998, Art. 38 Rn. 104.

490 W. Schreiber, Kommentar zum BWG, § 6 Rn. 17 ff.

Problematisch ist allerdings bei dieser Regelung, dass einigen Stimmen kein Erfolgswert zukommt, wenn eine Partei unter 5 % bleibt oder nicht drei Direktmandate für sich gewinnen kann.[491] Insofern ist die Gleichheit der Wahl beeinträchtigt, weil den weggefallenen Stimmen kein Erfolgswert mehr zukommen kann.[492] Trotz dieser Risiken vertritt das Bundesverfassungsgericht und mit ihm die noch h. M. die Auffassung, dass die Sperrklausel zulässig ist.[493] Das Bundesverfassungsgericht hält die Sperrklausel vor allem deshalb für verfassungsgemäß, weil die so genannten Splitterparteien bei der Zuteilung von Sitzen in der Verhältniswahl ausgeschaltet werden. Dies verhindere gerade eine Zersplitterung des Parlaments, welche eine politisch konstruktive Zusammenarbeit erheblich erschweren könnte. Diese Erfahrung hatte das deutsche Volk bereits in der Weimarer Republik gemacht.[494] Die Ausnahme, von der Gleichheit des Erfolgswertes abzuweichen, ist deshalb auch aus rechtshistorischen Gründen angezeigt, weil bei einer zu starken Zersplitterung eine demokratisch sinnvolle Arbeit im Parlament kaum mehr möglich ist.[495] Auch erscheint die Zahl von 5 % nicht zu hoch gegriffen zu sein, zumal auch drei Direktmandate ausreichen. Insofern finden auch weiterhin so genannte Schwerpunktparteien Einzug in den Bundestag, obwohl sie innerhalb Deutschlands keine 5 % erreichen können.

cc) *Praktische Verhältniswahl*

Die Zahl der Bundestagsabgeordneten wird durch das Bundeswahlgesetz festgelegt und beträgt aktuell 598. Die Hälfte der Abgeordneten wird durch das relative Mehrheitswahlsystem in den Wahlbezirken durch Direktmandate gewählt. Dies bedeutet, dass derjenige, der im Wahlbezirk die meisten Stimmen auf sich vereinen kann, in den Bundestag einzieht. Die andere Hälfte wird über die jeweiligen Landeslisten gewählt. Hier entscheidet sich der Wähler nur für eine Partei, kann aber keinen direkten Einfluss auf die Person ausüben. Vielmehr legen die Parteien selbst fest, welche Mitglieder welchen Listenplatz erhalten sollen. Demnach haben alle Wähler in Deutschland zwei Stimmen: die sog. Erststimme,

---

491 N. Achterberg / M. Schulte, in: Mangoldt / Klein / Starck, GG, Bd. 2, Art. 38 Rn. 135; M. Morlok, in: H. Dreier, GGK, Bd. 2, 1998, Art. 38 Rn. 14.

492 Näher BVerfGE 14, 121 (137).

493 E. Becht, Die 5%-Klausel im Wahlrecht, Garant für ein funktionierendes parlamentarisches Regierungssystem? in: Marburger Schriften zum öffentlichen Recht, Bd. 2, 1989, S. 85 f., 88.

494 BVerfGE 6, 84 (92).

495 BVerfGE 1, 208 ff.

mit der sie den Direktkandidaten aus ihrem Wahlkreis wählen, und die so genannte Zweitstimme, die für eine Partei abgegeben wird.[496]

Die Sitzzahl der jeweiligen Partei errechnet sich nach der Gesamtstimmenzahl, die mit den Stimmen für die einzelnen Kandidaten der Landeslisten proporziert werden.[497] Außer den Sonderparteien, die nur eine Minderheit im Volk vertreten, bekommen alle Parteien das Anteilsrecht an der Sitzverteilung, wenn sie mehr als 5 % der Gesamtstimmenzahl oder mindestens drei Direktmandate errungen haben.[498] Wenn eine Partei diese Voraussetzungen nicht erfüllt, wird sie nicht berücksichtigt.[499] Gemäß dem Bundeswahlgesetz vom 8. März 1985 werden die Sitze nicht nach der früheren Rechenmethode von d'Hondt, sondern nach dem Hare/Niemeyer-Verfahren berechnet.[500] Danach ist die Sitzverteilung für die kleinen Parteien etwas günstiger geworden.[501]

dd) Überhangmandate

In Bezug auf die Zahl der Bundestagsabgeordneten wirken sich Überhangmandate umfangreich aus. Überhangmandate entstehen dann, wenn eine Partei in einem Land durch die Erststimme mehr Mandate errungen hat, als ihr nach dem Zweitstimmenanteil eigentlich zustünde. Ihr Entstehen wird begünstigt durch Stimmensplitting, eine Vielzahl an kleinen Wahlkreisen oder an Parteien über der 5-%-Hürde sowie durch eine regional stark unterschiedliche Wahlbeteiligung.[502]

Problematisch bei den Überhangmandaten ist, dass sie die Wahlgleichheit verletzen. In diesem Zusammenhang ist eine Verfassungsklage des Landes Niedersachsen, welches sich auf das Argument des ungleichen Erfolgswertes jeder Wählerstimme stützte, 1997 gescheitert. Das Bundesverfassungsgericht befand

---

496 H. Maurer, Staatsrecht I, 3. Aufl., 2003, S. 398.

497 Näher H. Jakob, Überhangmandat und Gleichheit der Wahl, 1998, S. 40 f.

498 H. Maurer, Staatsrecht I, 3. Aufl., 2003, S. 401 f.

499 Vgl. H. Maurer, Staatsrecht I, 3. Aufl., 2003, S. 109 f., „Bei der 12. deutschen Bundestagswahl nach der Wiedervereinigung Deutschlands wurden die möglichen Nachteile durch die Sperrklausel für die ostdeutschen Parteien dadurch minimiert, dass die Wahlergebnisse der Wahlgebiete ausnahmsweise nach Ost und West getrennt berechnet wurden."

500 § 6 Abs. 2, 4, 5 BWG.

501 D. Nohlen, Wahlrecht und Parteiensystem, 1986, S. 68; H. Maurer, Staatsrecht I, 3. Aufl., 2003, S. 399.

502 In Bezug auf die Ursachen für Überhangmandate, siehe näher H. Jakob, Überhangmandat und Gleichheit der Wahl, 1998, S. 46 ff.

1997 in einer umstrittenen Vier–zu–vier–Entscheidung, wenn der Gesetzgeber eine personalisierte Verhältniswahl wolle, so bleibe ihm das unbenommen, solange nicht unverhältnismäßige Ungerechtigkeiten entstünden. Dem Gesetzgeber komme nämlich gem. Art. 38 Abs. 3 GG ein weiter Gestaltungsspielraum bei der Ausgestaltung des Wahlsystems zu.[503] Dennoch hat die vergleichsweise hohe Zahl von 16 Überhangmandaten bei der Wahl zum 13. Deutschen Bundestag[504], 13 Überhangmandaten bei der Wahl zum 14. Deutschen Bundestag[505] und fünf Überhangmandaten bei der Wahl zum 15. Deutschen Bundestag[506] eine Debatte über die Notwendigkeit einer gesetzgeberischen Korrektur ausgelöst.[507] Vorgeschlagen wurde daher, Ausgleichsmandate zu schaffen. Dies ist aber problematisch, weil sich dann die Zahl der Abgeordneten erneut erhöhen würde. Eine andere Möglichkeit wäre, die Verrechnung der Stimmen mit den Listenplätzen der Partei in anderen Bundesländern.[508]

4. Verfassungsgerichtsbarkeit

Die Aufgabe des Bundesverfassungsgerichts ist es, letztverbindlich über die Wahrung des Verfassungsrechts zu entscheiden.[509] Bereits der Verfassungskonvent von Herrenchiemsee sah das Bundesverfassungsgericht als Hüter der Verfassung vor.[510] Teilweise wird es als „der oberste Hüter der Verfassung" bezeichnet.[511]

Durch die letztverbindliche Auslegung der Verfassung wacht das Bundesverfassungsgericht über das verfassungsmäßige Zusammenspiel der Verfassungsorgane in Bund und Ländern und trägt Sorge dafür, dass die staatlichen Funktionsträger die verfassungsrechtlich verankerten Grundrechte beachten. Schließ-

503 Siehe näher BVerfGE 95, 335 ff.; H. Jakob, Überhangmandat und Gleichheit der Wahl, 1998, S. 95 ff.

504 Davon zwölf Sitze für die CDU und vier Sitze für die SPD.

505 Alle für die SPD.

506 Vier Sitze für die SPD: zwei in Sachsen-Anhalt, eines in Hamburg und eines in Thüringen, und ein Überhangmandat für die CDU in Sachsen.

507 N. Achterberg / M. Schulte, in: Mangoldt / Klein / Starck, GG, Bd. 2, Art. 38 Rn. 141 f.; H. Maurer, Staatsrecht I, 3. Aufl., 2003, S. 404 f.; P. Badura, Staatsrecht, 3. Aufl., 2003, S. 446.

508 H. Maurer, Staatsrecht I, 3. Aufl., 2003, S. 405.

509 K. Stern, Das Staatsrecht der Bundesrepublik Deutschland, Bd. 2, 1980, S. 348.

510 K. Stern, Das Staatsrecht der Bundesrepublik Deutschland, Bd. 2, 1980, S. 330.

511 Maunz, in: Maunz / Dürig, GGK, Bd. 4, 2002, Art. 94 Rn. 3.

lich sichert es den Bestand der freiheitlich-demokratischen Grundordnung. In dieser Funktion kommt dem Bundesverfassungsgericht keine hierarchische Überordnung gegenüber den anderen Staatsorganen zu, es besteht vielmehr eine koordinierte Gleichordnung.[512]

Beachtenswert ist, dass die „tatsächlich-politische Bedeutung“[513] des Bundesverfassungsgerichts nicht ipso jure gegeben ist, sondern im Wesentlichen von zwei Faktoren abhängt. Zum einen kann das Bundesverfassungsgericht nicht von selbst tätig werden, es ist darauf angewiesen, dass es angerufen wird. Daneben ist es darauf angewiesen, dass seine Entscheidungen von den Betroffenen akzeptiert werden; die ihm insoweit zukommende „Macht“ beruht somit auf der Autorität der Verfassung selbst, und nicht zuletzt auch auf der Überzeugungskraft seiner Entscheidungen.[514]

Besonderen Einfluss auf die Effizienz des Regierungssystems haben dabei die folgenden Verfahrensarten. Im Wege des Organstreitverfahrens entscheidet das Bundesverfassungsgericht über Streitigkeiten um Rechte und Pflichten der obersten Bundesorgane oder Organteile. Damit wird die verfassungsrechtlich vorgegebene Kompetenzordnung des Grundgesetzes gewahrt.[515]

Die vom Bundesverfassungsgericht zu entscheidenden föderativer Streitigkeiten gewährleisten die Durchsetzung des im Grundgesetz angelegten bundesstaatlichen Prinzips.

Schließlich dient auch die verfassungsrechtliche abstrakte Normenkontrolle zur Sicherung der bundesstaatlichen Kompetenzordnung.[516]

Neben den soeben erwähnten Entscheidungskompetenzen schützt das Parteiverbotsverfahren das Regierungssystem vor extremen politischen Kräften.

Der Präsidentenanklage kommt indessen nur theoretische Bedeutung zu.

---

512 K. Stern, Das Staatsrecht der Bundesrepublik Deutschland, Bd. 2, 1980, S. 346; Maunz, in: Maunz / Dürig, GGK, Bd. 4, 2002, Art. 94 Rn. 3.

513 Zu diesem Begriff vgl. H. Maurer, Staatsrecht I, 3. Aufl., 2003, S. 655.

514 H. Maurer, Staatsrecht I, 3. Aufl., 2003, S. 655.

515 Ausführlich W. Löwer, Zuständigkeiten und Verfahren des Bundesverfassungsgerichts, in: HStR, Bd. 2, 1. Aufl., 1987, § 56 Rn. 8 ff.

516 BVerfGE 1, 208 (219); 52, 63 (80).

5. *Politische Parteien*

In parlamentarisch-demokratisch geprägten Regierungssystemen kommt den politischen Parteien eine herausgehobene Stellung zu.[517] Dem trägt auch das Grundgesetz Rechnung, indem es die politischen Parteien als Beteiligte im Prozess der Volkswillensbildung in Art. 21 GG expressis verbis vorsieht. Indessen sind die verfassungsrechtlichen Vorgaben an die Parteien relativ knapp gehalten. Die genauere Ausgestaltung überlässt das Grundgesetz im Wesentlichen dem Parteiengesetz, aber auch weitere „einfache" Gesetze sind für die Parteien von Bedeutung, namentlich das Bundeswahlgesetz, Einkommenssteuergesetz und das Verfassungsprozessrecht, schließlich auch das Zivilrecht.[518]

Art. 21 GG beschränkt sich auf die Gründungsfreiheit, die Vorgabe einer demokratischen inneren Ordnung sowie die Rechenschaftspflicht der Parteien. Gleichzeitig zeigt es mit Art. 21 Abs. 2 GG auch die verfassungsrechtliche Grenze für die Parteien auf. So sind Parteien, welche die freiheitlich demokratische Grundordnung beseitigen oder beeinträchtigen wollen, wie auch solche, die den Bestand der Bundesrepublik Deutschland gefährden, verfassungswidrig.

Art. 21 GG stellt die verfassungsrechtliche Spitze der demokratischen Mitwirkungsrechte dar. Neben dem Recht zur Gründung und Mitarbeit in Parteien kommen insbesondere dem Recht zur politischen Betätigung aus Art. 5 Abs. 1 GG, der Versammlungsfreiheit des Art. 8 Abs. 1 GG sowie der in Art. 9 Abs. 1 GG garantierten Versammlungsfreiheit maßgebende Bedeutung zu.

In diesem Gefüge der demokratischen Beteiligungsformen an der Willensbildung kommt den Parteien mit der Mitwirkung bei den Wahlen auf allen politischen Ebenen, namentlich Bund, Länder, Kommunen und der Europäischen Gemeinschaft, durch die Aufstellung von Kandidaten und der Werbung für diese eine wichtige Bedeutung zu. Das Bundesverfassungsgericht hat in diesem Zusammenhang die Parteien als Wahlvorbereitungsorganisationen bezeichnet.[519]

Neben dieser Mitwirkung bei politischen Wahlen nehmen die Parteien aber auch zwischen den Wahlen wichtige Aufgaben war. Ihnen kommt die Funktion zu, die verschiedenen politischen Auffassungen und Interessen des Volkes aufzunehmen,

---

517 H. Maurer, Staatsrecht I, 3. Aufl., 2003, S. 335.
518 H. Maurer, Staatsrecht I, 3. Aufl., 2003, S. 340 f.
519 BVerfGE 91, 262 (268).

zu bündeln, zu integrieren und darzustellen; daneben obliegt es ihnen, politische Zukunftskonzepte zu entwickeln.[520]

Die Parteien sind dabei keine vom Bürger abgehobene Organisationen, sondern Vereinigungen von Bürgern, welche gemeinsame politische Ziele verfolgen und im staatlichen Bereich durchsetzen wollen.

Das Bundesverfassungsgericht definiert die Parteien als „Vereinigung von Bürgern, die dauernd oder für längere Zeit für den Bereich des Bundes oder eines Landes auf die politische Willensbildung Einfluss nehmen und an der Vertretung des Volkes im Deutschen Bundestag oder einem Landtag mitwirken wollen, wenn sie nach dem Gesamtbild der tatsächlichen Verhältnisse (...) eine ausreichende Gewähr für die Ernsthaftigkeit dieser Zielsetzung bieten."[521]

Bei der Rechtsstellung der Parteien ist zu differenzieren zwischen dem verfassungsrechtlichen Status und der privatrechtlichen Einstufung. Auf zivilrechtlicher Ebene sind die Parteien rechtsfähige Vereine gemäß §§ 21 ff. BGB oder nichtrechtsfähige Vereine gemäß § 54 BGB.

Der verfassungsrechtliche Status ist im Grundgesetz nicht genau bezeichnet. Einigkeit besteht mittlerweile darüber, dass die Parteien keine Verfassungsorgane sind.[522] Das Bundesverfassungsgericht spricht von den Parteien als einer verfassungsrechtlichen Institution.[523] Die vielen Definitionsansätze sind heute kaum noch überschaubar,[524] prägnant ist insoweit die Definition von Maurer, welcher den verfassungsrechtlichen Status der Parteien als Zusammenfassung der den politischen Parteien kraft Verfassungsrecht zukommenden Rechte und Pflichten bezeichnet.[525]

Abschließend sei auf das durch die Gründungsfreiheit der Parteien verfassungsrechtlich verankerte Mehrparteiensystem hingewiesen.[526]

---

520 H. Maurer, Staatsrecht I, 3. Aufl., 2003, S. 343.
521 BVerfGE 91, 262 (267).
522 BVerfGE 20, 56 (97 ff.).
523 BVerfGE 41, 399 (416); 73, 40 (85).
524 Ausführlich dazu K. Stern, Das Staatsrecht der Bundesrepublik Deutschland, Bd. 1, 2. Aufl., 1984, S. 456 ff.
525 H. Maurer, Staatsrecht I, 3. Aufl., 2003, S. 348.
526 Ausführlich dazu Maunz, in: Maunz / Dürig, GGK, Bd. 2, 2002, Art. 21 Rn. 35.

6. *Pluralistische Volkswillensbildung*

Im Mittelpunkt moderner demokratischer Staatlichkeit steht die politische Willensbildung der Gesellschaft in ihrer Hinwendung zum Staat.[527]

Das Staatsverständnis, wonach zwischen Staat und Gesellschaft in politicis zu trennen ist, wurde überwunden; heute sieht die moderne Staatsauffassung den Kern des politischen Geschehens in einem ständigen Prozess gemeinsamen menschlichen Handelns, in dessen Verlauf die vielfältigen und verschiedenartigen Ideen und Interessen zu einem Ausgleich gebracht und mit dem Ziel politischer Einheitsbildung zu einem einheitlichen Wirken und Handeln verbunden werden.[528]

Das Grundgesetz unterstellt die politische Willensbildung des Volkes als für die Demokratie bestehende Notwendigkeit, wenn es in Art. 21 GG die Mitwirkung der Parteien benennt.[529]

Im Grundgesetz sind neben den Parteien weitere Beteiligte an der gesellschaftlich-politischen Willensbildung vorgesehen, namentlich die Vereinigungen, wie beispielsweise Interessenverbände und Kirchen, die Massenmedien, wie Presse, Rundfunk und Film, und nicht zuletzt der einzelne Bürger selbst. Den vorgenannten Kräften werden ihre demokratischen Mitwirkungsrechte grundgesetzlich garantiert.

Auf die wesentlichen grundrechtlich garantierten Mitwirkungsrechte ist im Folgenden einzugehen.

a) *Meinungs- und Informationsfreiheit*

Nach Art. 5 Abs. 1 S. 1 GG hat jeder das Recht, seine Meinung in Wort, Schrift und Bild frei zu äußern.

Das Bundesverfassungsgericht sieht in der Meinungsfreiheit das vornehmlichste Menschenrecht überhaupt.[530] Für ein freiheitlich demokratisches Gemeinwesen ist die Meinungsfreiheit schlechthin konstituierend, erst sie ermöglicht eine

---

527 W. Schmitt Glaeser, Mitwirkung an der Willensbildung, in: HStR, Bd. 2, 1. Aufl., 1987, § 31 Rn. 2 a.E.

528 K. Hesse, Grundzüge des Verfassungsrechts der Bundesrepublik Deutschland, 20. Aufl., 1999, S. 275; W. Schmitt Glaeser, Mitwirkung an der Willensbildung, in: HStR, Bd. 2, 1. Aufl., 1987, § 31 Rn. 1 f.

529 BVerfGE 8, 104 (112 f.).

530 BVerfGE 7, 198 (208).

ständige Auseinandersetzung, den Kampf der Meinungen, welcher der Lebensinhalt einer freiheitlich demokratischen Staatsordnung ist.[531]

Die Meinungsfreiheit gewährleistet jedem einzelnen das Recht, frei zu sagen, was er denkt, auch wenn er keine nachprüfbaren Gründe für sein Urteil angeben kann.[532] Umfasst ist jedes Werturteil, damit verbundene Tatsachenbehauptungen, aber auch kommerzielle Werbung.[533]

Art. 5 Abs. 1 S. 2 Hs. 2 GG sieht schließlich die Informationsfreiheit vor. Sie sichert es jedem einzelnen zu, sich aus allgemein zugänglichen Quellen zu informieren. Damit ist die Informationsfreiheit das Ergebnis der Erfahrungen mit den nationalsozialistischen Informationsbeschränkungen, insbesondere dem Verbot, ausländische Sender abzuhören.[534] Die Informationsfreiheit steht gleichwertig neben der Meinungsfreiheit und dient zum einen der individuellen Entfaltung nicht zuletzt auch dem demokratischen Prinzip.[535]

Eng verknüpft mit der Meinungs- und Informationsfreiheit ist der Schutz des Brief-, Post- und Fernmeldegeheimnisses des Art. 10 GG.

b) *Presse-, Rundfunk- und Filmfreiheit*

Neben der Meinungsfreiheit garantiert Art. 5 Abs. 1 S. 2 GG die Pressefreiheit und die Freiheit der Berichterstattung durch Rundfunk und Film. Schließlich statuiert Art. 5 Abs. 1 S. 3 GG ein Zensurverbot.

Das Bundesverfassungsgericht beschreibt den Charakter der Pressefreiheit wie folgt: „Eine freie, nicht von der öffentlichen Gewalt gelenkte, keiner Zensur unterworfene Presse ist Wesenselement des freiheitlichen Staates und für die moderne Demokratie unentbehrlich."[536] Daran angelehnt sieht das Bundesverfassungsgericht in der Rundfunkfreiheit die Gewährleistung der individuellen und öffentlichen Meinungsbildung, welcher für den freiheitlichen Staat von fundamentaler Bedeutung ist.[537]

---

531 BVerfGE 62, 230 (247); 71, 206 (220); 76, 196 (208 f.); fortgeführt W. Schmitt Glaeser, Mitwirkung an der Willensbildung, in: HStR, Bd. 2, 1. Aufl., 1987, § 31 Rn. 4 f.

532 BVerfGE 42, 163 (170f.); 61, 1 (7).

533 W. Schmitt Glaeser, Mitwirkung an der Willensbildung, in: HStR, Bd. 2, 1. Aufl., 1987, § 31 Rn. 4 f.

534 BVerfGE 27, 71 (80).

535 BVerfGE 27, 71 (80); Herzog, in: Maunz / Dürig, GGK, Bd. 1, 2002, Art. 5 Rn. 84.

536 BVerfGE 20, 162 (174); 52, 283 (296); 66, 116 (133).

537 BVerfGE 13, 54 (80); 35, 202 (222); 77, 65 (74).

Neben Presse- und Rundfunkfreiheit kommt der Filmfreiheit kaum praktische Bedeutung zu. Insbesondere im System der gesellschaftspolitischen Willensbildung kommt ihr nur eine untergeordnete Rolle zu.

Die Einflüsse von Presse und Rundfunk sind dagegen nicht hoch genug einzuschätzen; nicht zu Unrecht wird teilweise von den Medien als neuer vierter Gewalt gesprochen.

c) *Versammlungsfreiheit*

Art. 8 GG gewährt allen Deutschen das Recht, sich ohne Anmeldung und Erlaubnis zu versammeln. Das Grundgesetz selbst stellt dies unter den Vorbehalt der Friedlichkeit und verbietet das Mitführen von Waffen.

Die Versammlungsfreiheit dient der Einflussnahme auf die politische Willensbildung; sie bildet damit ein wesentliches Element demokratischer Offenheit.[538] In einem ansonsten Elemente direkter Demokratie meidenden Staatswesen bildet die Versammlungsfreiheit ein Stück ursprünglicher ungebändigter unmittelbarer Demokratie.[539]

Schmitt Glaeser bezeichnet die Versammlung als grundrechtlich installierten Seismographen für die öffentliche Meinung und deren Veränderung, welche nicht zuletzt durch ihre Direkt- und Unverfälschtheit Einfluss auf die staatlichen Organe erlangt.[540]

d) *Vereinigungs- und Koalitionsfreiheit*

Durch Art. 9 Abs. 1 GG wird die Vereinigungsfreiheit, durch Art. 9 Abs. 3 GG die Koalitionsfreiheit grundgesetzlich abgesichert.

Die Vereinigungsfreiheit garantiert allen Deutschen das Recht, sich ohne staatliche Behinderung zur Erreichung gemeinsamer Zwecke zu freier gemeinsamer Tätigkeit in Vereinen und Gesellschaften, als Vereinigungen aller Art zusammenzuschließen.[541]

---

538 BVerfGE 69, 315 (344).

539 BVerfGE 69, 315 (347); Jarass, in: Jarass / Pieroth, GG, 7. Aufl. 2004, Art. 8 Rn. 1.

540 W. Schmitt Glaeser, Mitwirkung an der Willensbildung, in: HStR, Bd. 2, 1. Aufl., 1987, § 31 Rn. 7 f.

541 R. Scholz, in: Maunz / Dürig, GGK, Bd. 1, 2002, Art. 9 Rn. 1.

Die Koalitionsfreiheit ist ein Unterfall der Vereinigungsfreiheit; sie schützt das Recht, Vereinigungen zur Wahrung und Förderung der Arbeits- und Wirtschaftbedingungen zu bilden.[542]

Bei der Vereinigungs- und Koalitionsfreiheit handelt es sich um eine kollektive Wirkungseinheit zur Betätigung geistiger Freiheit der Meinungsäußerung, des Meinungsempfangs und der Meinungsbildung. Im Unterschied zur Versammlungsfreiheit, als ein nur kurzfristiger Zusammenschluss, handelt es sich bei der Vereinigungs- und Koalitionsfreiheit um einen Zusammenschluss von natürlichen und juristischen Personen zur Verfolgung eines gemeinsamen Zwecks für längere Zeit.[543]

e) Verwirkung von Grundrechten

Art. 18 GG eröffnet die Möglichkeit, in Fällen, in denen grundrechtlich garantierte Freiheiten zum Kampf gegen die freiheitlich demokratische Grundordnung eingesetzt werden, eine Verwirkung der Grundrechte auszusprechen. Art. 18 S. 2 GG behält die Feststellung und den Ausspruch der Verwirkung dem Bundesverfassungsgericht vor.[544]

Die praktische Bedeutung von Art. 18 GG ist gering; eine Verwirkung von Grundrechten wurde bis dato noch nicht ausgesprochen.[545]

Er ist als Reaktion auf Weimar und Hitler entstanden[546] und ist Ausdruck der streitbaren Demokratie.[547]

---

542 Pieroth / Schlink, Staatsrecht II, 19. Aufl., 2003, S. 178.

543 W. Schmitt Glaeser, Mitwirkung an der Willensbildung, in: HStR, Bd. 2, 1. Aufl., 1987, § 31 Rn. 7 f.

544 Ausführlich dazu K. Stern, Das Staatsrecht der Bundesrepublik Deutschland, Bd. 1, 2. Aufl., 1984, S. 201.

545 Jarass, in: Jarass / Pieroth, GG, 7. Aufl. 2004, Art. 18 Rn. 1.

546 Ausführlich dazu K. Stern, Das Staatsrecht der Bundesrepublik Deutschland, Bd. 1, 2. Aufl., 1984, S. 200 ff.

547 BVerfGE 28, 36 (48); 80, 244 (253).

C. Das parlamentarische Regierungssystem in der Zweiten Republik Korea

Die Geschichte der Diskussion über das parlamentarische Regierungssystem in der koreanischen verfassungsrechtlichen Geschichte geht bis auf das erste Parlament zurück, man kann sogar sagen, die Diskussionen darüber waren das halbe 20. Jahrhundert hindurch praktisch stets präsent, obwohl sie je nach Periode von unterschiedlicher Intensität waren.[548]

Vor diesem Hintergrund wird im folgenden das Regierungssystem der Zweiten Republik betrachtet werden, welches mit dem stabilen und erfolgreichen deutschen parlamentarischen Regierungssystem in vielerlei Hinsicht Ähnlichkeiten hatte, aber unbeschadet dessen bedauerlicherweise nur für neun Monate existierte.[549] Dabei werde ich den zeitlichen und politischen Hintergrund zur erstmaligen Wahl eines parlamentarischen Regierungssystems in der Zweiten Republik und die Zentralstruktur dieses Systems erläutern. Darstellen werde ich zudem, warum diese Verfassung, zum Bedauern vieler, früh beendet wurde. Anschließend werde ich versuchen, diesen für Korea sehr wichtigen Teil der Verfassungsgeschichte neu zu bewerten.

Als Ergebnis und als Schlussfolgerung wird sich daher zeigen und bestätigen lassen, dass das deutsche parlamentarische Regierungssystem ein geeignetes Modell für ein neues Regierungssystem in Korea ist. Dies insbesondere unter der Prämisse, dass in der Zweiten Republik Korea ein ähnliches System bereits existiert hat, insofern also eine historische Grundlage besteht.

---

548 Do-Hyub Kim, Eine Untersuchung über das deutsche parlamentarische Regierungssystem, 1999, S. 212; ders., Das Verwirklichungsschema des parlamentarischen Regierungssystems in Korea, in: Aufsatzsammlung der Univ. Dankook, 22 (2000), S. 47 (51).

549 Hier nach dem folgenden Maßstab, vom 19. August 1960, wo die Ernennung Myun Chang als Ministerpräsidenten die Zustimmung des Unterhauses erhielt, bis zum Militärputsch vom 16. Mai 1961. Falls man aber den 15. Juni 1960 als Stichtag nimmt, an dem die Verfassungsänderung für das parlamentarische Regierungssystem die Hauptsitzung des Parlaments passierte, nachdem das Parlament mit den Unterschriften von 175 Abgeordneten diese Verfassungsänderung vorgeschlagen und anschließend verkündet hatte, kann die Dauer des parlamentarischen Regierungssystems in Korea auf elf Monate berechnet werden.

I. Chronik der Aufnahme des ersten parlamentarischen Regierungssystems in die koreanische Verfassung

Am 2. Mai 1958 fand die vierte Parlamentswahl der Ersten Republik Korea statt, bei der die Regierungspartei „Jayoodang"[550] schließlich die Mehrheit der Abgeordnetensitze gewann. Aber schon damals kündigte sich das Ende der zwölfjährigen Diktatur von Staatspräsident Seung-Man Lee an.[551]

Bereits am 30. Januar 1959 begannen die Führer der Regierungspartei Jayoodang, gemeinsam mit der Opposition[552], mit den Vorbereitungen für eine Verfassungsänderung zu einem parlamentarischen Regierungssystem. Und tatsächlich, im April 1959 wurde die Verfassungsänderung zu einem parlamentarischen System beinahe durchgesetzt. „Die Tauben" in der Liberalen Partei und die „Alte Gruppe" der Demokratischen Partei haben sich durch eine geheime politische Verhandlung geeinigt, zukünftig nach dem Tod des Staatspräsidenten Lee das parlamentarische Regierungssystem einzuführen.

Aber die politischen Verhandlungen scheiterten zunächst an dem heftigen Widerstand von Staatspräsident Seung-Man Lee. Am 26. April 1960 nahm die Seung-Man Lee-Regierung jedoch durch die Studentenrevolte, ausgelöst durch die unrechtmäßige Wahl vom 15. März, ein Ende. Am 28. April 1960 beschloss schließlich das koreanische Parlament, nach kräftiger Unterstützung durch die öffentliche Meinung, die Bildung eines spezifischen Ausschusses für die Änderung der Verfassung zu einem parlamentarischen Regierungssystem.[553] Danach gab das Parlament einen Entwurf der Verfassungsänderung, der von 175 Abgeordneten unterzeichnet worden war, bekannt. Dieser Entwurf wurde am 15. Juni

---

550 Die liberale Partei.

551 Do-Hyub Kim, Eine Untersuchung über das deutsche parlamentarische Regierungssystem, 1999, S. 214; ders., Das Verwirklichungsschema des parlamentarischen Regierungssystems in Korea, in: Aufsatzsammlung der Univ. Dankook, 22 (2000), S. 47 (53).

552 Mit den Akteurgruppen der politischen Verhandlung sind hier die zwei Gruppen gemeint, namentlich die gemäßigte Gruppe innerhalb der Regierungspartei, d. h. der Liberalen Partei und die alte Gruppe innerhalb der größten Oppositionspartei, der Demokratischen Partei. Die Liberale Partei war damals innerlich in Falken und Tauben geteilt, während die Demokratische Partei in die so genannte Alte und die Neue Gruppe geteilt war.

553 Do-Hyub Kim, Das Verwirklichungsschema des parlamentarischen Regierungssystems in Korea, in: Aufsatzsammlung der Univ. Dankook, 22 (2000), S. 47 (53); Hong-Joo Moon, Die neue koreanische Verfassung, 1960, S. 75 ff., 83.

1960 im Parlament verabschiedet. So wurde die Zweite Republik und das erste parlamentarische Regierungssystem in Korea geboren.[554]

II. Die Merkmale der Machtstruktur

1. Die Zweigliedrigkeit der Exekutive

Ein Regierungssystem mit einer zweigeteilten Exekutive ist eine Mischung des präsidialen und parlamentarischen Regierungssystems und bedeutet eine Herrschaftsstruktur, welche die Kompetenz auf beide, den Staatspräsidenten und den Ministerpräsident, aufteilt. Beispielsweise gab es in der Weimarer Republik, in der 5. Französischen Republik, in Portugal, Österreich, Finnland usw. diese zweigeteilte Exekutive. Das Strukturmerkmal dieser zweigeteilten Exekutive liegt darin, dass grundsätzlich der Ministerpräsident die administrative Macht auszuüben hat. Nur in einer Notsituation kann der Staatspräsident die administrative Macht übernehmen, um Gegenmaßnahmen zu ergreifen. Der Staatspräsident wird vom Volk direkt gewählt und hat das Recht, den Ministerpräsidenten vorzuschlagen. Nach der Bewilligung des Parlaments hat er ihn zu ernennen. Der Staatspräsident hat sein Amt für 4 bis 5 Jahre inne.

In diesem Zusammenhang hat die Zweite Republik Korea auch die Zweigliedrigkeit der Exekutive, die aus einem Staatspräsidenten und aus einem „Ministerpräsidenten"[555] besteht, aufgenommen.[556] Die Verfassung der Zweiten Republik Korea verleiht dem Staatspräsidenten das Vorschlagsrecht für den Ministerpräsidenten,[557] das Anerkennungsrecht über Parteianklagen,[558] das Vetorecht über den Ausnahmezustand[559] sowie die Teilnahme und das Äußerungsrecht im Parlament.[560]

---

554 Die Verfassung der Zweiten Republik Korea ahmte vor allem das Grundgesetz in der Gewährleistung der Grundrechte und die Einrichtung der Verfassungsgerichtsbarkeit nach. Siehe näher Byung-Sak Ku, Die Untersuchung über das parlamentarische Regierungssystem, 1991, S. 47; Tschul-Soo Kim, Die allgemeine Verfassungslehre, 11. Aufl., 1999, S. 63.

555 Der Ministerpräsident in der Zweiten Republik ist ein Staatsorgan, das die praktische Macht als der Chef des Staatsrates ausübt.

556 Young-Sung Kwon, Die allgemeine Verfassungslehre, 1988, S. 634.

557 Art. 69 Abs. 1 Satz 1 KoreaV.

558 Art. 13 Abs. 2 Satz 1 KoreaV.

559 Art. 64 Abs. 2 KoreaV.

560 Art. 60 KoreaV.

Solche praktische Kompetenzen wiesen dem Staatspräsidenten eine Vermittlerfunktion zu, welche durch seine grundsätzlich neutrale Stellung gewährleistet waren. Zudem wurde der Möglichkeit einer Diktatisierung durch eine Partei vorgebeugt.[561] Außerdem lag die administrative Macht beim Staatsrat, an dessen Spitze der Ministerpräsident stand.[562]

2. *Die parlamentarische Abhängigkeit des Staatsrates*

Ein Zeichen für die politische Abhängigkeit des Staatsrates war, dass der Ministerpräsident vom Staatspräsidenten vorgeschlagen und vom „Unterhaus"[563] gewählt wurde.[564] Der Ministerpräsident und die Hälfte der Mitglieder des Staatsrates mussten Abgeordnete sein.[565] Wenn das Parlament dem Staatsrat misstraute, musste der Staatsrat geschlossen zurücktreten.[566] Der Staatsrat trug die Gesamtverantwortung gegenüber dem Unterhaus.[567]

3. *Die Beziehung zwischen Parlament und Staatsrat*

Um die Harmonie und Zusammenarbeit zwischen dem Parlament und dem Staatsrat und deren Gleichgewicht an Macht zu gewährleisten, sah die Verfassung in Art. 69 Abs. 6 S. 1 KoreaV die Möglichkeit vor, dass ein Abgeordneter gleichzeitig Mitglied der Regierung war. Die Regierungsmitglieder hatten ein Teilnahme- und Äußerungsrecht im Parlament, Art. 44 KoreaV. Schließlich hatte der Staatsrat gemäß Art. 39 Abs. 1 KoreaV das Recht, Gesetzesentwürfe einzubringen. Vorgenannte Vorgaben verdeutlichen das Interesse an einem harmonischen Verhältnis zwischen Staatsrat und Parlament.[568]

Der Staatsrat, der für die administrative Macht zuständig war, und das Minwuiwon, die Legislative, waren rechtlich getrennt. Die Verfassung sah jedoch eine

---

561 In Bezug auf die praktischen Kompetenzen des Staatspräsidenten, siehe näher Young Huh, Die Verfassungstheorie und die Verfassung, 1997, S. 936; Young-Sung Kwon, Die allgemeine Verfassungslehre, 1988, S. 634.

562 Art. 68 Abs. 1, Art. 70 Abs. 3 KoreaV.

563 Das heißt das Minuiwon in der Zweiten Republik Korea und bedeutet im Allgemeinen das Unterhaus, ein Staatsorgan, das ähnliche Funktionen hat wie der Deutsche Bundestag.

564 Art. 69 Abs. 1 KoreaV.

565 Art. 69 Abs. 6 KoreaV.

566 Art. 71 Abs. 1 KoreaV.

567 Hong-Joo Moon, Die neue Verfassung, 1961, S. 228.

568 Young-Sung Kwon, Die allgemeine Verfassungslehre, 1988, S. 634.

wechselseitige Kontrolle zwischen der Exekutive und der Legislative vor. So konnte der Staatsrat das Unterhaus auflösen, während das Unterhaus dem Staatsrat das Misstrauen aussprechen konnte.[569]

III. Die Kernstruktur des koreanischen parlamentarischen Regierungssystems

1. Der Staatspräsident

a) Die Stellung des Staatspräsidenten in der Verfassung

Die verfassungsrechtliche Stellung des Staatspräsidenten beim parlamentarischen Regierungssystem ist im Allgemeinen auf eine repräsentative Funktion beschränkt.[570] Der Staatspräsident wird von der Tagespolitik nicht beeinflusst und ist über die Staatspolitik erhaben.[571] Daher kann der Staatspräsident an der Ausführung der Exekutivgewalt durch den Ministerpräsidenten und dem Kabinett nur indirekt teilnehmen. Weil das parlamentarische Regierungssystem ein Regierungssystem ist, welches nach einer angemessenen Balance von Einheit und Konflikt strebt, ist das Staatsoberhaupt als politisch neutraler Repräsentant notwendig, um die Kontinuität der Einheit zu wahren und die politischen Konflikte zu entschärfen.[572]

Anders als beim Staatspräsidenten im Präsidialsystem beträgt die Amtszeit des Staatspräsidenten der Republik meistens fünf Jahre bzw. sieben Jahre. Die Stellung als Staatsoberhaupt konnte während der Amtszeit, außer bei Hochverrat und Landesverrat, nicht frühzeitig beendet werden. Auch die Entlassung durch das Parlament ist daher selbstverständlich nicht möglich. Diese Stellung des Staatspräsidenten in den Verfassungen der parlamentarischen Regierungssysteme

---

569 Näher Hong-Joo Moon, Die neue Verfassung, 1961, S. 168, 227 ff.; ders., Die neue koreanische Verfassung, 1960, S. 289 f., 351 ff.; Young Huh, Die Verfassungstheorie und die Verfassung, 1997, S. 936; Siehe näher Zweites Kapitel C.III.3.d) dd).

570 Vgl. Zweites Kapitel B.II.4.a).

571 S. Detterbeck, Öffentliches Recht für Wirtschaftswissenschaftler, 2. Aufl., 2002, S. 56 f.; W. Heun, Die Stellung des Bundespräsidenten im Licht der Vorgänge um die Auflösung des Bundestages, in: AÖR, 109 (1984), S. 13 (14 f.).

572 E. Menzel, Ermessensfreiheit des Bundespräsidenten bei der Ernennung der Bundesminister?, in: DÖV, 1965, S. 581 (590); Tschul-Soo Kim, Die allgemeine Verfassungslehre, 11. Aufl., 1999, S. 1024; U. Hemmrich, in: Münch / Kunig, GGK, Bd. 2, 5. Aufl. 2001, Art. 54 Rn. 2; W. Heun, Die Stellung des Bundespräsidenten im Licht der Vorgänge um die Auflösung des Bundestages, in: AÖR, 109 (1984), S. 13 (18); Young Huh, Die Verfassungstheorie und die Verfassung , 1997, S. 867.

stimmt mit der in der zweiten Republik Koreas im Wesentlichen überein.[573] D. h. der Staatspräsident war zwar das Staatsoberhaupt und repräsentierte den Staat, seine Funktion in der Verfassungsordnung war aber nur formell und zeremoniell.[574] Weiterhin kann der Staatspräsident nicht in eine Partei eintreten und außer dem Präsidentenamt weder ein weiteres öffentliches noch ein privates Amt antreten.[575]

b) Wahl, Amtszeit und Vertretung des Staatspräsidenten

aa) Die Wahl des Staatspräsidenten

Der Staatspräsident wurde von der gemeinsamen Versammlung der zwei Kammern, namentlich Unterhaus und Oberhaus[576], mit zwei Dritteln der Stimmen der gesetzlichen Mitglieder gewählt.[577] Verfehlten alle Kandidaten die erforderliche Zweidrittelmehrheit, so war ein zweiter Wahlgang vorzunehmen. Gelang es auch in diesem zweiten Wahlgang keinem der Kandidaten, zwei Drittel der abgegebenen Stimmen auf sich zu vereinigen, so war derjenige gewählt, der mindestens die Hälfte der abgegebenen Stimmen erhalten hatte, wobei mindestens zwei Drittel der gesetzlichen Mindestzahl der Abgeordneten anwesend sein mussten.[578] Der neue Staatspräsident wurde 30 Tage vor dem Ablauf der Amtszeit des alten Staatspräsidenten gewählt.[579]

Außergewöhnlich war, dass die Verfassung der Zweiten Republik Korea keine Regelung über das Alter des wählbaren Staatspräsidenten vorsah. Im Allgemeinen aber schreiben die meisten Länder für die Wählbarkeit des Staatspräsidenten ein bestimmtes Mindestalter vor. Vor allem mit Blick auf die gegenwärtige Verfassung der Republik Korea und das deutsche Grundgesetz sollte man anmerken,[580] dass auch die Verfassung der Zweiten Republik Korea stillschweigend

---

573 Young Huh, Die Verfassungstheorie und die Verfassung, 1997, S. 936; Young-Sung Kwon, Die allgemeine Verfassungslehre, 1988, S. 634.

574 Young Huh, Die Verfassungstheorie und die Verfassung, 1997, S. 936; Young-Sung Kwon, Die allgemeine Verfassungslehre, 1988, S. 634.

575 Art. 53 Abs. 3 KoreaV.

576 Das heißt das ‚Chamuiwon' in der Zweiten Republik Korea und bedeutet im Allgemeinen das Oberhaus.

577 Art. 53 Abs. 1 KoreaV; vgl. zum ganzen Hong-Joo Moon, Die neue koreanische Verfassung, 1960, S. 314 f.

578 Art. 53 Abs. 2 KoreaV; diese Wahlmethode ist dem Wahlsystem des Bundespräsidenten im Grundgesetz sehr ähnlich, siehe da Zweites Kapitel B.II.4.b).

579 Art. 56 Abs. 2 KoreaV.

580 Art. 54 Abs. 1 Satz 2 GG; Art. 67 Abs. 4 KoreaV.

eine bestimmte Altersgrenze voraussetzte. Ferner sollte das Mindestwahlalter des Staatspräsidenten in Staaten mit einem Präsidialsystem und solchen mit einem parlamentarischen Regierungssystem gleich sein. In Bezug auf die Altersgrenze kann man schlussfolgern, dass eine Regelung in der Verfassung sinnvoll ist, zumal nur so garantiert werden kann, dass das Oberhaupt des Staates auch eine gewisse Reife und Führungsstärke mitbringt, welche erforderlich ist, um genügend Autorität und Würde für das Amt auszustrahlen.

bb) Die Amtszeit des Staatspräsidenten

Die Amtszeit des Staatspräsidenten in der Verfassung der Zweiten Republik Korea betrug fünf Jahre, wie auch in Deutschland. Eine Wiederwahl war nur einmal möglich.[581] Es gab auch keine Sonderregelung über den Beginn der Amtszeit des Staatspräsidenten, nur die Pflicht zur Leistung des Amtseides beim Amtsantritt.[582] Grundsätzlich begann die Amtszeit des neuen Staatspräsidenten mit dem Ablauf der Amtszeit des amtierenden Staatspräsidenten.[583]

cc) Der Vertreter des Staatspräsidenten

Auch schrieb die Verfassung der Zweiten Republik Korea vor, dass der Präsident des Oberhauses, der Präsident des Unterhauses und der Ministerpräsident in dieser Reihenfolge den Staatspräsidenten vertraten, wenn das Staatspräsidentenamt nicht besetzt war oder wenn er durch einen Unglücksfall das Amt nicht mehr ausführen konnte.[584] Es war jedoch vorgeschrieben, dass der nächste Staatspräsident sofort gewählt werden musste, sobald das Amt des Staatspräsidenten nicht mehr besetzt war.[585]

c) Die Kompetenzen des Staatspräsidenten

Die Verfassung der Zweiten Republik Korea verlieh dem Staatspräsidenten als Repräsentant des Staates verschiedene Kompetenzen. Seine Tätigkeiten in staatlichen Angelegenheiten musste der Staatspräsident sämtlich schriftlich abfas-

---

581 Art. 55 KoreaV; vgl. Zweites Kapitel B.II.4.c).

582 In Bezug auf den Eid, vgl. U. Fink, in: Mangoldt / Klein / Starck, GG, Bd. 2, 2000, Art. 56 Rn. 8.

583 Siehe näher Hong-Joo Moon, Die neue Verfassung, 1961, S. 208; ders., Die neue koreanische Verfassung, 1960, S. 315 f.

584 Art. 52 KoreaV; in Deutschland schreibt Art. 57 GG vor, dass die Kompetenzen des Bundespräsidenten durch den Präsidenten des Bundesrates wahrgenommen werden.

585 Art. 56 Abs. 1 KoreaV; Hong-Joo Moon, Die neue Verfassung, 1961, S. 208 f.

sen.[586] Die öffentlichen Vorhaben mussten vom Ministerpräsidenten und dem zuständigen Minister[587] gegengezeichnet werden.[588]

aa) Völkerrechtliche Vertretungsmacht

Der Staatspräsident in der Verfassung der Zweiten Republik Korea konnte durch den Beschluss des Staatsrates Verträge mit auswärtigen Staaten abschließen, einem Land den Krieg erklären oder Frieden schließen. Er hatte auch die Gesandten zu empfangen.[589] Die Ausübung solcher völkerrechtlicher Vertretungsbefugnisse ist zwar lediglich formeller und zeremonieller Natur, für die Außendarstellung des Staates sind sie jedoch von großer Bedeutung.

bb) Das Ernennungs- und Entlassungsrecht der Beamten und das Begnadigungsrecht

Der Staatspräsident in der Zweiten Republik bestätigte gemäß der Verfassung und des Gesetzes die Ernennung und Entlassung der Beamten.[590] Auch übte der Staatspräsident durch den Beschluss des Staatsrates die Kompetenzen über die Begnadigung, die Strafermäßigung und die Wiedereinsetzung aus.[591]

cc) Das Recht zur Bildung des Staatsrates

Die Verfassung der Zweiten Republik verlieh dem Staatspräsidenten das Recht zur Mitwirkung bei der Regierungsbildung.[592] Der Staatspräsident sollte innerhalb von fünf Tagen nach dem ersten Zusammentritt des Unterhauses den Kandidaten für das Amt des Ministerpräsidenten vorschlagen. Der Kandidat für das Amt des Ministerpräsidenten wurde mit der Hälfte der Stimmen der gesetzlichen Mitglieder des Unterhauses gewählt.[593] Der Staatspräsident hatte weiterhin die

---

586 Young Huh, Die Verfassungstheorie und die Verfassung, 1997, S. 936.

587 Dies sind der Ministerpräsident und die Mitglieder des Staatsrates (d. h. die Minister), der Kanzler und die Mitglieder des Kabinetts im parlamentarischen Regierungssystem.

588 Art. 66 KoreaV.

589 Art. 59 KoreaV; So Hong-Joo Moon, Die neue koreanische Verfassung, 1960, S. 318; ders., Die neue Verfassung, 1961, S. 211; vgl. Zweites Kapitel B.II.4.e).

590 Art. 61 KoreaV; vgl. Zweites Kapitel B.II.4.d) cc).

591 Art. 63 KoreaV.

592 Vgl. zum Ganzen Hong-Joo Moon, Die neue koreanische Verfassung, 1960, S. 325 ff.

593 Art. 69 Abs. 2, 4 KoreaV.

Kompetenz, die vom Ministerpräsidenten ernannten und entlassenen Minister zu bestätigen.[594]

dd) Das Recht zur Erklärung des Ausnahmezustandes

Der Staatspräsident hatte in der Zweiten Republik Korea das Recht, nach einem Beschluss des Staatsrates den Ausnahmezustand auszurufen.[595]

ee) Teilnahme- und Äußerungsrecht im Parlament

Der Staatspräsident hatte weiterhin das Recht, bei wichtigen staatlichen Angelegenheiten im Parlament anwesend zu sein, sich mündlich darüber zu äußern oder seine Meinung schriftlich mitzuteilen.[596]

2. *Der Staatsrat*

a) Die verfassungsrechtliche Stellung des Staatsrates

Der Staatsrat war das verfassungsrechtlich höchste Staatsorgan, dem zusammen mit dem Parlament die staatspolitische Leitung oblag.[597] Als Mitglied des Staatsrates hatte der Ministerpräsident bei der Beschlussfassung in der Staatsratssitzung das gleiche Stimmrecht wie alle anderen Mitglieder. Der Ministerpräsident leitete die Staatsratssitzung. Als Vorsitzender fungierte er als Chef unter seinen Kollegen.[598]

Der Ministerpräsident hatte eine unabhängige Stellung als Organisator des Staatsrates. Ihm oblag die Ernennung und Entlassung der Mitglieder des Staatsrates zugunsten der Bewahrung der Einheit des Staatsrates als ein Kollegialsystem. Der Ministerpräsident war zudem der Vertreter des Staatsrates.[599] Er vertrat den Staatsrat nach außen. Seine Handlungen wurden dem Staatsrat zugerechnet.[600]

---

594 Art. 69 Abs. 5 KoreaV.

595 Art. 64 Abs. 1, 2 KoreaV; Young-Sung Kwon, Die allgemeine Verfassungslehre, 1988, S. 634.

596 Art. 60 KoreaV; So Hong-Joo Moon, Die neue koreanische Verfassung, 1960, S. 329.

597 Hong-Joo Moon, Die neue koreanische Verfassung, 1960, S. 335 f.; ders., Die neue Verfassung, 1961, S. 224 f.; vgl. Zweites Kapitel B.II.3.a).

598 Hong-Joo Moon, Die neue koreanische Verfassung, 1960, S. 342 f.

599 Art. 70 Abs. 3 KoreaV.

600 Hong-Joo Moon, Die neue koreanische Verfassung, 1960, S. 342 f.

Der Ministerpräsident, der über das Leitungs- und Aufsichtsrecht über die Ministerien verfügte, hatte eine eigenständige Kompetenz zur Bestimmung der Richtlinien der Politik, obwohl jede Entscheidung den Beschluss der Staatsratssitzung benötigte.[601]

Die Minister leiteten ihren Geschäftsbereich innerhalb der Richtlinien des Ministerpräsidenten selbständig und eigenverantwortlich.[602]

b) Die Bildung des Staatsrates

Der Staatsrat bestand aus dem Ministerpräsidenten, den Ministern und aus anderen Mitgliedern.[603]

aa) Die Wahl des Ministerpräsidenten

Der Staatspräsident sollte innerhalb von fünf Tagen nach der ersten Sitzung des Unterhauses den Kandidaten für das Amt des Ministerpräsidenten vorschlagen.[604] Bei dieser Wahl konnte der vorgeschlagene Kandidat mit der Hälfte der Stimmen der Mitglieder des Unterhauses zum Ministerpräsidenten gewählt werden.[605] Diese Wahl fand frühestens 24, spätestens 48 Stunden nach dem Vorschlag statt.[606]

Wenn der erste vom Staatspräsidenten als Ministerpräsident Vorgeschlagene nicht die Zustimmung des Unterhauses erhalten hatte, konnte der Staatspräsident innerhalb von fünf Tagen nach diesem Tag einen zweiten Kandidaten für das Amt des Ministerpräsidenten vorschlagen. Wenn der Staatspräsident das Vorschlagsrecht innerhalb dieser Frist nicht nutzte oder wenn der zweite vom Staatspräsidenten als Ministerpräsident Vorgeschlagene vom Unterhaus erneut keine Zustimmung erhielt, wählte das Unterhaus den Ministerpräsidenten ohne einen Vorschlag des Staatspräsidenten.[607]

---

601 Hong-Joo Moon, Die neue koreanische Verfassung, 1960, S. 344; ders., Die neue Verfassung, 1961, S. 234; vgl. Zweites Kapitel B.II.3.a).

602 Weiterführend Hong-Joo Moon, Die neue Verfassung, 1961, S. 239 ff.; vgl. Zweites Kapitel B.II.3.a).

603 Art. 68 Abs. 2 KoreaV.

604 Im Zusammenhang mit dem Vorschlagsrecht soll der Staatspräsident nach eigenem Ermessen wie in Deutschland entscheiden. Der Chef der Mehrheitspartei darf im Allgemeinen als Ministerpräsident vorgeschlagen werden.

605 Art. 69 Abs. 2 KoreaV.

606 Art. 69 Abs. 3 KoreaV.

607 Art. 69 Abs. 1 KoreaV.

bb) Die Ernennung der Minister

Die Minister und andere Mitglieder des Staatsrates wurden vom Ministerpräsidenten ernannt und vom Staatspräsidenten lediglich bestätigt.[608] Der Staatspräsident hatte keine Möglichkeit, die Ernennung eines Ministers zu verhindern.[609]

c) Die Amtszeit des Staatsrates

In Bezug auf die Amtszeit des Staatsrates gab es in der Verfassung der Zweiten Republik Korea keine Vorschriften. Die Verfassung schrieb lediglich vor, dass der Staatsrat geschlossen zurücktreten soll, falls das Amt des Ministerpräsidenten nicht besetzt wird oder sich das Unterhaus nach der Wahl der Abgeordneten zum ersten Mal versammelt.[610] Im Hinblick auf die oben genannten Vorschriften sollte beachtet werden, dass der Ministerpräsident alle vier Jahre durch die Abgeordneten des Unterhauses neu gewählt werden musste.[611]

Weiterhin schrieb die Verfassung der Zweiten Republik Korea vor, dass der Staatsrat durch ein Misstrauensvotum des Unterhauses geschlossen zum Rücktritt gezwungen werden konnte.[612] Dieser gemeinsame Rücktritt des Staatsrates bedeutet das Ende der Amtszeit der Regierung.[613]

d) Die Kompetenzen des Staatsrates

aa) Das Auflösungsrecht des Unterhauses

Die Möglichkeit zur Auflösung des Unterhauses in der Verfassung der Zweiten Republik gehörte nicht einmal rein formal zu den Kompetenzen des Staatspräsidenten, sondern allein zu denen des Staatsrates.[614] Der Staatsrat konnte nur dann das Unterhaus auflösen, wenn dieses ihm zuvor das Misstrauen ausgesprochen hatte. Die Auflösung des Unterhauses war dann innerhalb von zehn Tagen zu beschließen.[615]

---

608 Art. 69 Abs. 5 Satz 1 KoreaV; vgl. Zweites Kapitel B.II.3.b) bb).
609 So Hong-Joo Moon, Die neue koreanische Verfassung, 1960, S. 340.
610 Art. 71 Abs. 5 KoreaV.
611 Weiterführend Hong-Joo Moon, Die neue Verfassung, 1961, S. 231 f.
612 Art. 71 Abs. 1 KoreaV; siehe näher Zweites Kapitel C.III.3.d) dd).
613 Hong-Joo Moon, Die neue koreanische Verfassung, 1960, S. 337; vgl. Zweites Kapitel B.II.3.c).
614 Hong-Joo Moon, Die neue Verfassung, 1961, S. 225 ff.
615 Siehe näher Zweites Kapitel C.III.3.d) dd).

Der Grund einer derartigen Einschränkung der Kompetenz des Staatsrates im Hinblick auf die Auflösung des Unterhauses liegt darin, dass ein bedingungsloses Auflösungsrecht des Staatsrates dem Unterhaus gegenüber zur Folge haben konnte, dass der Staatsrat durch Missbrauch dieses Auflösungsrechts sich das Parlament unterordnet.[616]

bb) Das Beschlussrecht des Staatsrates

Die folgenden Aufgaben musste der Staatsrat beschließen: die grundlegenden Pläne und Politik der Staatsverwaltung; Verträge mit auswärtigen Staaten, Kriegserklärungen, Friedensschlüsse und weitere außenpolitische Angelegenheiten, Entwürfe zur Verfassungsänderung, Gesetzesentwürfe, Entwürfe über die Staatsratsverordnung, Angelegenheiten über das Budget, den Rechnungsabschluss, das Recht auf dringliche Verfügung des Eigentums, die Ausgabe des Reservefonds, außerplanmäßige Parlamentssitzungen, die Ausrufung und Aufhebung des Belagerungszustandes, wichtige Angelegenheiten über die Streitkräfte, Ehrungen, Begnadigungen, Strafermäßigungen, Rehabilitierungen, Streitigkeiten zwischen den Ministerien, die Prüfung von Eingaben an die Regierung, die Ernennung des Generalstaatsanwalts, des Präsidenten einer staatlichen Universität, eines Botschafters, eines Chefs des Generalstabs, und Ernennung der gesetzlich genannten Beamten und Verwalter der wichtigen staatlichen Unternehmen, Angelegenheiten über die Bestimmung und Durchführung der wichtigen Politik des jeweiligen Ministeriums, die Auflösung des Unterhauses und den pauschalen Rücktritt des Staatsrates, Antrag auf ein Parteiverbotsverfahren, andere Angelegenheiten, welche vom Ministerpräsidenten oder von einem Minister eingebracht wurden.

cc) Kommissarische Fortführung der politischen Geschäfte

Der Staatsrat musste geschlossen zurücktreten, falls das Unterhaus ihm das Misstrauen ausgesprochen hatte, das Amt des Ministerpräsidenten nicht besetzt werden konnte oder sich das Unterhaus nach einer Neuwahl konstituierte.[617] Im Fall des Rücktritts musste der Staatsrat die Geschäfte bis zur Ernennung des nächsten Ministerpräsidenten weiterführen.[618]

---

616 Näher Hong-Joo Moon, Die neue Verfassung, 1961, S. 226.

617 Art. 71 Abs. 1, 5 KoreaV.

618 Art. 71 Abs. 6 KoreaV; näher Hong-Joo Moon, Die neue koreanische Verfassung, 1960, S. 354.

dd) Das Ausführungsrecht der Verordnung

Der Staatsrat hatte weiterhin das Recht über eine ihm, durch den Ministerpräsidenten anvertraute Angelegenheit, in einem vom Gesetz bestimmten Bereich oder zu einer das Gesetz betreffenden Angelegenheit eine Verordnung zu erlassen.[619]

3. Das Parlament

a) Die Bildung des Parlaments

aa) Das Zweikammernsystem

Das Parlament in der Verfassung der Zweiten Republik Korea, welches die legislative Gewalt ausübte, wurde von dem Unterhaus, Minuiwon, und dem Oberhaus, Chamuiwon, gebildet.[620] Beide, Ober– und Unterhaus, werden allgemein, gleich, direkt und geheim vom Volk gewählt.[621]

Das Unterhaus besteht aus insgesamt 233 Abgeordneten. Die Abgeordneten des Unterhauses werden in kleinen Wahlbezirken durch eine Wahl mit relativer Mehrheit als Persönlichkeitswahl gewählt.[622] Die Amtszeit der Unterhausabgeordneten beträgt vier Jahre.[623] Das Oberhaus besteht aus insgesamt 58 Abgeordneten.[624] Die Abgeordneten des Oberhauses „Teukbyulshi"[625] und „Do"[626] werden in Wahlbezirken mittlerer Größe gewählt. Die Anzahl der Abgeordneten des Oberhauses durfte nicht größer als ein Viertel der Abgeordneten des Unterhauses sein.[627] Die Amtszeit der Oberhausabgeordneten betrug sechs Jahre, wobei die Hälfte der Mitglieder alle drei Jahre ausgewechselt wurden.[628] Das Unterhaus wählte einen Präsidenten und zwei Vizepräsidenten. Das Oberhaus wählte einen Präsidenten und einen Vizepräsidenten.[629] Der Präsident des Oberhauses war dabei gleichzeitig der Präsident bei gemeinsamen Tagungen der zwei Kammern.[630]

---

619 Art. 70 Abs. 2 KoreaV; Hong-Joo Moon, Die neue koreanische Verfassung, 1960, S. 345.
620 Art. 31 Abs. 2 KoreaV.
621 Art. 32 Abs. 1 KoreaV.
622 § 14 Abs. 2 des Parlamentswahlgesetzes.
623 Art. 33 Abs. 1 Satz 1 KoreaV.
624 § 14 Abs. 3 des Parlamentswahlgesetzes.
625 Teukbyulshi sind die Städte mit Sonderstatus.
626 Do sind die Landbezirke.
627 Art. 32 Abs. 4 KoreaV.
628 Art. 33 Abs. 2 KoreaV.
629 Art. 36 Abs. 1, 2 KoreaV.
630 Art. 36 Abs. 3 KoreaV.

bb) Die Beziehung der beiden Häuser

In einem Staat, dessen Parlament aus zwei Kammern besteht, ist es von großer Bedeutung, welche Kompetenzen jeweils welcher Kammer zukommen. Die obere Kammer vertritt im Allgemeinen die konservativen Kräfte oder aber sie vertritt die Interessen der Länder in einem föderalistischen System,[631] während die untere Kammer typischerweise als ein das ganze Volk vertretendes Organ fungiert.[632] Dabei besitzt die untere Kammer der oberen Kammer gegenüber überlegenen Kompetenzen.

Auch die Verfassung der Zweiten Republik räumte im Vergleich zum Oberhaus dem Unterhaus überlegene Kompetenzen ein.[633] Daher mussten Gesetzesentwürfe und Budgetentwürfe zuerst im Unterhaus eingebracht werden.[634] Wenn das Oberhaus hinsichtlich eines Budgetentwurfes anders beschlossen hatte als das Unterhaus, wurde dieser nochmals dem Unterhaus vorgelegt, wobei der neue Beschluss des Unterhauses dann als der Beschluss des Parlaments galt.[635] Wenn die beiden Kammer sich über einen Antrag, der eines Beschlusses des Parlaments bedurfte, nicht einig waren, wurde dieser Antrag für einen nochmaligen Beschluss in das Unterhaus eingebracht. Zwischen den beiden Beschlüssen, die jeweils in einer Kammer entschieden wurden, galt derjenige als der Beschluss des Parlaments, der im Unterhaus bei Anwesenheit der Mehrheit der Mitglieder und mit der Zustimmung von zwei Dritteln der anwesenden Abgeordneten beschlossen wurde.[636]

Ein Misstrauensvotum gegen den Staatsrat konnte nur das Unterhaus ausüben;[637] auch das Einwilligungsrecht in die Ernennung eines Ministerpräsidenten oblag dem Unterhaus. Falls das Unterhaus der Ernennung eines Ministerpräsidenten durch den Staatspräsidenten zweimal nicht zustimmte, bekam das Unterhaus das Recht zur Wahl des Ministerpräsidenten.[638]

---

631 Vgl. Zweites Kapitel B.II.2.a).
632 Vgl. Zweites Kapitel B.II.1.a).
633 Hong-Joo Moon, Die neue Verfassung, 1961, S. 131.
634 Art. 39 Abs. 2 KoreaV.
635 Art. 37 Abs. 3 KoreaV; näher Hong-Joo Moon, Die neue koreanische Verfassung, 1960, S. 254 f.; Ders., Die neue Verfassung, 1961, S. 132 f.
636 Art. 37 Abs. 2 KoreaV; näher Hong-Joo Moon, Die neue koreanische Verfassung, 1960, S. 254 f.; ders., Die neue Verfassung, 1961, S. 132 f.
637 Siehe näher Zweites Kapitel C.III.3.d) dd) (2).
638 Art. 69 Abs. 1 S. 1, 2 KoreaV.

Die allein dem Oberhaus gehörende Kompetenz hingegen ist das Ernennungsrecht von drei Richtern des Verfassungsgerichtes.[639] Der Vorsitzende des Oberhauses führt zudem gleichzeitig den Vorsitz im Gesamtkongress beider Häuser[640] Weiterhin ist er der erste Stellvertreter des Staatspräsidenten.[641]

b) *Wahlperiode und Sitzungsperiode*

In der Verfassung der Zweiten Republik Korea betrug die Amtszeit der Unterhausabgeordneten vier Jahre.[642]

Auch die Sitzungsperiode war verfassungsrechtlich vorgeschrieben.[643] Bei Bedarf konnte eine außerplanmäßige Sitzung einberufen werden, wenn der Staatspräsident oder über ein Viertel der Mitglieder des Unterhauses oder über die Hälfte der Mitglieder des Oberhauses es verlangten.[644]

c) *Die Verhandlung und Abstimmung*

Wie allgemein in vielen Ländern, die das parlamentarische Regierungssystem übernommen haben, war die Verfassung der Zweiten Republik Korea gegenüber Verhandlungen grundsätzlich offen.[645] Für einen Beschluss, soweit die Verfassung und das Parlamentsgesetz nichts anderes verordneten, waren grundsätzlich die Anwesenheit der Mehrheit der Mitglieder und die Hälfte der Stimmen der anwesenden Mitglieder nötig.[646]

d) *Die Kompetenzen des Parlaments*

aa) *Die Gesetzgebung*

Moderner Verfassungsstaatslehre entspricht es, dass dem Parlament die gesetzgebende Staatsfunktion obliegt.[647] Die Gesetzgebung kann daher als eine vom

---

639 Art. 83 Abs. 2 KoreaV.

640 Art. 36 Abs. 3 KoreaV.

641 Art. 52 KoreaV.

642 Art. 33 Abs. 1 S. 1 KoreaV.

643 Art. 34 KoreaV.

644 Art. 35 KoreaV; vgl. Zweites Kapitel B.II.1.c).

645 Art. 38 KoreaV; vgl. Zweites Kapitel B.II.1.d).

646 Art. 37 Abs. 1 KoreaV; näher H.-D. Horn, Mehr Demokratie ohne Repräsentation? Wenn das Volk selbst entscheidet, in: Die politische Meinung, 2001. S. 59 (65); ders., Mehrheit im Plebiszit. Zur Voraussetzung eines Zustimmungsquorums bei Volks- und Bürgerentscheiden, in: Der Staat, 38 (1999), S. 399 (399–402).

647 H.-D. Horn, Über den Grundsatz der Gewaltenteilung in Deutschland und Europa, in: JÖR, 49 (2001), S. 287 (295 f.).

Parlament auszuübende, wesentliche und eigene Kompetenz bezeichnet werden. Die Verfassung der Zweiten Republik Korea schrieb auch ausdrücklich vor, dass die Gesetzgebung vom Parlament auszuüben war.[648]

bb) Das Recht zur Bildung der Staatsorgane

Das Parlament wählte den Staatspräsidenten in einer Sitzung beider Häuser. Erforderlich war eine Zweidrittelmehrheit.[649] Daneben hatte das Parlament den vom Staatspräsidenten vorgeschlagenen Kandidaten für das Amt des Ministerpräsidenten zu wählen.[650]

cc) Zustimmungsrecht

Das Parlament musste wichtigen Beschlüssen des Kabinetts die Zustimmung erteilen. Namentlich oblagen die folgenden Bereiche der Zustimmung: die Schließung der Verträge über die internationale Organisation, Verträge über die gegenseitige Unterstützung, Friedensverträge, Handelsverträge, finanzwirksame Verträge, Kriegserklärungen und Amnestien.[651]

dd) Das Misstrauensvotum gegen den Staatsrat

Das parlamentarische Misstrauensvotum kann als ein prägendes Merkmal des parlamentarischen Regierungssystems bezeichnet werden.[652] Es stellt das wichtigste Kontrollbefugnis und gleichzeitig die stärkste Waffe, die das Parlament gegen die Regierung ausüben kann, dar.[653] In Bezug auf das Misstrauensvotum gegen den Staatsrat schreibt die Verfassung der Zweiten Republik Korea folgendes vor:[654]

---

648 Art. 31 KoreaV.

649 Art. 53 Abs. 1 KoreaV.

650 Art. 69 Abs. 2, 4 KoreaV; Hong-Joo Moon, Die neue koreanische Verfassung, 1960, S. 338 f.

651 Art. 42, 63 Abs. 2 KoreaV; Näher Hong-Joo Moon, Die neue Verfassung, 1961, S. 169 ff.; ders., Die neue koreanische Verfassung, 1960, S. 287.

652 Weiterführend K. Stern, Das Staatsrecht der Bundesrepublik Deutschland, Bd. 1, 2. Aufl., 1984, S. 956.

653 K. Löwenstein, Verfassungslehre, 2. Aufl., 1969, S. 200; K. Stern, Das Staatsrecht der Bundesrepublik Deutschland, Bd. 1, 1984, S. 1043.

654 Art. 71 Abs. 1 KoreaV.

(1) Der Gegenstand des Misstrauensvotums

Das Misstrauensvotum des Unterhauses darf nur gegen den gesamten Staatsrat ausgeübt werden. Daher ist das Misstrauensvotum gegen einzelne Mitglieder des Staatsrates nicht erlaubt.[655] Die Anerkennung des Misstrauensvotums gegen einzelne Mitglieder des Staatsrates könnte einen politischen Streit verursachen und letztendlich die Einheitlichkeit des Staatsrates zerstören.[656]

Ein Misstrauensvotum gegen den Ministerpräsidenten war hingegen erlaubt, weil es als Misstrauensvotum gegen den gesamten Staatsrat verstanden wurde.

(2) Antrag und Abstimmung

Das Unterhaus konnte das Misstrauensvotum gegen den Staatsrat ohne näher spezifizierte formelle oder materielle Anforderungen ausüben.[657] Die Abstimmung über den Antrag musste frühestens vierundzwanzig, spätestens zweiundsiebzig Stunden nach dem Antrag erfolgen.[658]

Wenn das nicht der Fall war, wurde das Misstrauensvotum für nicht beantragt erachtet.[659] Bei dem Beschluss über den Misstrauensantrag musste das Unterhaus die Zustimmung der Mehrheit der Mitglieder des Parlaments finden.[660] In dem Fall, dass der vorliegende Misstrauensantrag keine Zustimmung fand, war ein nochmaliger Misstrauensantrag aus demselben Grund während der gleichen Sitzungsperiode nicht erlaubt.

(3) Die Wirkung des Misstrauensvotums

Im Falle, dass das Unterhaus ein Misstrauensvotum gegen den Staatsrat beschlossen hatte, musste der Staatsrat innerhalb von zehn Tagen die Auflösung des Unterhauses beschließen. Anderenfalls musste der Staatsrat geschlossen zurücktreten.[661]

---

655 Vgl. Zweites Kapitel B.III.1.b) aa).

656 Hong-Joo Moon, Die neue Verfassung, 1961, S. 228.

657 Hong-Joo Moon, Die neue Verfassung, 1961, S. 228; Young Huh, Die Verfassungstheorie und die Verfassung, 1997, S. 936.

658 Art. 71 Abs. 4 Satz 1 KoreaV; vgl. Zweites Kapitel B.III.1.b) bb).

659 Hong-Joo Moon, Die neue Verfassung, 1961, S. 168; ders., Die neue koreanische Verfassung, 1960, S. 352.

660 Art. 71 Abs. 3 KoreaV.

661 Art. 71 Abs. 1 KoreaV; näher Hong-Joo Moon, Die neue Verfassung, 1961, S. 229 f.

ee) Das Zitierrecht

In der Verfassung der Zweiten Republik Korea konnten der Ministerpräsident, die Minister und die Ausschussmitglieder Parlamentssitzungen beiwohnen und ihre Meinung äußern und auf Fragen antworten. Sofern vom Parlament gefordert, mussten sie anwesend sein und Fragen beantworten.[662]

ff) Die Staatspräsidentenanklage

Wenn der Staatspräsident die Verfassung oder ein anderes Gesetz vorsätzlich verletzt hatte, konnte das Unterhaus ihn vor dem Verfassungsgericht anklagen.[663] Der Antrag auf Erhebung der Anklage musste von mindestens 30 Abgeordneten des Unterhauses gestellt werden. Der Beschluss über die Staatspräsidentenanklage bedurfte der Mehrheit der Stimmen von Unter- und Oberhaus.[664]

e) Rechte und Pflichten der Abgeordneten

aa) Die Rechte der Abgeordneten

(1) Die Immunität

Die Verfassung der Zweiten Republik kannte auch die Immunität. Ein Abgeordneter durfte während der Sitzungszeit, außer in Sonderfällen, ohne Genehmigung des Parlaments nicht festgenommen oder verhaftet werden. Falls er vor der Sitzungszeit festgenommen oder inhaftiert worden war, so war er für die Sitzungszeit freizulassen, wenn das Parlament dies verlangte.[665]

Der Grundsatz der Immunität wurde vor allem aufgrund der negativen Erfahrungen in der Ersten Republik Korea, die von einer starken Machtkonzentration und einer langen Diktatur des Staatspräsidenten gekennzeichnet war, geschaffen.

(2) Die Indemnität

Die Indemnität hat das Ziel, die selbständige und reibungslose parlamentarische Tätigkeit zu sichern, indem die Abgeordneten vor den Maßnahmen einer anderen Staatsgewalt, insbesondere vor der Justizgewalt, geschützt werden. Auch die

---

662 Art. 44 KoreaV; Weiterführend Hong-Joo Moon, Die neue koreanische Verfassung, 1960, S. 288 f.; Young-Sung Kwon, Die allgemeine Verfassungslehre, 1988, S. 634.

663 Näher Hong-Joo Moon, Die neue koreanische Verfassung, 1960, S. 176 f.

664 Art. 46 Abs. 2 und Art. 83 KoreaV.

665 Art. 49 KoreaV.

Verfassung der Zweiten Republik Korea sichert die Indemnität.[666] Der Abgeordnete konnte wegen seiner Meinungsäußerung oder seiner Abstimmung innerhalb des Parlaments nicht zur Verantwortung gezogen werden.[667]

(3) Diäten und sonstige Begünstigungen

Um die Selbständigkeit als Abgeordnete zu ermöglichen, konnten die Abgeordneten Rechnungen zur Entschädigung ihrer amtsrelevanten Aktivitäten stellen.[668] Außerdem durften die Abgeordneten im Rahmen ihrer Amtsaktivitäten öffentliche Verkehrsmittel kostenfrei nutzen.[669]

bb) Die Pflichten der Abgeordneten

Die Abgeordneten waren dazu verpflichtet, ihren Dienst nach bestem Wissen und Gewissen und mit aller Kraft für den Nutzen und dem Wohl des Volkes auszuführen. Sie hatten sich am Nutzen für das gesamte Volk auszurichten, nicht an dem für ihre eigenen Wähler oder für ihre Partei.[670] Sie waren zu Aufrichtigkeit und Unbeugsamkeit verpflichtet. Dieser Grundsatz war zwar in der Verfassung der Zweiten Republik Korea nicht schriftlich geregelt, jedoch war er allgemein anerkannt.[671]

IV. Bewertung des parlamentarischen Regierungssystems in der Zweiten Republik Korea

1. Notwendigkeit der Bewertung

Das parlamentarische Regierungssystem der Zweiten Republik Korea dauerte nur neun Monate, eine sehr kurze Zeit. Sie begann am 19. August 1960 mit der Ernennung des damaligen Ministerpräsidenten Myun Jang und endete mit dem Militärputsch vom 16. Mai 1961. Daher könnte man meinen, dass eine fundierte Bewertung über dieses so kurz bestehende parlamentarische Regierungssystem der Zweiten Republik Korea kaum möglich sei.

---

666 Art. 50 KoreaV.

667 Siehe näher Hong-Joo Moon, Die neue koreanische Verfassung, 1960, S. 297 f.

668 § 8 Parlamentsgesetz Koreas.

669 § 9 Parlamentsgesetz Koreas.

670 H.-H. Trute, in: Münch / Kunig, GGK, Bd. 2, 5. Aufl. 2001, Art. 38 Rn. 73 ff.; K. Stern, Das Staatsrecht der Bundesrepublik Deutschland, Bd. 1, 2. Aufl., 1984, S. 1069; T. Maunz in: Maunz / Dürig, GGK, Bd. 3, 2002, Art. 38 Rn. 9 ff.

671 Die gegenwärtige koreanische Verfassung sieht ihn in Art. 46 vor.

Berücksichtigt man indessen, dass die Diskussion über das parlamentarische Regierungssystem in der Tat seit der vergangenen Hälfte des letzten Jahrhunderts unaufhörlich geführt wurde, darf man trotz der kurzen Dauer des parlamentarischen Regierungssystems die geschichtliche und politische Bedeutung nicht unterschätzen.[672] Besonders in der Gegenwart, in der die Notwendigkeit einer Verfassungsänderung hin zum parlamentarischen Regierungssystem mehr als zu anderen Zeiten diskutiert wird, ist eine ausführliche Bewertung des parlamentarischen Regierungssystems in der Zweiten Republik Korea vonnöten.

2. *Der Grund für die kurze Dauer*

Als Begründung für das kurze Bestehen des parlamentarischen Regierungssystems in der Zweiten Republik Korea, des allerersten parlamentarischen Regierungssystems in der Verfassungsgeschichte, wird die Meinung vertreten, dass die Unreife des Parteiensystems, die schwierige wirtschaftliche Lage nach dem Koreakrieg, das politische und gesellschaftliche Chaos wegen der unkontrollierten Freiheitsansprüche, die Schwäche des Myun Jang Staatsrates wegen der Spaltung der Regierungspartei, Minju-Partei etc. die Hauptursachen seien.[673]

Diese Auffassungen können jedoch nicht überzeugen, weil sie auf folgenden – falschen – Behauptungen basieren. Die Kräfte des Militärputsches kritisierten, dass die damalige zwölfjährige Diktatur der Seung-Man Lee-Regierung das krankhafte Phänomen des Präsidialsystems war. Als sie jedoch danach strebten, zum Präsidialsystem zurückzukehren, brauchten sie die negative und hoffnungslose Bewertung des parlamentarischen Regierungssystems, um den Militärputsch am 16. Mai 1961 und die Rückkehr zum Präsidialsystem zu rechtfertigen. Unter diesem Aspekt sollte der Militärputsch vom 16. Mai 1961 als der wichtigste aller Gründe für das kurze Bestehen des parlamentarischen Regierungssystems in der Zweiten Republik Korea betrachtet werden.[674]

---

672 Do-Hyub Kim, Eine Untersuchung über das deutsche parlamentarische Regierungssystem, 1999, S. 212.

673 Man-Hee Jeong, Die moderne Verfassung und das Parlamentarismus, 1995, S. 343 f.; Seok-Kwon Chang, Die Theorie und dessen Praktik über das Präsidialregierungssystem (Zweiter Teil), in: Das Monatsstaatsexamen, Nov. 1991, S. 75 (77).

674 Do-Hyub Kim, Eine Untersuchung über das deutsche parlamentarische Regierungssystem, 1999, S. 215 f.; ders., Das Verwirklichungsschema des parlamentarischen Regierungssystems in Korea, in: Aufsatzsammlung der Univ. Dankook, 22 (2000), S. 47 (54); Joo-Sil Suh, Das parlamentarische Regierungssystem in Korea, in: Die Welt des Staatsexamens, Nov. 1990, S. 30 (38); Young Huh, Die Verfassungstheorie und die Verfassung, 1997, S. 937.

Der Untergang des parlamentarischen Regierungssystems bedeutete schließlich einen großen Verlust in der koreanischen Verfassungsgeschichte und einen großen Rückschlag für die demokratische Entwicklung.[675] Nicht nur weil das parlamentarische Regierungssystem kaum Zeit hatte, sich einzurichten und zu festigen, sondern auch weil es so schnell aus der Verfassungsgeschichte Koreas verschwand, bedauert man bis heute sein Verschwinden, obwohl dies schon über vierzig Jahre zurück liegt.

Hier ist besonders herauszustellen, dass das damalige parlamentarische Regierungssystem in der Verfassung der Zweiten Republik Korea dem deutschen parlamentarischen Regierungssystem sehr ähnlich war[676] und dass die Systemprobleme keineswegs der Grund für das kurze Bestehen waren. Auch die Verknüpfung des deutschen parlamentarischen Regierungssystems mit dem der Zweiten Republik Korea erscheint für die zukünftige Verfassung eines wiedervereinigten Koreas erwägenswert. Gerade weil Korea schon auf eine Geschichte mit einem parlamentarischen Regierungssystem zurückschauen kann, können die Probleme bei einer erneuten Einführung desselben minimiert werden. Das parlamentarische System könnte daher schnell in der Verfassung verankert werden und sich letztlich als stabil erweisen.[677]

---

675 Young Huh, Die Grundzüge der neuen koreanischen Verfassung von 1987, in: JÖR, 38 (1989), S. 565 (586).

676 Bong-Kun Kal, Der Einfluss des Grundgesetzes auf koreanisches Verfassungsrecht, in: 40 Jahre Grundgesetz, 1990, S. 299 (300, 307); Won-Ho Lee, Kurzer Abriss koreanisches Recht in Vergangenheit und Gegenwart, in: Festschrift für Bernhard Großfeld zum 65. Geburtstag, 1999, S. 687 (692 f.); Young Huh, Sechs Jahre Verfassungsgerichtsbarkeit in der Republik Korea, in: JÖR, 45 (1997), S. 535 (536); ders., Die Grundzüge der neuen koreanischen Verfassung von 1987, in: JÖR, 38 (1989), S. 565 (580).

677 Bong-Kun Kal, Der Einfluss des Grundgesetzes auf koreanisches Verfassungsrecht, in: 40 Jahre Grundgesetz, 1990, S. 299 (308).

DRITTES KAPITEL

Die Probleme des präsidialen Regierungssystems in der gegenwärtigen koreanischen Verfassung

A. Die geschichtliche Entwicklung

I. Das Präsidialsystem der Ersten Republik Korea

Die Regierungsform der Ersten Republik Korea (1948–1960) nach der Staatsgründung wird grundsätzlich als ein mit den Elementen des parlamentarischen Regierungssystems vermischtes Präsidialsystem betrachtet.[678] Man kann die Diskussion über das parlamentarische Regierungssystem im Vorfeld der am 17. Juli 1948 verabschiedete Verfassung wie folgt betrachten: Das nach der Wahl vom 10. Mai 1948 gebildete „erste Parlament"[679] begann sofort mit seiner Arbeit zur Aufstellung einer Verfassung. Am 3. Juni 1948 übernahm der dafür von 30 Abgeordneten gebildete Ausschuss als Grundlage die von Dr. Chin-O Yu entworfene Vorlage nebst einer weiteren Bezugsvorlage, welche ihm der Herausgeberausschuss für das Gesetzbuch der vorübergehenden Regierung aufgrund eines überarbeiteten Entwurfs von Dr. Chin-O Yu übergeben hatte. Der Ausschuss nahm schließlich das parlamentarische Regierungssystem in der zweiten Lesung am 19. Juni 1948 an.[680] Eigentlich hatten sich alle Mitglieder des

---

678 Do-Hyub Kim, Eine Untersuchung über das deutsche parlamentarische Regierungssystem, 1999, S. 212; ders., Das Verwirklichungsschema des parlamentarischen Regierungssystems in Korea, in: Aufsatzsammlung der Univ. Dankook, 22 (2000), S. 47 (51 f.); Hong-Joo Moon, Die neue koreanische Verfassung, 1960, S. 219.

679 Die Abgeordnetensitze des ersten Parlaments waren wie folgt verteilt: die parteilosen Abgeordneten mit 97 Personen, ‚Dochokkookminhoi' mit 52 Personen, ‚Hanmindang' mit 29 Personen, ‚Daedongchuungyeonhoi' mit 14 Personen, ‚Minchokchungyeondan' mit 5 Personen und ‚Nochong' mit 1 Person. Herr ‚Seung-Man Lee' war ebenfalls ein parteiloser Abgeordneter.

680 Do-Hyub Kim, Eine Untersuchung über das deutsche parlamentarische Regierungssystem, 1999, S. 212 f.; ders., Das Verwirklichungsschema des parlamentarischen Regierungssystems in Korea, in: Aufsatzsammlung der Univ. Dankook, 22 (2000), S. 47 (52); Joo-Sil Suh, Das parlamentarische Regierungssystem in Korea, in: Die Welt des Staatsexamens, Nov. 1990, S. 30 (31); Seok-Kwon Chang, Das Präsidialregierungssystem in Korea und die Untersuchung dessen Problem, in: Die Rechtswissenschaft an der Univ. Dankook, 17 (1991), S. 1 (2-5); ders., Die Theorie und dessen Praktik über das Präsidialregierungssystem (zweiter Teil), in: Das Monatsstaatsexamen, Nov. 1991, S. 75 (75-77); Young-Sung Kwon, Die allgemeine Verfassungslehre, 1999, S.61 f.

Verfassungsausschusses für das parlamentarische Regierungssystem ausgesprochen. Aber am 21. Juni desselben Jahres nahm Dr. Seung-Man Lee an der Ausschusssitzung teil und sprach sich derart nachdrücklich für das Präsidialsystem aus, dass der Ausschuss am 22. Juni desselben Jahres in dritter Lesung die zum Präsidialsystem veränderte Verfassung beschloss. Es dauerte damals nur 30 Minuten, bis der Verfassungsentwurf für ein parlamentarisches Regierungssystem nach der Forderung von Dr. Seung-Man Lee in einen Entwurf eines Präsidialsystems abgeändert wurde.[681]

Der Einsatz von Dr. Seung-Man Lee für das Präsidialsystem beruhte aber im wesentlichen nicht auf wissenschaftlichen Tatsachen, sondern darauf, dass er lange in den USA gelebt und sich an das amerikanische politische System gewöhnt hatte.[682]

Der damalige Ausschuss für die Ausarbeitung der Verfassung musste zudem den Umstand berücksichtigen, dass Dr. Seung-Man Lee fast der einzige Kandidat für das erste Präsidentenamt war und dass die Beziehungen zu den USA weiter ausgebaut werden sollten, die ebenfalls ein Präsidialsystem haben.[683] So kam es letzten Endes, dass man sich entgegen dem ursprünglichen Vorhaben dem Willen Dr. Lees beugte und das Präsidialsystem annahm. Die unglückliche Verfassungsgeschichte der Republik Korea, die in den folgenden 50 Jahren neun Verfassungsänderungen sowie Gründungen und Auflösungen von mehr als 250 Parteien erlebt hat, war damit aber schon damals vorbestimmt.[684]

Trotzdem trug die erste Verfassung, neben den Elementen des Präsidialsystems, die Elemente eines parlamentarischen Regierungssystems in sich.

Allerdings war die Mischung von Präsidialsystem und parlamentarischem Regierungssystem sehr unzulänglich. So hatte die Verfassung z. B. durch das Amt des Ministerpräsidenten eine unnötige zweite Struktur in der Exekutive geschaffen. Nach der Verfassung der Staatsgründung war allein der amtierende Staatspräsident das Regierungsoberhaupt und das eigentliche Handlungsorgan

681 Weiterführend Dr. Chin-O Yu, Die Memoiren des Verfassungsentwurfes, 1981, S. 57 ff. (81).

682 Die Verfolgung: Das parlamentarische Regierungssystem, in: Forschungsinstitut für Politik und Wirtschaft (Hrsg.), 1986, S. 56 f.

683 Joo-Sil Suh, Die Theorie und Erfahrung des parlamentarische Regierungssystem, in: Byung-Sak Ku (Hrsg.), Die Untersuchung über das parlamentarische Regierungssystem, 1991, S. 80 (83).

684 Do-Hyub Kim, Eine Untersuchung über das deutsche parlamentarische Regierungssystem, 1999, S. 213.

gewesen. Außerdem hatte der Staatspräsident jetzt das Recht erhalten, den durch Zustimmung des Parlaments ernannten Ministerpräsidenten zu entlassen. Es muss daher als ein Legitimitätsmangel des Systems angesehen werden, dass die Elemente des Präsidialsystems und des parlamentarischen Regierungssystems falsch gemischt waren.[685]

Im Verlauf der Ersten Republik Korea war der Staat, bedingt durch den „Koreakrieg"[686] und der damit verbundenen Vergrößerung der Militärmacht, zu einem organisierten Zwangsapparat gewachsen. Aus diesem Zwangssystem entwickelte sich schließlich ein auf eine Person, namentlich den Staatspräsidenten, konzentriertes, personifiziertes System. Dieses aber hatte mit der Verfassung nichts mehr gemein. Die Opposition wurde mit Gewalt unterdrückt, um den Erhalt und schließlich die Verlängerung der präsidialen Allmacht zu erreichen.[687] Durch die erste Verfassungsänderung am 7. Juli 1952 und die zweite Verfassungsänderung am 29. November 1954 erhielt die Erste Republik Korea ein noch stärker ausgeprägtes Präsidialsystem.[688]

II. Das Präsidialsystem der Dritten Republik Korea

Die Zweite Republik Korea, die als das erste parlamentarische Regierungssystem in Korea aus der Revolution vom 19. April 1960 hervorgegangen war, ging durch den Militärputsch vom 16. Mai 1961 unter.[689]

Die so genannte Gipfelkonferenz bestimmte am 11. Juli 1962 die Zusammensetzung des neuen Verfassungskomitees, das aus neun Mitgliedern der Gipfel-

---

685 Young Huh, Die Verfassungstheorie und die Verfassung, 1997, S. 933 f.

686 Der Koreakrieg, der am 25. Juni 1950 ausbrach, wurde am 27. Juli 1953 durch den Waffenstillstandsvertrag beendet.

687 Seok-Kwon Chang, Das Präsidialregierungssystem in Korea und die Untersuchung dessen Problem, in: Die Rechtswissenschaft an der Univ. Dankook, 17 (1991), S. 1 (4); ders., Die Theorie und dessen Praktik über das Präsidialregierungssystem (zweiter Teil), in: Das Monatsstaatsexamen, Nov. 1991, S. 75 (77); Bae-Ho Han, Der Staat und die Gesellschaft der ersten Republik Korea, in: Das Korea und Die internationale Politik, Bd. 4, 1988, S. 18.

688 Do-Hyub Kim, Eine Untersuchung über das deutsche parlamentarische Regierungssystem, 1999, S. 213 f.; Hong-Joo Moon, Die neue koreanische Verfassung, 1960, S. 220; Young-Sung Kwon, Die allgemeine Verfassungslehre, 1999, S. 63; Joo-Sil Suh, Das parlamentarische Regierungssystem in Korea, in: Die Welt des Staatsexamens, Nov. 1990, S. 30 (32 f.).

689 Do-Hyub Kim, Das Verwirklichungsschema des parlamentarischen Regierungssystems in Korea, in: Aufsatzsammlung der Univ. Dankook, 22 (2000), S. 47 (54).

konferenz und 21 zivilen Wissenschaftlern und Fachleuten bestand. Es beschloss am 23. Oktober 1962 einen Grundsatzentwurf für die neue Verfassung und machte diesen am 5. November 1962 öffentlich bekannt. Am 6. Dezember 1962 stimmte die Gipfelkonferenz diesem Verfassungsentwurf zu. Durch die Volksabstimmung vom 17. Dezember 1962 wurde er endgültig bestätigt. Bemerkenswert im Zusammenhang mit der Annahme des präsidialen Regierungssystems in der Verfassung der Dritten Republik Korea (1962–1972) ist, dass Chung-Hee Park, welcher der Hauptakteur des damaligen Militärputsches und nun Vorsitzender der Gipfelkonferenz war, das präsidiale Regierungssystem so sehr bevorzugte, dass er bereits vor der Beratung des Verfassungsentwurfes die Annahme des präsidialen Regierungssystems in einer informellen Rede an das Volk als so gut wie sicher darstellte.[690] Chung-Hee Park bestand damals aus zwei Gründen nachdrücklich auf dem präsidialen Regierungssystem. Einerseits behaupteten die Militärputschisten, die Legitimität des Putsches liege in der Unfähigkeit und dem Chaos der zweiten Republik begründet, wobei sie vor allem das parlamentarische Regierungssystem für schuldig erklärten. Andererseits war das präsidiale Regierungssystem, das die Regierungsmacht bis auf weiteres sicherte, für die Militärputschisten viel attraktiver als das parlamentarische Regierungssystem, in dem das Parlament leicht die Vormacht der Politik erringen könnte.

Die Verfassung der Dritten Republik Korea entstand als ein Folgeprodukt des Militärputsches und errichtete das Präsidialsystem als Gegenmaßnahme zum parlamentarischen Regierungssystem der Zweiten Republik Korea. Aber die Verfassung der Dritten Republik Korea wurde als politisches Mittel verwandt, um letztlich zu einem politischen Zwangssystem zurückzukehren.[691] Sie stellte ein auf den Staatspräsidenten konzentriertes Autoritätssystem dar. Gleichzeitig wurde das Militärregime der Dritten Republik Korea fortgesetzt mit dem Widerstand des Volkes konfrontiert. Dies führte dies zu einem Teufelskreis, in dem die Druckmittel noch weiter verstärkt wurden, um die Gruppen des Widerstandes zu zerstreuen.[692]

---

690 Sang-Don Lee, Einflüsse des Verfassungssystems der U.S.A. auf die Entwicklung der Verfassung von Korea, in: Korea Public Law Association, 14 (1986), S. 62.

691 In der Tat kam es in der Dritten Republik Korea zu einem erheblichen Wirtschaftsaufschwung, aber hinter einer solchen wirtschaftlichen Entwicklung stand immer noch die starke Diktatur des Staatspräsidenten.

692 Seok-Kwon Chang, Das Präsidialregierungssystem in Korea und die Untersuchung dessen Problem, in: Die Rechtswissenschaft an der Univ. Dankook, 17 (1991), S. 1 (6); ders., Die Theorie und dessen Praxis über das Präsidialregierungssystem (zweiter Teil), in: Das Monatsstaatsexamen, Nov. 1991, S. 75 (79).

Aber immer noch hatte die Verfassung der Dritten Republik Elemente des parlamentarischen Regierungssystems. Zwar kannte sie keinen Vizepräsidenten, wohl aber den Ministerpräsidenten, der ein Zeichen des parlamentarischen Regierungssystems war. Sie gab dem Ministerpräsidenten ein Vorschlagsrecht bei der Ernennung der Minister. Das Parlament konnte dem Staatspräsidenten die Entlassung des Ministerpräsidenten und der Minister empfehlen und der Abgeordnete konnte zugleich Ministerpräsidenten und Minister sein.[693]

III. Das Präsidialsystem der Vierten Republik Korea

Die Verfassung der Vierten Republik Korea (1972–1980) entstand als überverfassungsrechtliches Notstandsrecht des Staates im Jahre 1972 im Wege einer Verfassungsänderung, so genannte „Yushin–Verfassung"[694]. Die Yushin-Verfassung kann als eine Verfassung betrachtet werden, die den Prinzipien der Demokratie wie denen der Gewaltenteilung, der repräsentativen Demokratie und der Garantie der Grundrechte widerspricht.[695] Auch in der Vierten Republik Korea war die Gewaltenteilung dualistisch ausgerichtet. D. h. die Souveränitätsorgane waren das Volk, die „Tongiljuchäkukminhoi"[696], der Staatspräsident und das Verfassungskomitee. Die allgemeinen Staatsorgane waren das Parlament, die Exekutive und die Gerichte. Aber die Kompetenzen der Souveränitätsorgane waren so stark, dass eine Gewaltenteilung in Wirklichkeit gar nicht bestand.[697]

Grundsätzlich richtete sich die Verfassung der Vierten Republik Korea ideologisch und organisatorisch nach dem Präsidialsystem, doch widersprach sie der reinen Lehre des Präsidialsystems, nämlich der Unabhängigkeit der Exekutive und der Legislative, dadurch, dass der Staatspräsident das Recht hatte, ein Drittel der Abgeordneten des Parlaments vorzuschlagen. Insbesondere das Recht des

---

693 Do-Hyub Kim, Eine Untersuchung über das deutsche parlamentarische Regierungssystem, 1999, S. 216.

694 Yushin-Verfassung bedeutet hier die Erneuerungsverfassung.

695 Jong-Sang Lee, Die Aufnahme des amerikanischen Präsidialsystems auf Korea, in: Die Forschung der amerikanischen Verfassung, 2 (1991), S. 154.

696 Im Art. 35 KoreaV wurde die ‚Tongiljuchäkukminhoi' als ein Organ der Aufnahme der Volkssouveränität vorgeschrieben. Die Anzahl der Mitglieder betrug über 2000 bis 5000 und trug viel zur damaligen Diktatur des Staatspräsidenten bei.

697 Tschul-Soo Kim, Die allgemeine Verfassungslehre, 11. Aufl., 1999, S. 880; Wenn man die Tatsache betrachtet, dass die ‚Tongiljuchaekukminhoi' und das ‚Verfassungskomitee' in Wirklichkeit nur zur Diktatur des Staatspräsidenten beigetragen hatte, kann man wohl sagen, dass alle Kompetenzen in der ‚Yushin-Verfassung' allein auf den Staatspräsidenten konzentriert wurden.

Staatspräsidenten zur Parlamentsauflösung war nicht an das Misstrauensvotum des Parlaments gegen die Regierung gebunden und war somit ein Recht, von dem der Staatspräsident ohne jedwede Vorbedingung nach seinem beliebigen Urteil Gebrauch machen konnte. Diese übermäßig starke Kompetenz des Staatspräsidenten führte schließlich zu einer Verstärkung der Diktatur.[698]

Die so genannte „Yushin–Verfassung" stand mit der persönlichen Führung des Staatspräsidenten Chung-Hee Park in einer untrennbaren Beziehung. Daher endete die Yushin-Verfassung mit dem Tod von Yushin am 26. Oktober 1979. Aber der Widerstand des Volkes verstärkte sich wegen der entstandenen Lücke nach seinem Tod, so dass die Fünfte Republik Korea unter dem Druck großer Lasten anfangen musste.[699]

IV. Das Präsidialsystem der Fünften Republik Korea

Die Verfassung der Fünften Republik Korea (1980–1988) berücksichtigte vor allem die Probleme der Yushin–Verfassung der Vierten Republik Korea, ähnlich dem Verhältnis zwischen Weimarer Verfassung und Grundgesetz.[700]

Allerdings basierte die politische Macht der Fünften Republik Korea auf einem erneuten Militärputsch,[701] es mangelte ihr an demokratischer Legitimität. Sie unterschied sich im Wesentlichen nicht sehr vom vorangegangenen Präsidialsystem mit der Notstandsregierung, wenngleich sie, äußerlich gesehen, in vielen Bereichen dem Wunsch des Volkes nach Demokratisierung mehr entgegengekommen ist als die früheren Republiken Korea.[702] Daher waren die staatlichen

698 Jong-Sang Lee, Die Regierungsform der Vierten Republik Korea, in: Korean Constitutional Law Association, 3 (1997), S. 161; Young Huh, die Verfassungstheorie und die Verfassung, 1997, S. 941.

699 Seok-Kwon Chang, Das Präsidialregierungssystem in Korea und die Untersuchung dessen Problem, in: Die Rechtswissenschaft an der Univ. Dankook, 17 (1991), S. 1 (8); ders., Die Theorie und dessen Praktik über das Präsidialregierungssystem (zweiter Teil), in: Das Monatsstaatsexamen, Nov. 1991, S. 75 (81).

700 Chul-Soo Kim, Die allgemeine Verfassungslehre, 11. Aufl., 1999, S. 881.

701 Der Hauptakteur des damaligen Militärputsches (12. Dezember 1979) war der General ‚Doo-Hwan Chun' und er wurde nächster Staatspräsident geworden.

702 Z. B. der Staatspräsident wurde von der so genannten 'Wählergruppe des Staatspräsidenten' gewählt. Die Wählergruppe des Staatspräsidenten, bestehend aus über 5000 Personen, wurde vom Volk allgemein, gleich, direkt und geheim gewählt (Art. 40 KoreaV) und existierte bis zum Anfang der Amtszeit des von ihnen gewählten Staatspräsidenten (Art. 41 Abs. 5 KoreaV). Auch der Staatspräsident hatte die Kompetenz, in einem Notfall sogar die in der Verfassung vorgeschriebenen Freiheiten und Rechte des Volkes beschränken zu können.

Regierungsorgane der Fünften Republik Korea weiter entwickelt als in der Dritten und Vierten Republik. Auch die wirtschaftliche Entwicklung und die öffentliche Ordnung waren stabiler. Dennoch wurde auch sie zur Ursache für eine Autorisierung des koreanischen Präsidialsystems und seiner Diktatorisierung.

Die Verfassung der Fünften Republik Korea hatte aber immer noch Elemente des parlamentarischen Regierungssystems, wenn man folgende Punkte in Betracht zieht: So war in der Verfassung ein Ministerpräsident als Institution vorgesehen, daneben wurde das Recht des Parlaments auf Einwilligung bei der Ernennung der Ministerpräsidenten anerkannt. Auch wurde die gleichzeitige Bekleidung von zwei Ämtern, namentlich als Abgeordneter und Minister erlaubt, und das Recht des Ministerpräsidenten und der Minister auf Anwesenheit und Äußerung im Parlament anerkannt. Schließlich hatte der Staatspräsidenten das Recht zur Auflösung des Parlaments und die Regierung das Recht, Gesetzesentwürfe einzubringen.[703]

V. Das Präsidialsystem der gegenwärtigen Verfassung

Aus dem so genannten Juni–Widerstand im Jahr 1987 ging die 29.-Juni–Erklärung hervor, die die indirekte Staatspräsidentenwahl, welche in der vergangenen koreanischen Verfassungsgeschichte für die Diktatorisierung des Staatspräsidenten eine entscheidende Ursache gewesen war, in eine direkte Wahl umwandelte.[704] Sie stand repräsentativ für den Aufbruch einer demokratischen Bewegung, die mit der früheren Bewegung des 19. April 1960 vergleichbar war, aus der das parlamentarische Regierungssystem in der Zweiten Republik Korea hervorgegangen war. Aufgrund dessen kann man sagen, dass die gegenwärtige Verfassung die besten Vorraussetzungen hatte, ein demokratisch politisches System zu etablieren.

Trotzdem gebar sie eine Regierung, die die Praxis des alten Präsidialsystems wegen der Interessen der politischen Machthaber weitgehend beibehielt. Die neue Regierung ging in die Hände der früheren Militärputschisten über, welche die Fünfte Republik Korea geleitet hatten. Man kann daher sagen, dass das Präsidialsystem in der gegenwärtigen koreanischen Verfassung in vielen Bereichen zwar

---

703 Do-Hyub Kim, Eine Untersuchung über das deutsche parlamentarische Regierungssystem, 1999, S. 216.

704 Young Huh, Die Grundzüge der neuen koreanischen Verfassung von 1987, in: JÖR 38 (1989), S. 565 (566, 574, 576 f.).

demokratischer geworden ist, aber die in der Vergangenheit aufgetretenen autoritären und diktatorischen Phänomene unter der neuen Verfassung immer noch wirkkräftig sind. Die oben genannten autoritären und diktatorischen Phänomene, die im Präsidialsystem der Verfassungen Koreas auftauchten, sind seit der demokratischen Regierung, von der Young-Sam Kim und Dae-Jung Kim Regierung, die mit dem Abschluss der Militärregierung gebildet wurde, bis zur gegenwärtigen Moo-Hyun Roh Regierung, noch nicht überwunden und bereiten immer noch viele Probleme. Die gegenwärtige Verfassung trägt lediglich einzelne Elemente des parlamentarischen Regierungssystems in sich, namentlich das Ministerpräsidentensystem und vor allem die Zustimmung des Parlaments bei der Ernennung des Ministerpräsidenten.[705]

B. Die Probleme des koreanischen Präsidialsystems

I. Der Mangel an demokratischer Legitimität

1. Das demokratische Legitimationsdefizit bei der Wahl des Staatspräsidenten

Es ist schwer, obwohl der Staatspräsident nach der gegenwärtigen Verfassung der Republik Korea vom Volk direkt gewählt wird, bei mehreren Präsidentenkandidaten schließlich einen Kandidaten, der von der Mehrheit des Volkes unterstützt wird, zu wählen.[706] Die gegenwärtige Verfassung der Republik Korea fordert für die Wahl zum Staatspräsidenten keine „Mehrheit"[707] der Wählerstimmen, und darüber hinaus weist sie in Bezug auf die erhaltenen Stimmen bei der Wahl eine

705 Weiterführend Do-Hyub Kim, Eine Untersuchung über das deutsche parlamentarische Regierungssystem, 1999, S. 216 f.

706 Do-Hyub Kim, Eine Untersuchung über das deutsche parlamentarische Regierungssystem, 1999, S. 209; ders., Das Verwirklichungsschema des parlamentarischen Regierungssystems in Korea, in: Aufsatzsammlung der Univ. Dankook, 22 (2000), S. 47 (49); Young Huh, Die Verfassungstheorie und Die Verfassung, 1997, S. 947.

707 Hier ist besonders der Zusammenhang mit dem Begriff über die Mehrheit problematisch. D. h.: „Bei rein arithmetischer Betrachtung ist die Mehrheit zunächst eine eindeutige Verhältnisbestimmung zwischen Zahlengruppen. Der jeweils wenigstens um eins den Rest eines Zahlenganzen übertreffende Teil ist die Mehrheit. Jedoch ist für die Theorie der Mehrheitsentscheidung diese Definition offenbar ungenügend. Es fehlt die Bezugsgröße. Welches ist das Zahlenganze, von dem aus sich Mehrheit und Minderheit bestimmen? Erst die Festlegung dieser Zahlenganzheit konstituiert die demokratische Mehrheitsregel." Näher H.-D. Horn, Mehrheit im Plebiszit. Zur Voraussetzung eines Zustimmungsquorums bei Volks- und Bürgerentscheiden, in: Der Staat, 38 (1999), S. 399 (401).

sehr undeutliche Regelung auf. Das stellt bei der Auslegung der Verfassung ein großes Problem dar. Die gegenwärtige Verfassung der Republik Korea regelt zwar für die Bestimmung des Staatspräsidenten, dass dieser grundsätzlich vom Volk gewählt wird. Kommt es bei diesem Wahlgang jedoch zu gleichen Wahlergebnissen,[708] kann also kein Kandidat die relative Mehrheit erlangen, muss das Parlament den Kandidaten in einem zweiten Wahlgang wählen. Hierbei braucht der zukünftige Staatspräsident auch nicht die Mehrheit der Parlamentarier, sondern nur die relative Mehrheit gegenüber den Gegenkandidaten.[709]

Dieses Wahlsystem führt zu großen Einbußen an demokratischer Legitimität bei der Wahl eines der wichtigsten Staatsmachtsorgane.[710] Genauso schreibt die Verfassung der Republik Korea bei einem Alleinkandidaten als Minimum für die Wahlbeteiligung nur ein Quorum von mehr als einem Drittel der Wahlberechtigten vor.[711] Wenn aber berücksichtigt wird, dass in der Praxis bei der Wahl des Staatspräsidenten sich regelmäßig mehr als fünf Kandidaten bewerben, hat dieser Paragraph kaum Bedeutung. Darüber hinaus besteht selbst in diesem Fall ein Mangel an demokratischer Legitimität, weil für die Wahl eines Alleinkandidaten keine Zustimmung der Mehrheit, sondern lediglich eine Zustimmung von einem Drittel der Wahlberechtigten vorgeschrieben ist.[712]

2. *Die Mängel des Ministerpräsidentensystems*

Das gegenwärtige präsidiale Regierungssystem kennt keinen Vizepräsidenten, sondern nur einen Ministerpräsidenten. So wird auch der Ministerpräsident, anders als der Vizepräsident in den USA, nicht durch Wahl, sondern durch die Ernennung des Staatspräsidenten und die Zustimmung des Parlaments bestimmt.

---

708 Wenn etwa 38 Millionen Wähler ihr Wahlrecht für die Kandidaten des Staatspräsidenten ausüben, ist es fast unmöglich, dass die Kandidaten tatsächlich die gleichen (höchsten) Stimmenzahlen erhalten. Daher ist der Art. 67 Abs. 2 KoreaV., der die gleiche Anzahl gewonnener Stimmen voraussetzt, logisch und mathematisch gesehen ein sehr großes Fehler der Gesetzgebung.

709 Art. 67 Abs. 2 KoreaV.

710 Sang-Chul Kim, Untersuchung über die Möglichkeit der Übernahme des parlamentarischen Regierungssystem, in: Die Untersuchung der Sozialwissenschaft an der Univ. Anyang, 5 (1997), S. 166 (191); Young Huh, Zur neueren Entwicklung des Verfassungsrechts in der Republik Korea, in: JÖR, 48 (2000), S. 471 (481).

711 Art. 67 Abs. 3 KoreaV.

712 Do-Hyub Kim, Eine Untersuchung über das deutsche parlamentarische Regierungssystem, 1999, S. 209.

Das kann dazu führen, dass der vom Staatspräsidenten benannte Kandidat für das Amt des Ministerpräsidenten vom Parlament nicht anerkannt wird, so dass schließlich ein provisorisches und unter demokratischen Aspekten unzulässiges Amt, das des so genannten stellvertretenden Ministerpräsidenten, entsteht. Dies ist der Fall, wenn die Regierungspartei klein und die Opposition stark ist und die politischen Konflikte zwischen der Regierungspartei und der Opposition extrem groß sind.[713]

Dem Ministerpräsidenten, der wie oben beschrieben, lediglich eine schwache demokratische Legitimität hat, gesteht die gegenwärtige koreanische Verfassung auch die Vertretung der Kompetenzen des Staatspräsidenten bei seiner Abwesenheit zu.[714] Hier bedeutet die Zeit der Vertretung der Kompetenzen nicht die übrige Amtszeit des fehlenden Staatspräsidenten, sondern begrenzt die vorübergehende Zeit bis zur Wahl des neuen Staatspräsidenten.[715] Aber auch diese Regelung ist weit von der Gewährleistung demokratischer Legitimität entfernt.[716] Daher sollte die Vertretung der Kompetenzen des Staatspräsidenten durch den Ministerpräsidenten in der Tat als eine vorübergehende Vertretung betrachtet werden, so dass sie auf die vorläufige Aufrechterhaltung der gegenwärtigen Lage beschränkt ist und eine weitergehende Macht, z. B. die Änderung der Politik und die Versetzung des Personals, nicht einschließt.[717] Selbstverständlich benötigt das System insofern eine Ergänzung, als die Kompetenzen des Ministerpräsidenten, während der vorübergehenden Vertretung des Staatspräsidenten, einer Machtkontrolle bedürfen.[718]

---

713 Ein repräsentatives Beispiel dafür ist die Ernennung von Jong-Pil Kim zum stellvertretenden Ministerpräsidenten im Jahre 1998 unter der Dae-Jung Kim Regierung. Näher siehe: Young Huh, Zur neueren Entwicklung des Verfassungsrechts in der Republik Korea, in: JÖR, 48 (2000), S. 471 (482 ff.).

714 Art. 71 KoreaV.

715 Aufgrund des Art. 68 Abs. 2 KoreaV findet die neue Präsidentenwahl innerhalb von 60 Tagen statt.

716 Do-Hyub Kim, Eine Untersuchung über das deutsche parlamentarische Regierungssystem, 1999, S. 209 f.; Young Huh, Die Verfassungstheorie und Die Verfassung, 1997, S. 948; vgl. Tschul-Soo Kim, Die allgemeine Verfassungslehre, 11. Aufl., 1999, S. 1078, „Es herrscht die Meinung vor, dass die Vertretung der Kompetenzen des Staatspräsidenten der demokratischen Legitimität einigermaßen gerecht wird, wenn der Ministerpräsident durch die Zustimmung des Parlaments ernannt wird."

717 Tschul-Soo Kim, Die allgemeine Verfassungslehre, 1999, S. 1037; Se-Chang Yun, Die neue Verfassung, 1983, S. 221.

718 Do-Hyub Kim, Das Verwirklichungsschema des parlamentarischen Regierungssystems in Korea, in: Aufsatzsammlung der Univ. Dankook, 22 (2000), S. 47 (49).

II. Die Irrationalität der Amtszeit des Staatspräsidenten

1. Der Grund für die irrationale Amtszeitregelung

Die gegenwärtige Verfassung der Republik Korea legt die Amtszeit des Staatspräsidenten auf fünf Jahre fest und sieht keine Verlängerung der Amtszeit vor.[719] Die Begründung dafür wird im Folgenden betrachtet.

a) Die Haltung der Regierungspartei

Bei der Änderung der Verfassung im Jahr 1987, forderte die Regierungspartei „Minjuchonguidang"[720] eine sechsjährige, einmalige Amtszeit, da die wichtigste politische Belastung durch die damaligen Machtinhaber der Fünften Republik Korea vor allem darin lag, dass sie ebenso wie die politische Führungsschicht der Dritten und Vierten Republik Korea ihre Macht auf das Militär stützten.[721] Daher konnte sie die zahlreichen inländischen und ausländischen Kritiken an der Diktatur des Staatspräsidenten der Vierten Republik nicht ignorieren. Darüber hinaus war eine der wichtigsten Ursachen der Diktatur gerade die von der Verfassung gewährleistete, lange konzentrierte Macht. Besondere Kritik rührte aus der Tatsache, dass die damalige siebenjährige, einmalige Amtszeit des Staatspräsidenten der Fünften Republik sogar noch ein Jahr länger als die Amtszeit des Staatspräsidenten der Vierten Republik gewesen war.

Freilich besteht ein wesentlicher Unterschied der Amtszeit des Staatspräsidenten der Vierten Republik Korea von der des Staatspräsidenten der Fünften Republik Korea darin, dass die Verfassung der Vierten Republik Korea keine Einschränkung der Wiederwahl des Staatspräsidenten kannte, während die Verfassung der Fünften Republik Korea nur eine einmalige Amtszeit eines Staatspräsidenten erlaubte. Aber die allgemeine Meinung von damals hegte großen Zweifel daran, ob sich die Machthaber an diese Einschränkungsregelung halten würden. Dies folgt aus der Tatsache, dass die Bürger schon mehrmals die Erfahrung gemacht hatten, dass die Machthaber, insoweit es für die weitere Erhaltung ihrer Macht nötig war, die Verfassung schnell änderten.

---

719 Art. 70 KoreaV.

720 Dies bedeutet übersetzt: demokratische Gerechtigkeitspartei.

721 Do-Hyub Kim, Eine Untersuchung über das deutsche parlamentarische Regierungssystem, 1999, S. 210.

Die von der Regierungspartei geforderte sechsjährige, einmalige Amtszeit sei bloß von der Amtszeit des Staatspräsidenten der Vierten Republik übernommen und habe keinen rationalen Beweggrund.[722]

b) Die Haltung der Opposition

Die damalige erste Opposition, die „Tongilminjudang"[723], forderte eine vierjährige Amtszeit mit der Möglichkeit der Wiederwahl. Der Hauptgrund liegt im folgenden: Die damalige siebenjährige Amtszeit des Staatspräsidenten der Fünften Republik – auch wenn sie einmalig gewährt war – war für die Opposition, die den Wechsel der politischen Machtverhältnisse erzielen wollte, zu lang gewesen. Darüber hinaus behauptete die Opposition unter Hinweis auf die Verfassungsgeschichte, in der die Verfassung der Ersten Republik und der Dritten Republik die vierjährige Amtszeit des Staatspräsidenten vorgeschrieben hatte, und vor allem mit Blick auf die Regierungsform der gegenwärtigen Republik Korea die starke Parallelen zum amerikanischen präsidiale Regierungssystem aufweist, dass die vierjährige Amtszeit mit der Möglichkeit der Wiederwahl besser sei.[724]

Dabei wurde aber übersehen, dass die Amtszeit des Staatspräsidenten der Ersten Republik und der Dritten Republik trotz der vierjährigen Amtszeit der wichtigste Grund für die lang andauernde Regierung der Diktaturmacht war, weil keine einmalige Amtszeit vorgeschrieben war. Dies bedeutet, dass unter Berücksichtigung der politischen Unreife der Ersten und Dritten Republik Korea eine Vorschrift über die Einschränkung auf eine einmalige Amtszeit nicht der Hauptgrund für die damalige lang andauernde Diktaturregierung gewesen sein kann.[725] Aber in der heutigen Situation, in der das politische Bewusstsein des Volkes sehr gereift ist, kann die einmalige Amtszeit des Staatspräsidenten nicht die positiven Seiten verstärken, sondern vielmehr werden so die negativen Seiten noch mehr betont.

---

722 Do-Hyub Kim, Eine Untersuchung über das deutsche parlamentarische Regierungssystem, 1999, S. 210; ders., Das Verwirklichungsschema des parlamentarischen Regierungssystems in Korea, in: Aufsatzsammlung der Univ. Dankook, 22 (2000), S. 47 (49).

723 Dies bedeutet übersetzt: demokratische Wiedervereinigungspartei.

724 Do-Hyub Kim, Eine Untersuchung über das deutsche parlamentarische Regierungssystem, 1999, S. 210.

725 Weiterführend Young Huh, Die Grundzüge der neuen koreanischen Verfassung von 1987, in: JÖR, 38 (1989), S. 565 (577).

2. *Grundsätzlicher Ausschluss der Möglichkeit einer Wiederwahl und der Abhaltung eines Volksentscheids*

Die gegenwärtige Verfassung schließt die Möglichkeit einer Kandidatur für die Wiederwahl des Staatspräsidenten sowie einen Volksentscheid darüber durch die Bestimmung über die einmalige Amtszeit des Staatspräsidenten von Anfang an aus.[726] Nach der Ideologie der Verfassung, bildet die Möglichkeit der Wiederwahl eine starke demokratische Legitimation für den vom Volk direkt gewählten Staatspräsidenten, wenn die Erneuerung der demokratischen Legitimität durch die Wahl gesichert werden kann.[727] Ermöglicht man eine Wiederwahl, so hat der Staatspräsident einen starken Anreiz, seine Aufgaben auch gut zu erfüllen, weil er von der Meinung des Volkes abhängig ist. Er wird sich daher verstärkt für dieses einsetzen. Zudem brauchen viele Entscheidungen, gerade in der Politik, einen langen Zeitraum, bis sie zu Ergebnissen führen und Früchte tragen. Eine kontinuierliche Arbeit ist daher gerade erst durch die Möglichkeit einer Wiederwahl möglich. Auch wenn das Volksurteil über die während der Amtszeit des Staatspräsidenten gemachte Politik nicht richtig erfüllt wird, kann der Staatspräsident viel zu frei von der Verantwortung für seine Politik sein.[728]

Wenn der gegenwärtige Staatspräsident von der großen Mehrheit des Volkes unterstützt wird oder wenn die große Mehrheit des Volkes meint, dass der gegenwärtige Staatspräsident unter den Kandidaten für die nächste Präsidentenwahl für die Staatsführung am besten geeignet ist, dann sollte dem Volk auch die Gelegenheit zur Wiederwahl gegeben werden.

3. *Die Behinderung bei der Planung der Staatspolitik und deren Ausführung*

Es lässt sich nur schwer behaupten, dass die fünfjährige Amtszeit des Staatspräsidenten ohne Verlängerungsmöglichkeit tatsächlich eine ausreichende Zeit für

---

726 Do-Hyub Kim, Das Verwirklichungsschema des parlamentarischen Regierungssystems in Korea, in: Aufsatzsammlung der Univ. Dankook, 22 (2000), S. 47 (49 f.).

727 Young Huh, Die Verfassungstheorie und die Verfassung, 1997, S. 947.

728 Young-Min Kim, Einige Streitpunkte des präsidialen Regierungssystems und des parlamentarischen Regierungssystems, in: Die Zeitschrift der Jura- und Politikfakultät an der Univ. Inhwa, 13 (1996), S. 9 (14).

die dauerhafte und langfristige Planung der Staatspolitik und deren ununterbrochene Ausführung ist.[729]

Sie steigert im Gegenteil die Gefahr einer nur kurzfristigen und kurzsichtigen Staatspolitik und damit Ineffektivität und Instabilität.

III. Die Ineffektivität der Kabinettsbildung

1. Das demokratische Defizit bei der Ernennung der Minister

Während im Allgemeinen die Minister im parlamentarischen Regierungssystem vom Ministerpräsidenten ernannt werden, wenn sie im Parlament einige Erfahrungen über ihren zuständigen Aufgabenbereich gesammelt haben, werden die Minister im gegenwärtigen präsidialen Regierungssystem Koreas meistens vom Staatspräsidenten einseitig und ohne Nachweis besonderer Eignungsvoraussetzungen ernannt.[730]

Auch kann das Volk unter den gegenwärtigen koreanischen politischen Verhältnissen keine Informationen darüber bekommen, wer bei der neuen Kabinettsbildung als Minister ernannt werden wird.[731]

2. Die fehlende Qualifikation der Minister

Im Allgemeinen kann gesagt werden, dass die Kabinettsbildung beim präsidialen Regierungssystem im Vergleich zum parlamentarischen Regierungssystem vom Sieger der Wahl allein vorgenommen wird. Besonders bei der Bildung einer neuen Regierung durch die vormalige Opposition nach der Abwahl einer langen Diktaturmacht kann dabei der Mangel einer fachlichen Elite Probleme aufwerfen.

Problematisch ist zudem, dass der Staatspräsident bei der Ernennung der Minister nicht allein nach der Fachkompetenz geht, sondern danach, inwieweit die Minister seine politische Arbeit unterstützen. Gerade dies stellt eine gravierende Ursache für eine ineffektive Kabinettsbildung dar.

---

729 Sang-Chul Kim, Untersuchung über die Möglichkeit der Übernahme des parlamentarischen Regierungssystem, in: Die Untersuchung der Sozialwissenschaft an der Univ. Anyang, 5 (1997), S. 166 (191).

730 Young-Min Kim, Einige Streitpunkte des präsidialen Regierungssystems und des parlamentarischen Regierungssystems, in: Die Zeitschrift der Jura- und Politikfakultät an der Univ. Inhwa, 13 (1996), S. 9 (21).

731 In Korea gibt es kein Schattenkabinett wie in Deutschland.

Die seit Februar 2003 regierende gegenwärtige Regierung bemühte sich, durch die Gründung des Komitees für die Übernahme des Präsidentenamtes insgesamt bei der Vergabe von Posten und anderen Funktionen rationalere Entscheidungen zu treffen. Gerade fachliche Qualifikationen sollten im Vordergrund stehen. Trotz solcher Bemühungen kam es aber zu Ernennungen von Personen, die eher nach ihrer politischen Überzeugung ausgewählt wurden als nach rein fachlichen Fähigkeiten.

3. Der häufige Wechsel der Minister

Der Mangel an Fachkompetenz der Minister führt zu einer unzureichenden Wahrnehmung und Ausfüllung der Ressortaufgaben, was wiederum politische Unruhe auslöst und den Hauptgrund für den häufigen Wechsel der Minister darstellt. Dieser häufige Wechsel der Minister erschwert nicht nur eine kontinuierliche Politik, sondern führt auch zu einer zunehmenden Abhängigkeit der Minister vom Staatspräsidenten, der sie ernennt und entlässt.[732]

IV. Die geschichtliche Erfahrung der Diktatur

1. Die zeitliche Abfolge der diktatorischen Regime in Korea

Die Perioden der diktatorischen Präsidialsysteme in Korea kann man wie folgt unterteilen. Außer der Zweiten Republik, die das parlamentarische Regierungssystem übernommen hatte, sind die Erste Republik (1948–1960), die Dritte Republik (1962–1972), die Vierte Republik (1972–1980), die Fünfte Republik (1980–1988) und die Sechste Republik (1988–1993) als Epochen diktatorisierte Präsidialmacht anzusehen, auch wenn die Meinung der Wissenschaftler darüber unterschiedlich ausfällt. Vor allem in der Sechsten Republik Korea gingen die Meinungen sehr weit auseinander. Da in der Sechsten Republik eine direkte Präsidentenwahl stattfand, kann man behaupten, dass sie relativ stark demokratisch legitimiert war, anders als die vergangenen politischen Machtsysteme.

---

[732] Vgl. Young-Min Kim, Einige Streitpunkte des präsidialen Regierungssystems und des parlamentarischen Regierungssystems, in: Die Zeitschrift der Jura- und Politikfakultät an der Univ. Inhwa, 13 (1996), S. 9 (20 f.), „Untersuchungen über Westeuropa, USA und Lateinamerika zwischen 1950 und 1980 haben gezeigt, dass die Quote von den Personen, die einmal Minister gewesen waren und später wieder als solche ernannt wurden, im allgemeinen drei mal so hoch im parlamentarischen Regierungssystem war wie im Präsidialsystem, und auch die durchschnittliche Amtszeit der Minister im parlamentarischen Regierungssystem war fast doppelt so lang wie die im Präsidialsystem.‘"

Aber die Young-Sam Kim Regierung, die im Jahr 1993 ihre Amtszeit angetreten hat, gilt als „Munmin–Regierung"[733] bzw. als demokratisierte politische Machtordnung.[734]

2. *Die Gründe für die Diktatorisierung des koreanischen präsidialen Regierungssystems*

Als wichtigster Grund für die Diktatorisierung des koreanischen präsidialen Regierungssystems ist die besondere Lage in Korea zu erkennen. Erstens führte die Teilung von Nord und Süd dazu, dass dem Staatspräsidenten eine übermäßig starke Macht gegeben wurde. Dieses wiederum war eine der wichtigen Ursachen für eine langfristige Diktatorisierung.[735] Der Staatspräsident und auch das koreanische Volk hatten die ganze Zeit über die mächtigen Militärmachthaber Nordkoreas im Hinterkopf. Wegen der Ängste und Befürchtungen in der Bevölkerung war es so dem Staatspräsidenten möglich, eine starke politische Machtposition für sich zu beanspruchen.[736]

Zweitens gab es in den politischen Gruppen, die sich gebildet hatten, eine Neigung, sich auf eine Person zu konzentrieren. Daraus entstand schließlich die Diktatorisierung des koreanischen Staatspräsidenten als des Vorsitzenden der Regierungspartei. So betrachtet, besteht immer eine erhöhte Gefahr einer Machtkonzentration beim Staatspräsidenten – obwohl sich heutzutage durch das Auftreten einer zivilen Regierung und einer Steigerung des politischen Bewusstseins im Volk positive Veränderungen abzeichnen –, solange dieser das Amt des Vorsitzenden der Regierungspartei bekleidet.[737] Weil der Staatspräsident als einziger Parteiführer zudem das öffentliche Empfehlungsrecht der Abgeordnetenkandidaten in Anspruch nimmt, bedeutet das, dass der Staatspräsident selbst auf das

---

733 Die ‚Munmin-Regierung' bedeutet die Zivilregierung in Korea.

734 Young Huh, Zur neueren Entwicklung des Verfassungsrechts in der Republik Korea, in: JÖR, 48 (2000), S. 471 (478).

735 Do-Hyub Kim, Das Verwirklichungsschema des parlamentarischen Regierungssystems in Korea, in: Aufsatzsammlung der Univ. Dankook, 22 (2000), S. 47 (50).

736 Do-Hyub Kim, Eine Untersuchung über das deutsche parlamentarische Regierungssystem, 1999, S. 211 f.

737 Seok-Kwon Chang, Das Präsidialregierungssystem in Korea und die Untersuchung dessen Problem, in: Die Rechtswissenschaft an der Univ. Dankook, 17 (1991), S. 1 (18 f.).

Parlament einen starken Einfluss ausüben kann und so die Wahrscheinlichkeit einer Diktatur immer größer wird.[738]

Drittens führte die durch die lange Militärregierung gebildete politische Kultur schließlich dazu, dass der Staatspräsident eine übermäßige Machtfülle erwarb, was wiederum ein diktatorisiertes politisches Klima erzeugte.[739]

Viertens kann auch die traditionelle konfuzianische Kultur in Korea als Grund genannt werden. Zwar lebte Korea in der Vergangenheit jahrelang mit der konfuzianischen Tradition, bei der der Hausherr die absolute Herrschaftsgewalt in der Familie ausübte; auch wurde das Familienhaupt nach der Ideologie der konfuzianischen Kultur wie ein König betrachtet. Diese Tradition prägte und prägt bis zum heutigen Tag auch die politische Kultur in Korea. Eine solche unmoderne Bewusstseinslage der allgemeinen gesellschaftlichen Öffentlichkeit ist von nicht geringem Einfluss auf die Diktatorisierung der Präsidialmacht.[740]

V. Der Zerfall der Parteipolitik

1. Die Entwicklungsgeschichte der Vorschrift über die Parteien in der koreanischen Verfassung

Die Republik Korea hat in der Verfassung der Ersten Republik Korea Parteiangelegenheiten nicht geregelt. Erst in der Verfassung der Zweiten Republik Korea sind schützende Regelungen über die Parteien vorgeschrieben.[741] Danach wurden in die Verfassung der Dritten Republik Korea viele Regelungen über die Partei aufgenommen, welche die Charakterzüge einer ausgeprägten Parteienstaatlichkeit zeigen. Wenn nämlich ein Abgeordneter aus seiner Partei austritt und in eine andere Partei wechselt, muss er disqualifiziert werden. Dies zeigt die starke Bindung des Abgeordneten an seine Partei. Indem der Staatspräsident

---

738 Dai-Kwon Choi, Die Diskussion über die Verfassungsänderung – im Mittelpunkt auf die Regierungsform, in: Korean Public Law Association, 1997, S. 16.

739 Do-Hyub Kim, Eine Untersuchung über das deutsche parlamentarische Regierungssystem, 1999, S. 212.

740 In Bezug auf den Einfluss des Konfuzianismus, siehe näher Won-Ho Lee, Kurzer Abriss koreanisches Recht in Vergangenheit und Gegenwart, in: Festschrift für Bernhard Großfeld zum 65. Geburtstag, 1999, S. 687 (690, 693, 695 ff.); Young Huh, Zur neueren Entwicklung des Verfassungsrechts in der Republik Korea, in: JÖR, 48 (2000), S. 471 (487).

741 Art. 13 Abs. 2 KoreaV.

Mitglied einer Partei werden konnte und das Amt des Vorsitzenden der Partei bekleidete, konnte er so starken Einfluss ausüben.[742]

Im Gegensatz dazu sind die Charakterzüge des Parteienstaates in der Verfassung der Vierten Republik Korea abgeschwächt. Vor dem Hintergrund der Verfassung der Dritten Republik Koreas, die zu parteienstaatlich orientiert gewesen war, erkannte die Vierte Republik Korea die parteilosen Abgeordneten an und verbot den Eintritt der Mitglieder der ,Tongiljuchaekukminhoi' in die Parteien.[743] Aber die Parteizugehörigkeit des Staatspräsidenten, des Ministerpräsidenten und des Ministers wurde akzeptiert. Die Verfassung der Fünften Republik Korea ergänzte die Bestimmungen der Parteien und verstärkte dadurch ihre Stellungen. Außer der Bestimmung über das Parteiorgan und deren Aktivitäten, fügt die gegenwärtige Verfassung noch eine zusätzliche Bestimmung hinzu. Als demokratisches Element wurde eingeführt, dass das Verfassungsgericht die Auflösung verfassungswidriger Parteien veranlassen kann.

2. *Die undemokratische Leitung der Partei*

Die heutigen Parteien der Republik Korea werden von einigen bestimmten Personen konzentriert geleitet und geführt. Bei der Parteiführung sind viele undemokratische Elemente erkennbar.[744] Ein repräsentatives Beispiel dafür ist, dass der Parteichef das Recht hat, Kandidaten für die Parlamentswahl vorzuschlagen und zu empfehlen. Dies hat zur Folge, dass zumindest die Möglichkeit besteht, dass die der Partei angehörigen Abgeordneten, die wieder gewählt werden wollen, sich darum bemühen müssen, dem Vorsitzenden gegenüber ihre Treue während ihrer Amtszeit zu zeigen, anstatt als Repräsentanten für das ganze Volk

742 Byung-Sak Ku, Die Untersuchung über das parlamentarische Regierungssystem, 1991, S. 49; Tschul-Soo Kim, Die allgemeine Verfassungslehre, 11. Aufl., 1999, S. 880; Young Huh, Die Verfassungstheorie und Die Verfassung, 1997, S. 938.

743 Der Staatspräsident der Vierten Republik Korea wurde von der ,Tongiljuchaekukminhoi' (die eigenständige Nationalversammlung für Wiedervereinigung) für eine sechsjährige Amtszeit indirekt gewählt. Er hatte das Recht ein Drittel der Abgeordneten in der ,Tongiljuchaekukminhoi' zu wählen zu lassen. Damit trug die ,Tongiljuchaekukminhoi' in der koreanischen verfassungsrechtlichen Geschichte viel dazu bei, dass das Hervorbringen der stärksten Kompetenz des Staatspräsidenten absolut gefördert wurde. Daher hat der Paragraph über den Nichteintritt in die Partei in Wirklichkeit eigentlich keine Bedeutung.

744 Sang-Chul Kim, Die Untersuchung über die Möglichkeit der Übernahme des parlamentarischen Regierungssystems, in: Die Untersuchung der Sozialwissenschaft an der Univ. Anyang, 5 (1997), S. 166 (191).

zu agieren.[745] Dies kann besonders bei der Regierungspartei noch ernsthafte Folge haben. Wenn der Staatspräsident in Korea als Parteichef nämlich das Recht hat, Kandidaten für die nächste Parlamentswahl vorzuschlagen, kann er den Abgeordneten androhen, sie bei der Ernennung der Kandidaten auszuschließen. Diese werden sich daher eher seiner Meinung anschließen, als sich gegen seine politische Meinung durchzusetzen oder diese gar in der Öffentlichkeit zu kritisieren. Infolge dessen werden sich die Abgeordneten darum bemühen, ihre Beziehung zum Staatspräsidenten zu verbessern. Dadurch kann es dazu kommen, dass die Kohärenz der Partei reduziert wird. Darüber hinaus werden Austritte aus der Partei wahrscheinlich, wenn die Abgeordneten sich gegen den Staatspräsidenten durchsetzen wollten, es aber letztlich nicht geschafft haben.[746]

3. *Das Fehlen ideologischer Parteien und die Regionalisierung der Parteienlandschaft*

Der Hauptgrund dafür, warum die heutigen koreanischen Parteien zur ideologielosen und regionalen Parteien verfielen, liegt in der regionalen Hegemonie, die sich unter dem gegenwärtigen präsidialen Regierungssystem verschlimmerte. Seit 50 Jahren hat die Republik Korea bis heute zwei spezifische Anliegen, nämlich das Wirtschaftswachstum und die friedliche Koexistenz unter der militärischen Spannungslage der Teilung zwischen Süd– und Nordkorea. Diese Anliegen bringen die koreanischen politischen Führer in eine sehr nachteilige und eingeschränkte Lage, wenn sie sich für eine politische Ideologie entscheiden bzw. nach einer anderen Alternative bzw. Unterschiedlichkeit in den politischen Leitlinien streben. Daher wählten die koreanischen politischen Leiter eine irrationale Methode, die so genannte Regionale Hegemonie, anstatt die Unterschiedlichkeit durch eine andere politische Ideologie zu erzielen. Ein repräsentatives Beispiel dafür ist gerade die sich auf die regionale Hegemonie verlassene Präsidentenwahl.[747]

---

745 Do-Hyub Kim, Das Verwirklichungsschema des parlamentarischen Regierungssystems in Korea, in: Aufsatzsammlung der Univ. Dankook, 22 (2000), S. 47 (51); Young Huh, Parteienstaat, repräsentative Demokratie und Wahlsystem – Idee und Wirklichkeit in der Republik Korea, in: JÖR, 51 (2003), S. 695 (696).

746 Young-Min Kim, Einige Streitpunkte des präsidialen Regierungssystems und des parlamentarischen Regierungssystems, in: Die Zeitschrift der Jura- und Politikfakultät an der Univ. Inhwa, Inchen, 13 (1996), S. 9 (15 f.).

747 Siehe näher Young Huh, Zur neueren Entwicklung des Verfassungsrechts in der Republik Korea, in: JÖR, 48 (2000), S. 471 (482 ff.); Bong-Kun Kal, Der Einfluss des Grundgesetzes auf koreanisches Verfassungsrecht, in: 40 Jahre Grundgesetz, 1990, S. 299 (308).

Diese regionale Hegemonie führte nämlich die Regionalisierung der koreanischen Parteienlandschaft herbei. Sie wurde zu einem wichtigen Grund, warum die koreanischen Parteien zu ideologielosen Parteien geworden sind. Demgegenüber waren die Parteien, die eine andere politische Ideologie suchten, zwar vorhanden, diese Parteien waren aber sehr klein, so dass sie meistens keine Fraktion bilden konnten.[748] Fast keine der Parteien repräsentierte eine deutlich klare Ideologie. Daher ist es richtig, dass es in der Republik Korea keine Partei gibt, die sich ideologisch von anderen stark unterscheidet.

VI. Probleme im Verhältnis zwischen Staatspräsident und Parlament

1. Politische Frontstellung ohne formale Vermittlungsinstanz

Die Begrenzung der Amtszeit des Staatspräsidenten auf eine Legislaturperiode[749] will im koreanischen Regierungssystem zur politischen Stabilität beitragen; führt dies jedoch zu erheblichen Nachteilen. So muss der koreanische Staatspräsident weniger Rücksicht auf das Parlament nehmen. Falls sich der Staatspräsident und das Parlament[750] in einer politischen Angelegenheit konträr gegenüberstehen, und wenn diese Gegensätze sich immer weiter vergrößern, ist ein Vermittler im koreanischen Präsidialsystem schwer zu finden.[751] In diesem Zusammenhang sind zwei Konstellationen denkbar.

a) Parlamentarische Regierungsmehrheit

Wenn die Opposition im Parlament gegenüber der regierenden Partei in der Minderheit ist, wächst die Wahrscheinlichkeit, dass die Opposition auf eine extreme Art und Weise Widerstand leistet. Dies provoziert einen lang andauernden Leerlauf im Parlament bzw. einen Aufstand der Opposition außerhalb des Parlaments.[752]

---

748 Young Huh, Parteienstaat, repräsentative Demokratie und Wahlsystem – Idee und Wirklichkeit in der Republik Korea, in: JÖR, 51 (2003), S. 695 (696).

749 Art. 70 KoreaV; dazu oben schon Drittes Kapitel, B.II.

750 Insbesondere ‚die Opposition'.

751 Tschul-Soo Kim, Die allgemeine Verfassungslehre, 11. Aufl., 1999, S. 873; Young Huh, Die Verfassungstheorie und die Verfassung, 1997, S. 913.

752 Do-Hyub Kim, Das Verwirklichungsschema des parlamentarischen Regierungssystems in Korea, in: Aufsatzsammlung der Univ. Dankook, 22 (2000), S. 47 (51).

In Korea ist es für die Opposition im Allgemeinen eine bekannte Erfahrung, die sie vor allem während des langen militärischen Regimes gewonnen hatte, dass die Aufwiegelung der Volksmeinung bei extremen politischen Streitigkeiten zwischen dem Staatspräsidenten und dem Parlament die effektivste und aktuellste Methode ist. Deswegen versuchten die Führer der Opposition, die Zustimmung des Volkes meistens durch außerparlamentarische Versammlungen zu erlangen, oder sie beeinflussten die Meinung des Volkes durch Hungerstreiks. Diesen Hungerstreiks kam sowohl im In- als auch im Ausland eine sehr viel stärkere Beachtung zu als etwa politischen Streiks, die undemokratische Entscheidungen des Staatspräsidenten verhindern wollten. Im Falle einer extremen politischen Auseinandersetzung zwischen dem Staatspräsidenten und dem Parlament in Korea spielten daher weder politische Verhandlungen noch Kompromisse, sondern die Volksmeinung die Rolle des Vermittlers.[753]

b) Parlamentarische Regierungsminderheit

Im Laufe der politischen Geschichte Südkoreas hat es parlamentarische Regierungsminderheiten nur selten gegeben. In den meisten Fällen bekamen die Regierungsparteien schon durch die Parlamentswahl die meisten Plätze. Wenn es aber Oppositionsmehrheiten gegeben hat, wie im Jahr 1990, dann war es dem Staatspräsidenten durch Koalitionen mit anderen Oppositionsparteien oder Parteiwechseln einzelner Abgeordneten möglich, die parlamentarische Mehrheit doch noch zu erlangen.

Wenn aber eine solche Mehrheitsbildung nicht möglich ist, so führt dies zu einer parlamentarischen Minderheit der Regierungspartei wie in der jetzigen Regierung von Staatspräsident Moo-Hyun Roh.

Die Wahrscheinlichkeit für einen heftigen politischen Konflikt zwischen dem Staatspräsidenten und der oppositionellen Mehrheit ist unter solchen Umständen sehr hoch. Dies zeigt das Amtsenthebungsverfahren gegen Staatspräsident Moo-Hyun Roh vom 12. März 2004 nachdrücklich.[754]

---

[753] Do-Hyub Kim, Eine Untersuchung über das deutsche parlamentarische Regierungssystem, 1999, S. 222.

[754] 195 Abgeordnete der oppositionellen Parteien nahmen an der Abstimmung teil. 193 davon stimmten für die Amtsenthebung, zwei dagegen. Gemäß dem Gesetz (Art. 71 KoreaV) hat der Ministerpräsident Kun Goh unterdessen vorübergehend die Regierungsgeschäfte von Staatspräsident Moo-Hyun Roh übernommen.

Die jetzige politische Situation, welche im Amtsenthebungsverfahren gegen den Staatspräsidenten gipfelte, verschärfte sich ohne jegliche politische Vermittlungs- oder Kompromissversuche. Die letzte Entscheidung ist gem. § 49 Abs. 2 KVerfGG dem Verfassungsgericht vorbehalten. Bis das Verfassungsgericht eine endgültige Entscheidung über das Amtsenthebungsverfahren getroffen hatte, bestand eine große politische Unsicherheit in Südkorea.

aa) Das Verfahren der Amtsenthebung

Gem. Art. 65 Abs. 2 KoreaV kann ein Amtsenthebungsverfahren eingeleitet werden, wenn ein hochrangiger Regierungsbeamter oder Richter verdächtigt wird, gegen die Verfassung oder gegen Gesetze verstoßen zu haben.

Das Verfahren gliedert sich in zwei Schritte, nämlich den Antrag auf die Amtsenthebung sowie die Entscheidung über die eigentliche Amtsenthebung.

Der Antrag auf Amtsenthebung des Staatspräsidenten muss von mindestens der einfachen Mehrheit der Mitglieder des Parlaments eingebracht werden. Der Beschluss, den Staatspräsidenten von seinem Amt zu entheben, bedarf der Mehrheit von zwei Dritteln der Mitglieder des Parlaments.[755] Falls das Parlament mit zwei Dritteln die Amtsenthebung des Staatspräsidenten beschließt, so kann das Parlament das Verfassungsgericht anrufen.[756] In diesem Fall ist der Staatspräsident von seinem Amt bis zur Entscheidung über das Amtsenthebungsverfahren suspendiert.[757]

Darüber hinaus muss das Verfassungsgericht innerhalb von 180 Tagen nach dem Parlamentsbeschluss ein Urteil über die Amtsenthebung des Staatspräsidenten fällen. Falls mehr als fünf von neun Verfassungsrichtern dem Parlamentsbeschluss zustimmen sollten, wird der Staatspräsident des Amtes enthoben.[758]

bb) Der politische Hintergrund des Amtsenthebungsverfahrens

Der Staatspräsident Moo-Hyun Roh hat im Hinblick auf die Parlamentswahl am 15. April 2004 das Volk um die Unterstützung einer bestimmten Partei (Uri-Partei) gebeten. Diese Rede des Staatspräsidenten wurde von drei oppositionellen

---

755 Art. 65 Abs. 2 KoreaV.
756 § 49 Abs. 2 KVerfGG.
757 Art. 65 Abs. 3 KoreaV.
758 Art. 113 Abs. 1 KoreaV; §§ 53 Abs. 1, 38 KVerfGG

Parteien[759] als Verstoß gegen das Wahlrecht, namentlich gegen die parteipolitische Neutralität der Beamten gewertet.[760] Das war aber nur der fadenscheinige Grund zur Einleitung des Amtsenthebungsverfahrens.

Der tatsächliche Hintergrund war der politische Gegensatz zwischen den drei großen Oppositionsparteien, deren Stärke aus der Unterstützung einzelner Provinzen resultiert, und dem Staatspräsidenten und seiner Regierungspartei (Uri-Partei). Letztere wollten ein überregionales politisches Bündnis aufbauen. Die Unterstützungsrede vom Staatspräsidenten für die Uri-Partei stellte sich aus Sicht der oppositionellen Parteien als eine ernsthafte Bedrohung ihrer regional begründeten Machtbasis und damit als Gefährdung der bestehenden regionalen Hegemonie dieser Parteien dar.

Aus diesem Grund kamen die oppositionellen Parteien zu dem Entschluss, das Amtsenthebungsverfahren gegen Staatspräsident Moo-Hyun Roh einzuleiten. In diesem Zusammenhang ist das Verfassungsgericht am 14. Mai zu dem Schluss gekommen, dass die vom Parlament genannte Begründung zur Amtsenthebung trotz einiger Gesetzesverstöße des Staatspräsidenten nicht überzeugend genug gewesen sei; insbesondere dann nicht, wenn man die möglichen ernsthaften Auswirkungen im Falle einer endgültigen Amtsenthebung des Staatspräsidenten bedenke.

2. *Die Konkurrenz um die Volksrepräsentation*

Im Allgemeinen beruht das präsidiale Regierungssystem auf dem vom Volk legitimierten Staatspräsidenten und dem Parlament. Da sowohl der Staatspräsident als auch das Parlament das Volk repräsentieren, lässt sich auf demokratische Weise nicht begründen, dass letztlich nur einer von beiden das Volk repräsentiert.[761]

---

759 Hannara-Partei, Jaminryun-Partei und Minju-Partei.

760 § 9 des Gesetzes für die Wahl des öffentlichen Dienstes und für die Verhinderung der unrechtlichen Wahl.

761 Da beide Gewaltorgane auf der Legitimation des Volkes beruhen, ist eine Diskussion darüber, welches der Organe nun die größere Legitimation besitzt, völlig überflüssig. Es werden lediglich ihre inneren Eigenschaften und die gegenwärtige Politik vorausgesetzt, nämlich die so genannte gegenseitige Gegenüberstellung und Abhaltung der beiden Gewaltorgane.

Darum ist es möglich, dass es wegen der Frage, wer die Legitimation des Volkes genießt, zu einer Verschärfung der Zwietracht und Konfrontation zwischen Parlament und Präsident kommt. Die Gefahr besteht insbesondere in einem Land, das sehr unter ideologischen, kulturellen, rassischen, regionalen Gegensätzlichkeiten leidet.[762]

Ein Beispiel dafür ist, dass der ehemalige Staatspräsident Dae-Jung Kim in Bezug auf seine Politik gegenüber Nordkorea und wegen seiner politisch offensiven Ideologie viel kritisiert wurde. Die Kritik an seiner „Sonnenscheinpolitik" gegenüber Nordkorea wurde vor allem von den Konservativen geäußert. Wegen seiner zu freundlichen Politik gegenüber Nordkorea wurden auch Zweifel an seiner Amtseignung vorgebracht. Auch, dass das Parlament am 12. März 2004 den von der Opposition eingereichten Amtsenthebungsantrag gegen Staatspräsident Moo-Hyun Roh angenommen hat, findet hierin einen der tragenden Beweggründe.

---

762 Young-Min Kim, Einige Streitpunkte des präsidialen Regierungssystems und des parlamentarischen Regierungssystems, in: Die Zeitschrift der Jura- und Politikfakultät an der Univ. Inhwa, Inchen, 13 (1996), S. 9 (12 f.).

VIERTES KAPITEL

Die Notwendigkeit der Übernahme des deutschen parlamentarischen Regierungssystems in Korea und deren Vorbedingungen

A. Die voraussichtlichen Erträge als Gründe für die Übernahme des parlamentarischen Regierungssystems

I. Verwirklichung einer verantwortlichen Politik

1. Verantwortliche Politik als prägendes Merkmal des parlamentarischen Regierungssystems

Bekanntermaßen ist das parlamentarische Regierungssystem ein Regierungssystem, welches aufgrund des so genannten automatischen Prinzips in folgender Reihenfolge die Zurechnung demokratischer Verantwortung bewirkt: Volk, Partei, Parlament, Kabinett. Dies bedeutet, dass das Kabinett dem Parlament gegenüber verantwortlich ist; das Parlament wiederum ist gegenüber dem Volk verantwortlich.[763] Demnach ist das Parlament, welches durch die vom Volk direkt gewählten Mitglieder gebildet wird, der Kern und gleichzeitig das Hauptfunktionsorgan. In diesem Sinne ist das Parlament die direkte und echte Ausdrucks- und Verwirklichungsform des Parlamentarismus. Daher muss der Ministerpräsident, unabhängig von seiner Amtszeit, bei einer extremen Meinungsverschiedenheit im Parlament oder beim Bedürfnis nach einem Regierungswechsel immer durch Wahlen vor dem Volk die Verantwortung tragen.[764]

---

763 Man-Hee Jeong, Die moderne Verfassung und Parlamentarismus, 1995, S. 334; Seok-Kwon Chang, Die Wert und das Wesen des parlamentarischen Regierungssystems, in: Das Monatsstaatsexamen, Mai. 1990, S. 69 (78); Tschul-Soo Kim, Die allgemeine Verfassungslehre, 11. Aufl., 1999, S. 875.

764 Do-Hyub Kim, Das Verwirklichungsschema des parlamentarischen Regierungssystems in Korea, in: Aufsatzsammlung der Univ. Dankook, 22 (2000), S. 47 (55).

2. *Verwirklichung einer verantwortlichen Politik als voraussichtlicher Effekt*

In der jetzigen Verfassung der Republik Korea wird die Stellung des Ministerpräsidenten nicht nur als zweites Amt neben dem Staatspräsidenten eingeordnet. Sondern diese Stellung wird in der Tat zu einem politischen Vorwand genommen, die Verantwortung auf den Ministerpräsidenten abzuschieben, falls die politische Verantwortung des Staatspräsidenten in der Staatsverwaltung ernsthaft gefordert wird oder das Volk Kritik an der administrativen Führung äußert.[765]

Dies führt zu einem häufigen Wechsel des Ministerpräsidenten und zu einem strukturellen Mangel bei der Durchführung der staatlichen Politik. Der Staatspräsident ist zu frei von der eigenen politischen Verantwortung geworden.[766] Er muss bei eigenen Fehlern nicht für diese einstehen und auch politisch nicht die Verantwortung übernehmen. Unter Berücksichtigung dieser Tatsache ist die Annahme des parlamentarischen Regierungssystems in Korea eine absolute Voraussetzung für den Aufbau einer verantwortungsvollen Politik auf der gesamten Staatsverwaltungsebene.[767]

---

765 Art. 86 Abs. 2 KoreaV.

766 Sang-Chul Kim, Die Untersuchung über die Möglichkeit der Übernahme des parlamentarischen Regierungssystems, in: Die Untersuchung der Sozialwissenschaft an der Univ. Anyang, 5 (1997), S. 166 (191).

767 Vgl. Byung-Sak Ku, Die Untersuchung über das parlamentarische Regierungssystem, 1991, S. 101 f., hat darauf hingewiesen, dass viele Machthaber in Korea tendenziell das parlamentarische Regierungssystem gescheut haben, weil dies eine Regierungsform der Hochachtung des Volkswillens ist, bei dem man stets für die Volksmeinung sensibel bleiben muss. Die Regierenden müssten daher für ihre Fehler auch politische Verantwortung übernehmen.

II. Effizienzsteigerung bei der Bildung der Staatsorgane und der Ausführung der Staatsverwaltung

1. Die unentbehrlichen Bedingungen für die Verwirklichung eines modernen Wohlfahrtsstaates

Im Fall Koreas sollten zwei unentbehrliche Bedingungen für die Verwirklichung des „modernen Wohlfahrtsstaates"[768] erfüllt werden. Erstens sollte die Effektivität bei der Bildung der Staatsorgane erhöht werden. Unter dem gegenwärtigen präsidialen Regierungssystem Koreas werden die Wahl des Staatspräsidenten und der Abgeordneten getrennt abgehalten, so dass die Last der staatlichen Finanzen wächst. Insbesondere die Wahlkosten bei der Präsidentenwahl verursachen übermäßige Ausgaben.

Zweitens sollte die Effektivität bei der staatlichen Verwaltung erhöht werden. In einer Zeit, in der die „Verschiedenheit, Pluralität und Fachlichkeit"[769] in allen Bereichen der Gesellschaft beständig zunimmt, ist es schwer für einen Staat mit einem gewaltenteiligen System, das von einem machtvollen Präsident überwölbt wird, die öffentlichen Aufgaben hinreichend wahrzunehmen und den sich wandelnden Bedürfnissen des Volkes zu entsprechen.[770]

Ein Beispiel dafür ist, dass die Minister als Spitzen der staatlichen Verwaltung wenige Fähigkeiten in ihrem eigenen Bereich besitzen. Weil die Kompetenzen allzu sehr auf den Staatspräsidenten konzentriert sind, verursacht und erhöht dies die Unselbständigkeit bei der Entscheidung über ihre eigenen Aufgaben und deren Durchführung. Denn die Minister müssen den Willen des Staatspräsidenten berücksichtigen. Letztlich führt dies zu einer geringen Fachkompetenz, Ineffizienz und Unflexibilität bei der Ausübung des öffentlichen Dienstes.

---

768 Im Zusammenhang mit dem modernen Wohlfahrtsstaat ist besonders wichtig, dass die Gemeinwohldienerschaft zum essentiellen Legitimitätskanon des modernen Staates gehört. Allerdings formt die im freiheitlichen demokratischen Verfassungsstaat inhaltliche Offenheit und Allgemeinheit dieser nur zielidentischen Kategorie den staatsrechtlichen Kern der Gemeinwohlfrage vor allem zur Kompetenz– und Verfahrensfrage. Näher H.-D. Horn, Staat und Gesellschaft in der Verwaltung des Pluralismus, in: Die Verwaltung, 26 (1993), S. 545 (545).

769 Vgl. H.-D. Horn, Staat und Gesellschaft in der Verwaltung des Pluralismus, in: Die Verwaltung, 26 (1993), S. 545 (548).

770 Do-Hyub Kim, Das Verwirklichungsschema des parlamentarischen Regierungssystems in Korea, in: Aufsatzsammlung der Univ. Dankook, 22 (2000), S. 47 (55).

2. *Die voraussichtliche Erhöhung des Wirkungsgrades bei der Bestellung der Staatsorgane und der Rationalisierung des politischen Geschehens*

Beim parlamentarischen Regierungssystem, anderes als beim bestehenden Präsidialsystem in Korea, in dem die Präsidentenwahl und die Parlamentswahl einzeln stattfinden, wird die Effektivität bei der Bildung der staatlichen Organe – Staatspräsident, Ministerpräsident (Bundeskanzler) und Minister usw. – erhöht, weil nur das Parlament direkt vom Volk gewählt wird, die anderen Organe hingegen nicht. Dies führt zu einer Reduzierung der Wahlkosten.

Ferner ist die Beziehung zwischen der Legislative und der Exekutive nach der rechtlichen Form zwar getrennt, aber politisch miteinander verbunden bzw. zusammenwirkend. Dies ermöglicht die Verwirklichung der Politik nach dem Prinzip der Volkssouveränität und erhöht die Effektivität der staatlichen Aufgabenerfüllung durch das Zusammenwirken des Parlaments mit dem Kabinett.[771] Das wird schließlich auch die Annahme des parlamentarischen Regierungssystems fördern und diesem schnell dazu verhelfen, sich als Regierungsform zu etablieren. Letztlich wird so ein moderner Wohlfahrtsstaat verwirklicht werden können.

III. Implementation der gewollten Parteipolitik

1. *Die Funktion der Parteien*

In der parlamentarischen Demokratie genießen die Parteien eine Funktionsgarantie. Die Kernfunktionen der Parteien in der parlamentarischen Demokratie sind folgende. Die Parteien spielen die Rolle eines Vermittlers bzw. einer Brücke für die Bildung der Staatsmeinung aus der Meinung des Volkes, indem sie an dem Prozess der Meinungsbildung teilnehmen. Daher bilden die Parteien die Staatsmeinung von unten nach oben, indem sie die vielfältigen Meinungen des Volkes sammeln und zu einer klaren Meinung bündeln.[772] Die genannte Vermittlerrolle bzw. Brückenrolle der Parteien wirkt als ein Katalysator, durch den der Weg zu einer verbesserten und klareren parlamentarischen Demokratie möglich wird.

---

771 Byung-Sak Ku, Die Untersuchung über das parlamentarische Regierungssystem, 1991, S. 32; Huhn Kim, Das parlamentarische Regierungssystem, 1994, S. 109; Young-Sung Kwon, Die allgemeine Verfassungslehre, 1999, S. 523.

772 Young Huh, Parteienstaat, repräsentative Demokratie und Wahlsystem – Idee und Wirklichkeit in der Republik Korea, in: JÖR, 51 (2003), S. 695 (701).

Zudem müssen die Parteien ein stärkeres Gewicht auf die Entdeckung fähiger Personen, deren Aufstellung und Erziehung legen, um an die Macht zu kommen.[773] Daher gibt es in der Parteiendemokratie viele Personen, die über eine große Sach- und Fachkenntnis verfügen.

2. *Der voraussichtliche Effekt tatsächlichen Parteieinflusses*

Im Allgemeinen ist das präsidiale Regierungssystem gegenüber den Parteien und deren Wirken nicht allzu aufgeschlossen. Wenn sich nämlich der Staatspräsident und die Mehrheitspartei im Parlament einig sind, besteht die Gewaltenteilung nur noch formell.[774] Wenn sich aber der Staatspräsident und die Mehrheitspartei im Parlament nicht einig sind, ist es sehr wahrscheinlich, dass eine Konfrontation mit der Folge politischer Konfusion entsteht.[775]

Außer in der Zweiten Republik Korea, die das parlamentarische Regierungssystem übernommen hat, erwies es sich in dieser Hinsicht als eine große Schwäche, dass Korea das präsidiale Regierungssystem angenommen hatte. Die Grundlage für eine repräsentative Demokratie, eine lebendige Parteienlandschaft, konnte nicht aufgebaut werden.[776] Es gab lediglich viele Mitläuferparteien, die je nach den politischen Umständen sich lediglich auf die Auffassungen der Regierenden verlassen, aber selbst keine eigenen politischen Konzepte entwickelt haben. Einige Beispiele für die Folgen davon waren der Untergang der Jayudang[777] von Seung-Man Lee oder der Gongwhadang[778] von Chung-Hee Park oder die Fusion der drei Parteien in der Sechsten Republik, also der regierenden und der oppositionellen Parteien.

Im Gegensatz dazu ist das parlamentarische Regierungssystem ein Regierungssystem, das aktive, eigenständige Parteipolitik voraussetzt, vor allem zur Vorbereitung echter demokratischer Wahlen. Gewählt wird diejenige Partei, der sich

---

773 Young Huh, Die Verfassungstheorie und die Verfassung, 1997, S. 242.

774 Do-Hyub Kim, Das Verwirklichungsschema des parlamentarischen Regierungssystems in Korea, in: Aufsatzsammlung der Univ. Dankook, 22 (2000), S. 47 (55).

775 Byung-Sak Ku, Die Untersuchung über das parlamentarische Regierungssystem, 1991, S. 96; Huhn Kim, Das parlamentarische Regierungssystem, 1994, S. 107; Joo-Sil Suh, Das parlamentarische Regierungssystem in Korea, in: Die Welt des Staatsexamens, Nov. 1990, S. 30 (39).

776 So Young Huh, Parteienstaat, repräsentative Demokratie und Wahlsystem – Idee und Wirklichkeit in der Republik Korea, in: JÖR, 51 (2003), S. 695 (708).

777 Das bedeutet übersetzt: freie Partei.

778 Das bedeutet übersetzt: republikanische Partei.

das Volk anvertrauen will. Daher stabilisiert das parlamentarische Regierungssystem durch das Wirken der Parteien die Demokratie. Das wird noch dadurch verstärkt, dass die Parteien nicht nur das demokratische Bewusstsein des Volkes und dessen politische Urteilsfähigkeit erhöhen, sondern auch die Politiker zu demokratischer Verantwortung und effektivem Dienst am Wohl des Volkes erziehen.[779] Das parlamentarische Regierungssystem muss daher in Korea übernommen werden, um eine demokratische und von den Parteien beförderte Gemeinwohlpolitik zu verwirklichen.[780]

IV. Gewährleistung eines friedlichen Machtwechsels

1. Überblick über die politischen Machtwechsel in Korea

a) Die Revolution vom 19. April 1960 und die Gründung der Zweiten Republik

Die diktatorische und korrupte Erste Republik Korea (1948–1960) von Staatspräsident Seung-Man Lee wurde am 26. April 1960 durch die Revolution vom 19. April abgelöst. Die Revolution war hervorgerufen worden durch die Wahlfälschungen vom 15. März 1960. So entstand die Zweite Republik (1960-1961) nach dem uneingeschränkten Volkswillen als erste parlamentarische Regierungsform in Korea.[781] Die Revolution vom 19. April 1960 wollte die durch die korrupte Wahl Gewählten absetzen und verfolgte das Ziel, die Gültigkeit und Befolgung der Verfassung wieder herzustellen. Aus diesem Grund unterscheidet sich diese Revolution von den sonst üblichen Revolutionen, deren Wesen darin besteht, die bestehende verfassungsmäßige Ordnung zu zerstören und eine neue Verfassungsordnung zu schaffen. Wenn man sie aber als ein unvermeidliches Mittel betrachtet, die illegale Herrschaft der liberalen Partei zu beenden, könnte man ihr echte revolutionäre Qualität zuerkennen.[782]

---

779 Huhn Kim, Das parlamentarisches Regierungssystem, 1994. S. 107.

780 Vgl. H.-D. Horn, Mehr Demokratie ohne Repräsentation? Wenn das Volk selbst entscheidet, in: Die politische Meinung, 2001, S. 59 (63 f.), hat darauf hingewiesen, dass die politischen Parteien heutzutage für das Gelingen dieser Demokratisierung der Repräsentation eine wichtige Bedeutung haben.

781 Do-Hyub Kim, Eine Untersuchung über das deutsche parlamentarische Regierungssystem, 1999, S. 214.

782 Young Huh, Die Verfassungstheorie und die Verfassung, 1997, S. 57.

Die drei wichtigsten Gründe für den Erfolg der Revolution vom 19. April 1960 sind: Das Volk war erstens gegen eine Diktatur eingestellt und wollte politische Freiheit. Zweitens hatte sich das Militär unter dem Belagerungszustand neutral verhalten. Und drittens unterstützten die USA eine Demokratisierung in Korea.[783]

b) Der Militärputsch vom 16. Mai 1961 und die Gründung der Dritten Republik

Der Hauptgrund des Niedergangs der Zweiten Republik ist vor allem im Militärputsch vom 16. Mai 1961 zu sehen.[784] Direkt nach dem Militärputsch, also am 17. Dezember 1962, wurde die Dritte Republik (1962–1972) geschaffen.

c) Die Ermordung des Staatspräsidenten am 26. Oktober 1979 und die Gründung der Fünften Republik

Anders als die Zweite Republik nahm die Dritte Republik das gleiche Präsidialsystem an wie die Erste Republik. Ihr Ziel war es, das wirtschaftliche Wachstum zu fördern. So konnte die koreanische Wirtschaft in der Tat sehr schnell wachsen.

Aber trotz dieser günstigen Tatsache entwickelte sich die Dritte Republik rasch zu einer Diktatur. Durch den Erlass der Yushin–Verfassung in der Vierten Republik (1972–1980) entstand das schlimmste diktatorische Regime in der koreanischen Verfassungsgeschichte. Der praktische Zweck der Festlegung der Yushin–Verfassung war die langfristige Machterhaltung.[785] Diese Verfassung verstärkte die Machtposition des Staatspräsidenten erheblich. Der Staatspräsident konnte, um einen Notstand zu überwinden, vor und nach dem Notstand das Recht der dringlichen Maßnahme ausüben. Auch konnte er notfalls das Parlament auflösen. Weil diese Yushin–Verfassung ohne den Beschluss des Parlaments durch einen verfassungswidrigen Prozess entstanden war, dürfte man diesen Vorgang nicht einmal eine Verfassungsänderung nennen, sondern eine Verfassungsfestsetzung

---

783 Byung-Sak Ku, Die Untersuchung über das parlamentarische Regierungssystem, 1991, S. 46.

784 Do-Hyub Kim, Eine Untersuchung über das deutsche parlamentarische Regierungssystem, 1999, S. 215 f.; Joo-Sil Suh, Das parlamentarische Regierungssystem in Korea, in: Die Welt des Staatsexamens, Nov. 1990, S. 30 (38); Young Huh, Die Verfassungstheorie und die Verfassung, 1997, S. 937.

785 Näher Tschul-Soo Kim, Die allgemeine Verfassungslehre, 11. Aufl., 1999, S. 68; Young Huh, Die Verfassungstheorie und die Verfassung, 1997, S. 64.

durch einen Militärputsch.[786] Dieses diktatorische Regime nahm sein Ende mit der Ermordung des Staatspräsidenten Park Chung-Hee am 26. Oktober 1979. Aber die Tragik der koreanischen Verfassungsgeschichte ging weiter. Durch den Militärputsch am 12. Dezember 1979[787] und die Kwangju Demokratische Bewegung[788] im Mai 1980 trat die militärische Regierung und mit ihr die Fünfte Republik (1980–1988) in die Geschichte.

d) *Die Gründung der Young-Sam Kim Regierung und die Bestrafung der beiden vormaligen Staatspräsidenten*

Im Jahre 1987, nach dem Bürgerwiderstand im Juni gegen das Militärregime der Fünften Republik, kam es zu einer erneuten Verfassungsänderung. Der Staatspräsident wurde nun nicht mehr indirekt gewählt, sondern direkt. Während der Sechsten Republik (1988–1993) begann zudem eine Machtübergabe von den Militärs zu den Bürgern, als die regierende militärische Partei mit den zwei zivilen Oppositionen am 22. Januar 1990 fusionierte.[789] Unter der Regierung von Young-Sam Kim (1993–1998) mussten sich die „beiden ehemaligen Staatspräsidenten"[790] dann vor Gericht verantworten und wurden zu einer Gefängnisstrafe verurteilt.[791]

---

786 Byung-Sak Ku, Die Untersuchung über das parlamentarische Regierungssystem, 1991, S. 52.

787 Vgl. Young Huh, Die Verfassungstheorie und die Verfassung, 1997, S. 66, Eine Gruppe um Doo-Hwan Chun innerhalb des Militärs verursachte das Ereignis vom 12. Dezember 1979 und verschaffte sich somit einen Anlass, sich in die Politik einzumischen. Das Ereignis vom 12. Dezember 1979 war der Beginn des stufenweisen Militärputsches, den eine Militärgruppe für ihre Machtergreifung anzettelte.

788 Diese Bewegung war eine Art Gegenmaßnahme der Bürger gegen das militärische Regime, das sich nach dem Militärregime des Staatspräsidenten Chung-Hee Park noch einmal zu wiederholen schien. Damals wurden viele Bürger der Stadt Kwangju durch Soldaten des Notstandseinsatzes ermordet. Dieses Massaker wurde erst während der Regierung von Young-Sam Kim verurteilt.

789 Der Hauptakteur der damaligen Fusionierung war Young-Sam Kim; er wurde der nächste Staatspräsident.

790 Staatspräsident Doo-Hwan Chun (1980-1988) und Staatspräsident Tae-Woo Roh (1988-1993).

791 Weiterführend Young Huh, Zur neueren Entwicklung des Verfassungsrechts in der Republik Korea, in: JÖR, 48 (2000), S. 471 (478 f.).

2. *Gewährleistung eines friedlichen politischen Machtwechsels als voraussichtlicher Ertrag*

Wie soeben erläutert, sind die Regierungswechsel in Korea, ausgenommen die der Regierung von Young-Sam Kim und von Dae-Jung Kim, alle durch Militärputsche und nachfolgendes Blutvergießen zustande gekommen. Obwohl heutzutage ein erneuter Militärputsch sehr unwahrscheinlich ist, weist das bestehende präsidiale Regierungssystem viele Probleme auf, die einen friedlichen Regierungswechsel nicht gerade für die Ewigkeit sichern. Daher ist es notwendig, das parlamentarische Regierungssystem einzuführen, um für immer einen friedlichen Regierungswechsel zu garantieren.[792]

Das Kabinett im parlamentarischen Regierungssystem wird durch die Mehrheitspartei im Parlament gewählt und gebildet. Das Kabinett trägt die politische Verantwortung gegenüber dem Parlament, so dass es aufgrund des Vertrauens des Parlaments weiter existieren kann. Wenn die Mehrheitspartei bei der nächsten Parlamentswahl nicht mehr die Mehrheit erzielt und so zu einer Minderheitspartei wird, findet auf natürliche Weise ein Regierungswechsel statt. Auch wenn die Regierung schon während der laufenden Regierungsperiode das Vertrauen des Parlaments verlieren würde, könnte der Regierungswechsel – durch ein konstruktives Misstrauensvotum des Parlaments – friedlich stattfinden.[793]

V. Auflösung der regionalen Hegemonie der Parteien

1. *Die Entstehungsgeschichte der regionalen Hegemonie*

Wenn heutzutage das gravierendste Problem in der koreanischen Politik genannt werden soll, so ist es die chronische regionale Hegemonie der Parteien. Noch konkreter ausgedrückt, handelt es sich um eine Art übermäßigen politischen Missbrauchs des regionalen Gefühls.[794] Das regionale Gefühl bzw. die regionale Stimmung bedeutet, dass die Leute, die in einem Ort wohnen, eine ganz besondere Beziehung zu diesem Ort pflegen. Sie zeigen ihm gegenüber größere Ver-

---

792 Do-Hyub Kim, Eine Untersuchung über das deutsche parlamentarische Regierungssystem, 1999, S. 212.

793 Do-Hyub Kim, Eine Untersuchung über das deutsche parlamentarische Regierungssystem, 1999, S. 20; ders., Das Verwirklichungsschema des parlamentarischen Regierungssystems in Korea, in: Aufsatzsammlung der Univ. Dankook, 22 (2000), S. 47 (56).

794 Weiterführend Young Huh, Parteienstaat, repräsentative Demokratie und Wahlsystem – Idee und Wirklichkeit in der Republik Korea, in: JÖR, 51 (2003), S. 695 (696 ff.).

bundenheit und intensiveres Interesse als gegenüber anderen Orten. Daher kann das regionale Gefühl im allgemeinen Sinne nicht nur zur Entwicklung der eigenen Tradition und Kultur in bestimmten Orten und deren Erhaltung positiv beitragen, sondern es ist auch vor allem auf der Staatsebene ein sehr wünschenswertes Phänomen.

Das regionale Gefühl, das eine sehr positive Bedeutung haben mag, ist heutzutage in Korea allerdings nicht nur in der politischen Kultur, sondern auch in der Entwicklung des Staates ein sehr ernst zu nehmendes, gefährliches Element geworden.

Dieses Phänomen lässt sich aus der koreanischen Geschichte herleiten. Obwohl das „Taehan–Reich"[795] eine lange geschichtliche Tradition und prachtvolle Kultur hervorgebracht hatte, schottete es sich politisch von der Außenwelt ab und wählte gerade keine Politik der offenen Tür. Infolge dessen erlebte das Taehan–Reich durch Japan, welches schnell den Weg der Modernisierung wählte, die 35–jährige Kolonialherrschaft.[796] Nach der Befreiung von Japan im Jahr 1945 gründete die Republik Korea am 17. Juli 1948 eine neue demokratische Republik unter Aufgabe des früheren Monarchiesystems. Aber die plötzlich eingetroffene Befreiung durch die Alliierten und die schnelle Gründung eines neuen Staates in einer Umgebung, in der kaum ein demokratisches Bewusstsein herausgebildet worden war, führte nicht nur zu vielen politischen, gesellschaftlichen und wirtschaftlichen Konfusionen, sondern auch zur Teilung des Landes in Süd und Nord.[797] Dies wiederum führte zu einer militärischen Konfrontation nach der Teilung Süd– und Nordkoreas und wirkte sich sehr nachteilig auf die koreanischen Politiker aus, die danach strebten, sich für eine politische Ideologie zu entscheiden, um sich von der anderen Seite ideologisch zu unterscheiden.

Aufgrund des unversöhnlichen Gegenübers zu Nordkorea war es in Südkorea kaum möglich, außer der antikommunistischen Ideologie eine andere Ideologie zu äußern. Dies hätte nämlich dazu geführt, dass man von der oppositionellen Seite als Kommunist missverstanden und politisch angegriffen worden wäre.

---

795 Das ist die ‚Chosun–Dynastie' (1392 - 1910) in Korea.

796 Bong-Kun Kal, Der Einfluß des Grundgesetzes auf koreanisches Verfassungsrecht, in: 40 Jahre Grundgesetz, 1990, S. 299 (300); Won-Ho Lee, Kurzer Abriss koreanisches Recht in Vergangenheit und Gegenwart, in: Festschrift für Bernhard Großfeld zum 65. Geburtstag, 1999, S. 687 (689 f.).

797 Won-Ho Lee, Kurzer Abriss koreanisches Recht in Vergangenheit und Gegenwart, in: Festschrift für Bernhard Großfeld zum 65. Geburtstag, 1999, S. 687 (687).

Zudem war das Volk zum damaligen Zeitpunkt auf den Ausbau der Wirtschaft konzentriert. Die damaligen Politiker mussten diese beiden Umstände beachten. Das machte es für sie noch schwerer, sich für ein politisches Programm zu entscheiden und sich von den anderen politischen Gruppen zu unterscheiden.

Daher strebten die koreanischen Politiker die Verschiedenheit nicht durch eine politische Ideologie, sondern durch eine irrationale Methode an: Die politische Identitätsbasis bildete das regionale Gefühl. Aus dieser Situation heraus entstand somit die gegenwärtig problematisch gewordene Regionale Hegemonie.

2. *Der schlechte Einfluss der regionalen Hegemonie auf die politische Kultur*

Die Politik Koreas der letzten 50 Jahre seit der Republikgründung basierte zwar auf den verschiedenen Parteien. Diese jedoch waren alle jeweils auf eine Person hin ausgerichtet, die die politische Richtung vorgab.[798] Hinzu kommt, dass die einzelnen Parteien jeweils in einer bestimmten Gegend Koreas stark verwurzelt waren und sind. Das Problem daran war und ist, dass sich bei einer Weiterentwicklung dieser Gegebenheit, die gesellschaftliche Durchmischung der Parteien immer mehr auflösen wird, was eine Spaltung der einzelnen Regionen mit ihren jeweiligen Parteien befördert. Eine gerade für eine Demokratie notwendige Durchmischung der politischen Meinungen im ganzen Land wird dadurch behindert. Insofern könnte man davon sprechen, dass eine Grundvoraussetzung des demokratischen Gemeinwesens fehlt bzw. verloren geht.[799]

Zudem zeigen die Erfahrungen aus den Präsidentenwahlen, dass die regionale Hegemonie in der koreanischen Politik insbesondere vor und nach den Präsidentenwahlen eine Spaltung der Volksmeinung verursacht.[800]

---

798 Bong-Kun Kal, Der Einfluss des Grundgesetzes auf koreanisches Verfassungsrecht, in: 40 Jahre Grundgesetz, 1990, S. 299 (308); Do-Hyub Kim, Eine Untersuchung über das deutsche parlamentarische Regierungssystem, 1999, S. 222, 227; Young Huh, Parteienstaat, repräsentative Demokratie und Wahlsystem – Idee und Wirklichkeit in der Republik Korea, in: JÖR, 51 (2003), S. 695 (696); ders., Zur neueren Entwicklung des Verfassungsrechts in der Republik Korea, in: JÖR, 48 (2000), S. 471 (487).

799 Byung-Sak Ku, Die Untersuchung über das parlamentarische Regierunssystem, 1991, S. 106.

800 Sang-Chul Kim, Die Untersuchung über die Möglichkeit der Übernahme des parlamentarischen Regierungssystems, in: Die Untersuchung der Sozialwissenschaft an der Univ. Anyang, 5 (1997), S. 166 (191); Young Huh, Parteienstaat, repräsentative Demokratie und Wahlsystem – Idee und Wirklichkeit in der Republik Korea, in: JÖR, 51 (2003), S. 695 (696, 702 f.).

Auch zeigen die Erfahrungen der Vergangenheit, dass die Kluft zwischen den einzelnen Regionen immer größer wird, je häufiger die Präsidenten- oder Parlamentswahlen durchgeführt werden. Insofern besteht mittlerweile schon ein Teufelskreis, durch die Vergeltungspolitik, in der sich politische Gruppen aus den einzelnen Regionen bilden, die wiederum versuchen, politische Rache zu üben.

3. Die Entstehung einer neuen politischen Kultur als voraussichtlicher Effekt

Die heutigen koreanischen Parteien sind wegen des Einflusses der regionalen Hegemonie zu regionalen Parteien geworden. Dieses Phänomen wurde in den 80er Jahren noch verstärkt. Insgesamt lassen sich drei große regionale Parteien in Korea unterscheiden; keine von ihnen kann allerdings allein die Mehrheit im Parlament auf sich vereinen.[801]

Das koreanische Parlament besteht also aus drei Parteien, nämlich der „Hannara-Partei"[802] und der „Jaminryun-Partei"[803] als Oppositionsparteien und der „Minju-Partei"[804] als regierender Partei. Da sie typische regionale Parteien sind, gilt das Interesse der Abgeordneten in Korea nicht dem Staat, sondern der Region aus der sie stammen respektive dem politischen Gefühl dieser Region. Gerade dieser Umstand widerspricht einer parlamentarischen Politik in Korea.[805]

Aus diesem Blickwinkel betrachtet ist die Übernahme des parlamentarischen Regierungssystems unbedingt notwendig. Um das Kabinett zu bilden, braucht eine Partei die Mehrheit im Parlament. Dafür benötigt sie die politische Unterstützung auf der ganzen nationalen Ebene. Um diese nationale politische Unterstützung zu gewinnen, ist es nötig, anstatt kleiner Wahlbezirke, mittelgroße Wahlbezirke einzuführen.[806] Denn die Partei braucht für die Mehrheit im Parla-

---

801 Young Huh, Parteienstaat, repräsentative Demokratie und Wahlsystem – Idee und Wirklichkeit in der Republik Korea, in: JÖR, 51 (2003), S. 695 (696).

802 Das bedeutet übersetzt: große Nationalpartei.

803 Das bedeutet übersetzt: Vereinigung der Freiheit und Demokratie.

804 Das bedeutet übersetzt: demokratische Millenniumspartei; im September 2003 hat Staatspräsident 'Moo-Hyun Roh' seinen Austritt aus dieser Partei erklärt. Daher gibt es streng genommen keine Regierungspartei in Korea.

805 Young Huh, Parteienstaat, repräsentative Demokratie und Wahlsystem – Idee und Wirklichkeit in der Republik Korea, in: JÖR, 51 (2003), S. 695 (696).

806 Do-Hyub Kim, Eine Untersuchung über das deutsche parlamentarische Regierungssystem, 1999, S. 227.

ment nicht nur die Stimmen aus ihren eigenen Bezirken, sondern auch aus anderen.[807]

Das bestehende Wahlsystem mit kleinen Wahlbezirken fördert hingegen aufgrund der regionalen Hegemonie einer Partei die Monopolisierung der Sitze für eine bestimmte Partei aus bestimmten Wahlbezirken.[808] Wenn aber mittelgroße Wahlbezirke eingeführt würden, wird es denen, die einen anderen Bezirk als Unterstützungsbasis haben, auch in vielen anderen Wahlbezirken möglich, gewählt zu werden. Dies haben die Erfahrungen bei der 12. Nationalwahl gezeigt. So wäre es dann auch möglich, einer ungleichen Sitzteilung zwischen den Wahlbezirken vorzubeugen.[809]

Natürlich kann es bei der Einführung von mittelgroßen Wahlbezirken durch einen sehr großen Unterschied der Stimmenzahlen zwischen den Erst- und Zweitstimmen zu dem Problem kommen, dass auch ein Kandidat, der nur wenig Unterstützung im Volk hat, einen Sitz im Parlament erhält. Dieses Problem lässt sich aber dadurch minimieren, dass in einem Wahlkreis nur zwei anstatt drei bis fünf Abgeordnete gewählt werden.[810]

Daher ist die Übernahme des parlamentarischen Regierungssystems in Korea die beste Möglichkeit, die in den letzten 50 Jahren entstandenen falschen politischen Gewohnheiten zu überwinden und schließlich eine neue politische Kultur zu bewirken, die sich auch weiterentwickelt.[811]

---

807 In diesem Zusammenhang fordern einige politische Gruppen die Erhaltung des gegenwärtigen kleinen Wahlbezirkssystems bei der Verfassungsänderung zum parlamentarischen Regierungssystem. Diese Forderung ist aber insofern problematisch, als die jetzigen politischen Umstände berücksichtigt werden, bei der die Beseitigung der irrationalen politischen lokalen Struktur nötig ist.

808 Do-Hyub Kim, Eine Untersuchung über das deutsche parlamentarische Regierungssystems, 1999, S. 227.

809 Nach den Wahlergebnissen der nach dem veränderten Wahlrecht vom 25. Juli 1984 durchgeführten 12. Gesamtwahl am 12. Februar 1985 gewann die regierende Partei, die ‚Minjeungdang' (die demokratische gerechte Partei) 35,2 %, und unter den Oppositionsparteien gewannen die ‚Shinmindang' (die neue demokratische Partei) 29,3 %, die Minhandang (die demokratische Partei des Koreas) 19,7 % und die 'Hanmindang' (die koreanische demokratische Partei) 9,1 %. Näher: Der koreanische Almanach, 1985, S. 302 ff.

810 Do-Hyub Kim, Eine Untersuchung über das deutsche parlamentarische Regierungssystem, 1999, S. 227; ders., Das Verwirklichungsschema des parlamentarischen Regierungssystems in Korea, in: Aufsatzsammlung der Univ. Dankook, 22 (2000), S. 47 (64 f.).

811 Jedoch darf die Einführung des relativen Mehrheitswahlsystems wie in Deutschland erst nach der Überwindung der regionalen Hegemonie eingeführt werden.

B. Vorbedingungen für die erfolgreiche Übernahme des deutschen parlamentarischen Regierungssystems in Korea

I. Die Entscheidung für das deutsche parlamentarische Regierungssystem als neue Regierungsform

1. Prinzip und Voraussetzung der Entscheidung

a) Das Prinzip

Das Regierungssystem eines Staates neu zu bestimmen oder zu ändern, ist sehr wichtig, da es über die Zukunft des Staates und des Volkes entscheidet. Daher sollte die Entscheidung für das Regierungssystem eines Staates durch eine sehr ernsthafte Forschung und Überprüfung begleitet werden. Im Zuge dieser Forschung und Überprüfung sollte man weder ein Regierungssystem ohne Überlegung blind übernehmen noch es vorbehaltlos ausschließen. Es kommt nämlich oft vor, dass ein Regierungssystem, das in einem Staat sehr gut ausgeführt wurde, in einem anderen Staat ganz andere Folgen mit sich bringt.

Daher müssen vor allem genügend Überlegungen über die aktuellen politischen, gesellschaftlichen, kulturellen und geschichtlichen Bedingungen angestellt werden. Auch muss eine über das Interesse zwischen den politischen Machtblöcken hinausgehende Auswahl getroffen werden, um über das Regierungssystem eines Staates zu entscheiden.

b) Die Voraussetzungen

Für die Bildung einer demokratischeren und rationaleren Regierungsform in Korea sollten vor allem die folgenden Leitideen maßgeblich sein.

Zunächst sollte die neue Regierungsform Koreas die vielen Missstände und Probleme, die im vergangenen halben Jahrhundert unter dem Präsidialsystem zutage kamen, überwinden. Die Politik muss effektiver werden, die Bildung der Staatsorgane darf nicht von sachfremden Erwägungen geleitet sein, sondern die Personenauswahl muss nach Qualifikation entschieden werden. Die Staatsverwaltung muss besser ausgeführt werden und es muss ein friedlicher Regierungswechsel nach Wahlen garantiert werden. Letztlich muss sich auch die regionale Hegemonie auflösen, die politischen Parteien müssen sich im ganzen Land durchmischen.[812]

---

[812] Do-Hyub Kim, Eine Untersuchung über das deutsche parlamentarische Regierungssystem, 1999, S. 229.

Weiterhin muss die zukünftige Lage eines vereinigten Koreas bei der Wahl der Regierungsform berücksichtigt werden, da Südkorea sich in der Vorbereitung für eine Vereinigung zwischen Nord– und Südkorea befindet. Es muss daher eine Regierungsform sein, die gerade für eine Wiedervereinigung geeignet ist. Dieses System muss die Eintracht eines wiedervereinigten Volkes herstellen sowie die politische Teilnahme des ganzen Volkes garantieren können. Es muss als System vom Volk akzeptiert werden und letztlich ein produktives und effektives Arbeiten unterschiedlicher Parteien ermöglichen. Letztlich sollte die neue Regierungsform Koreas die Möglichkeit eröffnen, verschiedene Probleme in Folge der Veränderung der Regierungsform vorauszusehen, um durch Überwindung oder Minimierung solcher Probleme den Staat stabiler erhalten zu können.[813]

2. *Die Übernahme des deutschen parlamentarischen Regierungssystems*

Als neue Regierungsform könnte man zunächst das amerikanische Regierungssystem in Betracht ziehen. Berücksichtigt man aber, dass in der neuen Regierungsform Koreas die Möglichkeit einer Diktatur ganz ausgeschlossen sein muss und dass das Präsidialregierungssystem in Korea wesentlich von dem amerikanischen Regierungssystem beeinflusst war, wäre ein Regierungssystem nach amerikanischem Vorbild nicht vorteilhaft. Dieses beinhaltet nämlich einerseits die Gefahr eines starken Präsidenten, der seine Macht missbrauchen könnte; andererseits auch eine starke Position des Parlaments, die ebenfalls missbraucht – Parlamentsdespotismus – werden könnte.[814]

Deswegen werden zwei Typen von Regierungsformen zurzeit in Korea als Ersatzmodell für das jetzige Präsidialsystem diskutiert: ein gemischtes Regierungssystem, wie etwa das in Frankreich, und das deutsche parlamentarische Regierungssystem. Ich halte das letztere für geeigneter als neue Regierungsform für Korea. Gegen ein gemischtes Regierungssystem sprechen folgende Gründe:

Als gemischtes Regierungssystem im Zusammenhang mit einer neuen Regierungsform werden zurzeit in Korea zwei verschiedene Versionen diskutiert. Die

---

[813] Do-Hyub Kim, Das Verwirklichungsschema des parlamentarischen Regierungssystems in Korea, in: Aufsatzsammlung der Univ. Dankook, 22 (2000), S. 47 (57); ders., Eine Untersuchung über das deutsche parlamentarische Regierungssystem, 1999, S. 217.

[814] K. Löwenstein, Verfassungsrecht und Verfassungspraxis der Vereinigten Staaten, 1959, S. 394; Young Huh, Die Verfassungstheorie und die Verfassung, 1997, S. 857.

erste Variante sieht für den Staatspräsidenten im Falle einer Krise prinzipiell die volle Administrationskompetenz vor, während in gewöhnlichen Zeiten der Ministerpräsident die Verwaltungsbefugnis hat und vor dem Parlament die Verantwortung trägt, ähnlich wie in einem parlamentarischen Regierungssystem.[815]

Nach der anderen Variante erhielte der Staatspräsident zu seinen eigenen Kompetenzen die die Staatssicherheit betreffenden Kompetenzen, das heißt neben Diplomatie auch Verteidigung und Staatsnotstand. Der Ministerpräsident und sein Kabinett hingegen besäßen die allgemeinen administrativen Kompetenzen. In einem Notfall übt allerdings der Staatspräsident die Kompetenzen der allgemeinen Administration aus.[816]

Bei einem so angelegten gemischten Regierungssystem kann man folgende Probleme voraussehen: Zunächst ist die jetzt gültige koreanische Verfassung, wie man in der bisherigen Untersuchung sehen konnte, durch die neun Verfassungsänderungen hindurch praktisch eine gemischte Verfassung mit Bestandteilen eines, obwohl nur von formalen Qualitäten, parlamentarischen Regierungssystems. Diese Vermischung mit den Elementen des parlamentarischen Regierungssystems war bloß ein Produkt von politischen Kompromissen und hatte keine theoretischen oder empirischen Gründe, wie bereits bei dem Entstehungsprozess der ersten Verfassung gezeigt wurde.[817] Trotzdem hat man angesichts der vielen Missstände und Irrtümer im vergangenen halben Jahrhundert gehofft, dass die Elemente des parlamentarischen Regierungssystems die diktatorische Macht des Staatspräsidenten zügeln könnten. Diese Hoffnungen sind jedoch, wie gezeigt, nicht eingetreten.[818] Dies zeigt die Unmöglichkeit der gemischten Anwendung zweier Systeme in einer identischen verfassungsmäßigen Machtstruktur. Die genannten Gründe sprechen daher gegen die Einführung eines gemischten Systems in Korea.

Zu bedenken ist weiterhin, dass in einem gemischtem Regierungssystem die Möglichkeit schwer ausgeschlossen werden kann, dass ein Staatspräsident mit seinen Kompetenzen über Diplomatie und Verteidigung in der jetzigen Konfrontationssituation zwischen dem Süden und Norden die Lage der koreanischen Halbinsel je nach Bedarf als eine Krisensituation beurteilt und auch noch die

---

815 Näher Tschul-Soo Kim, Die allgemeine Verfassungslehre, 11. Aufl., 1999, S. 876.
816 Näher Byung-Sak Ku, Die neue Verfassungslehre, 1996, S. 816 f.
817 Siehe näher Drittes Kapitel A.I.
818 Siehe näher Drittes Kapitel B.IV.2.

Kompetenzen für die allgemeine Verwaltung ergreift. Dies würde es möglich machen, auf legale Art eine neue Diktatur einzuführen.[819]

Letztlich, wenn die Mehrheit des Parlaments und der Staatspräsident ein und derselben Partei angehören, wird die Position des Ministerpräsidenten als eine Achse der gemischten Regierung, die von dem Staatspräsidenten ernannt wird, der aber selbst direkt gewählt wird, bedeutungslos. Es kann dann zu Missständen und einer Diktatur, wie im bisherigen Präsidialsystem, kommen. Wenn der Staatspräsident und die Parlamentsmehrheit aus mehreren Parteien bestehen und sich diese einig sind, werden sie die Fortdauer der durch ihr Übereinkommen entstandenen Koalitionsregierung anstreben. Das Regierungssystem wäre insofern stabil. Aber im Falle des vertieften Konfliktes zwischen den Koalitionsparteien im Zuge einer Meinungsverschiedenheit bei einem eventuellen Wechsel eines Kabinettsmitgliedes oder bei einer anderen staatspolitischen Angelegenheit könnte die Gefahr einer unsicheren politischen Lage oder eines Zusammenbruchs der Koalitionsregierung und infolgedessen die eines häufigen Regierungswechsels entstehen. Gehört der Staatspräsident einer anderen Partei als der der Parlamentsmehrheit an, wird ein Fall des gemischten Regierungssystems in Form einer Kohabitation verwirklicht. Als bekanntestes Beispiel dafür ist die französische Regierungsform zu nennen. Der Staatspräsident, der nicht zur Mehrheitspartei in der Volksversammlung gehört, und der Ministerpräsident, der die Unterstützung der Mehrheit des Parlaments bekommt, bilden zusammen die Regierung. Das zentrale Phänomen einer solchen Regierung ist, dass der Staatspräsident der Mehrheitspartei im Parlament gegenübersteht. Daher könnte das französische Regierungssystem für Korea ein mögliches Modell sein, wenn die gegenwärtige politische Lage betrachtet wird. So könnte eine absichtliche Umorganisierung der politischen Kreise herbeigeführt werden, falls die Regierungspartei klein und die Opposition groß ist.[820] Falls aber ein Konflikt zwischen dem direkt gewählten Staatspräsidenten und dem Chef der Mehrheitspartei im Parlament ans Tageslicht tritt, könnte dies ein großes Problem werden, weil eine Vermittlungsinstanz fehlt.[821]

819 Do-Hyub Kim, Eine Untersuchung über das deutsche parlamentarische Regierungssystem, 1999, S. 219; ders., Das Verwirklichungsschema des parlamentarischen Regierungssystems in Korea, in: Aufsatzsammlung der Univ. Dankook, 22 (2000), S. 47 (58, 68).

820 Näher Jae-Hwang Jeong, Die Untersuchung über das Prinzip und die Wirklichkeit der zweigeteilten Exekutive in Frankreich, in: Korean Public Law Association, Bd. 27, 3. Aufl., Seoul Jun. 1999, S. 91.

821 Ein repräsentatives Beispiel dafür ist das Amtsenthebungsverfahren gegen den Staatspräsident, siehe näher Drittes Kapitel B.VI.1.

Ein gemischtes Regierungssystem als neue Regierungsform würde daher in koreanischen Verhältnissen mehr negative als positive Aspekte mit sich bringen. Es wäre nicht die geeignete neue Regierungsform.

Das deutsche parlamentarische Regierungssystem aber würde, wie schon gezeigt, mit vielen positiven Effekten für Korea wirken. Auch weist es viele Ähnlichkeiten mit dem parlamentarischen Regierungssystem, das in der Zweiten Republik Korea existierte, auf.[822] Wenn man dazu noch berücksichtigt, dass die Kurzlebigkeit der Zweiten Republik nicht durch das System selbst verursacht wurde, sondern durch einen außerhalb des Systems liegenden Faktor herbeigeführt wurde, nämlich den Militärputsch[823], erscheint das deutsche System am geeignetsten. Es könnte am besten die Probleme bei der Neueinführung des Systems verhindern und würde zu einer stabilen Staatsverwaltung und letztlich stabilen Regierungsform führen.[824]

II. Die rationale Verteilung der Kompetenz zwischen Staatspräsident und Ministerpräsident

1. Der Staatspräsident

In einem parlamentarischen Regierungssystem hat der Staatspräsident als Staatsoberhaupt im Allgemeinen keine praktischen und direkten Kompetenzen in der Staatsverwaltung, sondern nur zeremonielle und formale Kompetenzen.

Der Staatspräsident als Repräsentant des Staates und „Symbol" für dessen Kontinuität, hat, wie das Beispiel des deutschen Bundespräsidenten zeigt, neben allgemeinen Kompetenzen, wie dem völkerrechtlichen Vertretungsrecht, dem Er-

---

822 Bong-Kun Kal, Der Einfluss des Grundgesetzes auf koreanisches Verfassungsrecht, in: 40 Jahre Grundgesetz, 1990, S. 299 (300, 307).

823 Do-Hyub Kim, Eine Untersuchung über das deutsche parlamentarische Regierungssystem, 1999, S. 215 f.; ders., Das Verwirklichungsschema des parlamentarischen Regierungssystems in Korea, in: Aufsatzsammlung der Univ. Dankook, 22 (2000), S. 47 (54); Joo-Sil Suh, Das parlamentarische Regierungssystem in Korea, in: Die Welt des Staatsexamens, Nov. 1990, S. 30 (38); Young Huh, Die Verfassungstheorie und die Verfassung, 1997, S. 937.

824 Bong-Kun Kal, Der Einfluss des Grundgesetzes auf koreanisches Verfassungsrecht, in: 40 Jahre Grundgesetz, 1990, S. 299 (308); Do-Hyub Kim, Eine Untersuchung über das deutsche parlamentarische Regierungssystem, 1999, S. 217, 228; ders., Das Verwirklichungsschema des parlamentarischen Regierungssystems in Korea, in: Aufsatzsammlung der Univ. Dankook, 22 (2000), S. 47 (57, 68); ders., Eine Untersuchung über das konstruktive Misstrauensvotum, in: Korean Public Law Association, 28 (2000), S. 289 (306).

nennungs— und Entlassungsrecht der Bundesbeamten, dem Gegenzeichnungs— und Verkündungsrecht der Gesetze und dem Begnadigungsrecht, unter Umständen aber auch genuine politische Kompetenzen: zu nennen sind hier das Recht, den Bundestag aufzulösen, das Recht zur Feststellung des Gesetzgebungsnotstandes und das Recht, den Bundestag einzuberufen. Diese Aufgaben sind insgesamt von großer Bedeutung für die innere Stabilität des Staatsbetriebs.[825]

Auch der Staatspräsident in der Zweiten Republik Korea hatte, obwohl ihm auch eher eine neutrale Position zukam, gewisse Kompetenzen, um eine Parteidiktatur zu verhindern.[826] Beispielsweise das Vorschlagsrecht des Ministerpräsidenten[827], das Anerkennungsrecht der Parteianklage[828], das Vetorecht gegen die Erklärung des Kriegszustandes[829] sowie das Teilnahme- und Äußerungsrecht im Parlament[830].

Im Hinblick auf die zukünftige Einführung einer neuen Regierungsform könnte dies im Blick auf die Tatsache, dass viele Irrtümer und Missstände innerhalb des bisherigen Präsidialsystems an der intensiven Machtkonzentration des Staatspräsidenten lagen, dazu führen, dem Staatspräsidenten in einem parlamentarischen Regierungssystem allzu eingeschränkte Kompetenzen zuzuerkennen. Dies könnte sich indes negativ auf eine stabile Durchführung des parlamentarischen Regierungssystems auswirken.

Angesichts dieser Tatsachen sollte für die erfolgreiche Einführung und die stabile Verankerung des parlamentarischen Regierungssystems als neue Regierungsform Koreas unbedingt folgendes vorgesehen sein: Der Staatpräsident sollte nicht nur als symbolisches Staatsoberhaupt mit repräsentativen Aufgaben ausgestattet sein, sondern im begrenzten Umfang sollten ihm gewisse Kompetenzen, wie in Deutschland auch, zukommen, um eine politische Stabilität zu gewährleisten.

---

825 Im Zusammenhang mit den Kompetenzen des Bundespräsidenten siehe Zweites Kapitel B.II.4.e).

826 Näher Young Huh, Die Verfassungstheorie und die Verfassung, 1997, S. 936; Young-Sung Kwon, Die allgemeine Verfassungslehre, 1988, S. 634.

827 Art. 69 Abs. 1 KoreaV.

828 Art. 13 Abs. 2 KoreaV.

829 Art. 64 Abs. 2 KoreaV.

830 Art. 60 KoreaV.

2. *Der Ministerpräsident*

Der Ministerpräsident in einem parlamentarischen Regierungssystem ist im allgemeinen das zentrale Regierungsorgan, das die tatsächliche Macht innerhalb der Herrschaftsstruktur inne hat und bei der Bestimmung und Ausführung der Politik die führende Rolle spielt, wie dies in Deutschland mit der Richtlinienkompetenz des Bundeskanzlers verwirklicht ist.[831]

Auch der Ministerpräsident in der Zweiten Republik Korea hatte die Position als tatsächliches Oberhaupt des Staatsrates, das über das Kabinettsbildungsrecht, die Vollzugskompetenz der Verordnungen des Staatsrates, die Richtlinienbefugnis und das Leitungs-— und Aufsichtsrecht über die Ministerien verfügte.[832] In der praktischen Anwendung aber hat der Ministerpräsident seine Kompetenzen nicht genügend ausüben können.[833] Man sollte daher im Falle der Annahme des parlamentarischen Regierungssystems als Regierungsform im zukünftigen Korea dem Ministerpräsidenten als dem Zentralorgan innerhalb der Regierungsstruktur vom Gesetz und System her realistischere Leitungs- und Vollzugskompetenzen im Staatsverwaltungsaufbau gewährleisten.

III. Die indirekte Wahl des Staatspräsidenten

Bei der Annahme des parlamentarischen Regierungssystems als neue Regierungsform Koreas sollte der Staatspräsident indirekt gewählt werden. Der Grund ist folgender: In Korea, welches ein halbes Jahrhundert lang von einem starken Staatspräsidenten regiert wurde, könnte es andernfalls dazu kommen, dass trotz der Annahme des parlamentarischen Regierungssystems dieses System in Wirklichkeit nicht richtig funktioniert. Möglich wäre, dass der Staatspräsident im Falle seiner direkten Wahl eine Kompetenz von ähnlichem Niveau erhält wie in einem gemischten Regierungssystem. Weil der Staatspräsident dann eine gleichrangige demokratische Legitimität hätte wie das Parlament, wäre die Wahrscheinlichkeit groß, dass ein Kompetenz– und Konkurrenzkampf zwischen dem Ministerprä-

831 Siehe oben Zweites Kapitel B.II.3.a) u. d).

832 Siehe oben Zweites Kapitel C.III.2.a) u. d).

833 Der Hauptgrund dafür war natürlich in dem politischen Kampf verschiedener Fraktionen innerhalb des Parlaments zu suchen, der dann durch die Staatsorgane, den Staatspräsidenten und den Ministerpräsidenten ans Tageslicht kam. Dennoch ist auch das Problem der Kompetenzverteilung zwischen dem Staatspräsidenten und dem Ministerpräsidenten, wenn auch nur zum Teil, als ein Grund dafür anzusehen.

sidenten, dem Parteichef der Mehrheitspartei im Parlament und dem Staatspräsidenten entfacht würde.[834] Das würde bedeuten, dass die Verwirklichung des parlamentarischen Regierungssystems, das vom Volk lange ersehnt endlich erreicht wurde, praktisch doch scheitert.

Um derartigen Missständen vorzubeugen, sollte also eine indirekte Wahl des Staatspräsidenten wie in Deutschland vorgesehen werden.[835] Dies würde dem Staatspräsidenten weniger demokratische Legitimität zukommen lassen als dem Ministerpräsidenten, der die Mehrheitspartei im Parlament vertritt; und die Möglichkeit eines Kompetenzstreites zwischen dem Ministerpräsidenten und dem Staatspräsidenten würde schon im Vorhinein eingedämmt.[836]

IV. Die Einführung des Föderalismus

1. Notwendigkeit der Einführung

Für die Annahme des parlamentarischen Regierungssystems als neue Regierungsform Koreas und dessen stabile Verwurzelung ist die Einführung des Föderalismus nötig. Davon wären folgende Effekte zu erwarten: Eine bundesstaatliche Struktur fördert zum einen die positiven Auswirkungen der Gewaltenteilung. Auf horizontaler Ebene ist die öffentliche Gewalt in die Gesetzgebung, die vollziehende Gewalt und die Rechtsprechung geteilt. Auf vertikaler Ebene stehen sich Bund und Länder mit je eigenen Staatskompetenzen gegenüber. Ihr Verhältnis zueinander ist durch Kompetenzverteilungs-, Kollisions- und Homogenitätsregeln bestimmt; die Länder nehmen über den Bundesrat an der Gesetzgebung des Bundes teil und der Bund hat Aufsichtsrechte gegenüber den Ländern.

Dieses System der „checks and balances“ wird einen positiven Einfluss auf eine stabile Ausführung des parlamentarischen Regierungssystems ausüben.[837]

---

834 In Bezug auf die Weimarer Republik, siehe P. Badura, Staatsrecht, 3.Aufl., 2003, S. 499.

835 Weiterführend Bong-Kun Kal, Der Einfluss des Grundgesetzes auf koreanisches Verfassungsrecht, in: 40 Jahre Grundgesetz, 1990, S. 299 (307).

836 Do-Hyub Kim, Das Verwirklichungsschema des parlamentarischen Regierungssystems in Korea, in: Aufsatzsammlung der Univ. Dankook, 22 (2000), S. 47 (60 f.).

837 Wenn die politische Mehrheitsgruppe in der Bundesregierung und im Bundestag einerseits, und die Mehrheitsgruppe im Bundesrat andererseits, nicht identisch sind, steigert sich der derartige Effekt der horizontalen Gewaltenteilung noch mehr. Näher K. Hesse, Der unitarische Bundesstaat, 1962, S. 26 f.

Durch eine bundesstaatliche Struktur werden regionale, religiöse und kulturelle Mannigfaltigkeiten in einem gesellschaftlichen Gemeinwesen garantiert. Mit dieser Eigenschaft wird sie nicht nur die Minderheiten schützen, was eine Voraussetzung der Demokratie ist, sondern wird insbesondere die Überwindung der verschiedenen Heterogenitäten zwischen dem Süden und dem Norden, die nach einer Wiedervereinigung problematisch werden könnten, positiv beeinflussen. Insofern dürfte der Föderalismus auch die Wiederherstellung der Homogenität des Volkes begünstigen.

Überdies erweitert eine bundesstaatliche Struktur den tatsächlichen Umfang des Stimmrechtes des allgemeinen Bürgers und vergrößert dadurch die emotionale Teilhabe des Volkes an der politischen Realität. Sie hat daher eine Verstärkungs-, Ergänzungs- und Kontrollfunktion für die Demokratie, deren Wesen in der politischen Teilnahme des Volkes besteht.

Zudem werden sich die bisher strikt regionalbezogenen politischen Ansichten stärker vermischen. Die negativen Auswirkungen der nur regional strukturierten Parteienlandschaft werden daher mehr und mehr abnehmen.

Viele koreanische Parteien haben zu dem die Tendenz, zu undemokratischen Privatparteien einer Machtelite zu verkommen, was dem Anliegen eines parlamentarischen Regierungssystems offensichtlich zuwiderläuft.[838] Eine bundesstaatliche Struktur wird aber die Eigenstaatlichkeit und die Unabhängigkeit der Länder stärken mit der Folge, dass die regionalen Parteiorganisationen gegenüber der zentralen Parteiführung mehr Selbstbewusstsein und politisches Gewicht erlangen werden. Die bundesstaatliche Struktur wird also zu einer gelungenen Verwurzelung des parlamentarischen Regierungssystems auch dadurch beitragen, dass sie die Ausprägung demokratischer Parteiführung befördern wird.

2. *Ausgestaltung*

In Anbetracht der genannten Aspekte kann man sagen, dass besonders eine Einführung des bundesstaatlichen Systems nötig ist, wenn ein parlamentarisches Regierungssystem Erfolg haben soll. Zu empfehlen ist ein föderales System aus mehreren Landesregierungen, vergleichbar mit den 16 Landesregierungen

838 Byung-Sak Ku, Die Untersuchung über das parlamentarische Regierungssystem, 1991, S. 106; Young Huh, Parteienstaat, repräsentative Demokratie und Wahlsystem – Idee und Wirklichkeit in der Republik Korea, in: JÖR, 51 (2003), S. 695 (696).

Deutschlands. Wenn man die zukünftige Wiedervereinigung von Süd- und Nordkorea berücksichtigt, erscheint ein System mit zehn Landesregierungen im ganzen Staat, also mit acht Provinzen nach der traditionellen, kulturellen und regionalen Einteilungsweise zuzüglich Seoul und Pjöngjang als Länder mit Sonderstatus, als sinnvoll.

V. Die Errichtung des Zweikammersystems

1. Notwendigkeit der Errichtung

Ein parlamentarisches Regierungssystem hat im Allgemeinen ein Zweikammersystem, das aus einem Unterhaus und einem Oberhaus besteht. Abgesehen von Großbritannien mit seiner besonderen Tradition, hat das Oberhaus in Staaten mit einer föderalen Struktur wie in den Vereinigten Staaten[839], Deutschland und in der Schweiz vor allem die Funktion, die Interessen der Länder gegenüber dem Bund durchzusetzen. So kann beispielsweise der deutsche Bundesrat in gewissem Maße Entscheidungen des Bundestages bei der Gesetzgebung verhindern und dafür sorgen, dass der Bund sich nicht über die Landesinteressen hinwegsetzen kann.

Das Unterhaus fungiert typischerweise als das Repräsentationsorgan des gesamten Volkes.

Im Fall Korea würde eine wichtige Funktion des Oberhauses sein, die unterschiedlichen Interessen aller Regionen in Korea in den politischen Prozess einzubringen, dies umso mehr, als bislang die Politik vor allem auf einzelne Regionen bezogen war. Auch bei möglichen Auflösungen des Unterhauses wird das Oberhaus eine wichtige Rolle spielen.[840]

Trotz der genannten Vorteile des Zweikammersystems kann auch die Attraktivität des Einkammersystems nicht einfach ignoriert werden. Die Einrichtung eines Oberhauses neben dem schon bestehenden Unterhaus birgt das unüber-

---

839 Die USA sind ein typisches, das Präsidialsystem praktizierendes Land. Daher kann man nicht generell behaupten, dass Länder mit einem Zweikammersystem die parlamentarische Regierungsform haben und umgekehrt, dass ein Land, das das Präsidialsystem praktiziert ein Einkammersystem haben muss.

840 Do-Hyub Kim, Eine Untersuchung über das deutsche parlamentarische Regierungssystem, 1999, S. 224; ders., Das Verwirklichungsschema des parlamentarischen Regierungssystems in Korea, in: Aufsatzsammlung der Univ. Dankook, 22 (2000), S. 47 (61).

sehbare Risiko in sich, wegen der zunehmenden Abgeordnetenzahl Reibungsverluste und steigende Ineffizienz zu verursachen.[841]

Wenn allerdings das parlamentarische Regierungssystem konsequent umgesetzt werden soll, ist es rationaler, das Zweikammersystem als Bauform des Parlaments zu übernehmen. Ein weiterer Grund, der dafür spricht, ist, dass die Struktur des Zweikammersystems eine wünschenswerte Parteikultur bewirken wird, die den eigentlichen Funktionen der Parteien in einer Demokratie besser entspricht. Von daher ist die Einführung des Zweikammernsystems als eine notwendige Vorbedingung für die erfolgreiche Einführung und Verwurzelung des parlamentarischen Regierungssystems in Korea anzusehen.

2. *Ausgestaltung*

Die Art und Weise der Bestellung der beiden Häuser nach der Einführung dieses Systems ist wie folgt anzustreben:

Es dürfte selbstverständlich sein, dass das Unterhaus als das Repräsentationsorgan des gesamten Volkes dem Prinzip der Volkssouveränität entsprechend durch eine allgemeine, gleiche, direkte, geheime und freie Wahl gebildet werden soll. Was aber die Bildung des Oberhauses betrifft, könnte über verschiedene Möglichkeiten nachgedacht werden.

Eine Möglichkeit wäre, ein Oberhaus, Chamuiwon, und ein Unterhaus, Minuiwon, einzuführen, wobei auch das Oberhaus wie das Unterhaus aus vom Volk gewählten Vertretern besteht. Dies war in der Zweiten Republik Koreas der Fall.[842] Dies könnte zwar den positiven Aspekt für sich haben, dass dieses System letztlich schon einmal in Korea existierte, jedoch erscheint diese Form nicht geeignet zu sein, wenn man die andersgeartete Rolle und Organisation des Oberhauses in Erwägung zieht.

Eine andere Möglichkeit wäre, eine parlamentarische Regierungsform zu schaffen, in der im Oberhaus das gesamte Volk Koreas repräsentiert ist. Zu berücksichtigen ist, dass bei einer Wiedervereinigung Koreas damit zu rechnen ist, dass

---

841 Ein typisches, unübersehbares Beispiel ist, dass eine mögliche Entstehung politischer Disjunktionen und der darauf folgenden politischen Nebenwirkungen, vor allem eine Verzögerung in der Staatsverwaltung verursachen kann. Dies ist heutzutage ein zusätzliches Hindernis für die Aufstellung eines Wohlfahrtsstaates.

842 Siehe dazu Zweites Kapitel C.III.3.a).

letztlich die Herstellung der Einheit sehr lange dauern wird, weil das Land sehr lange gespalten war. Insofern könnte die Wiederherstellung eines einheitlichen Nationalgefühls als Aufgabe des Oberhauses angesehen werden. Es wäre vorstellbar, dass man zu diesem Zwecke das Oberhaus aus älteren Respektspersonen des Staates bildet. In diesem Fall aber ergibt sich das Problem der Ambiguität des Begriffs der Repräsentation des gesamten Volkes, weil es schwer sein dürfte, Respektspersonen zu finden, die in beiden Teilen Koreas angesehen sind.[843]

Allerdings könnte die Zusammensetzung des deutschen Bundesrates, in dem Politiker aus beiden ehemaligen Teilen Deutschlands vertreten sind, ein Vorbild für das Oberhaus in Korea sein. Denn Deutschland kann insofern auf eine ähnlich geteilte Geschichte zurückschauen wie Korea. Der deutsche Bundesrat wird aber weder durch eine direkte Wahl des Volkes gebildet, noch besteht er aus Vertretern, die im Bundestag indirekt gewählt wurden, sondern er besteht schlicht aus Stellvertretern der Landesregierungen.[844] Wenn man für ein zukünftiges einheitliches Korea ein parlamentarisches Regierungssystem in Erwägung zieht, das auf einem föderalen System mit zehn Landesregierungen beruht, scheint es am geeignetsten, die Bildungsweise des deutschen Bundesrates als Modell anzunehmen.

VI. Die Etablierung eines erweiterten Verfassungsgerichtssystems

1. Die Einführung der abstrakten Normenkontrolle

Die gegenwärtige Verfassung von 1987 und die Verfassung der früheren Zweiten Republik Korea, des allerersten parlamentarischen Regierungssystems in der koreanischen Verfassungsgeschichte, haben nach dem Vorbild der Bundesrepublik Deutschland ein Verfassungsgerichtssystem angenommen und eingerichtet.[845]

Die gegenwärtige Verfassungsgerichtsbarkeit hat vor allem die Kompetenz, Gesetze auf ihre Verfassungsmäßigkeit zu überprüfen, Streitigkeiten zwischen den

---

843 Do-Hyub Kim, Eine Untersuchung über das deutsche parlamentarische Regierungssystem, 1999, S. 224.

844 Siehe da Zweites Kapitel B.II.2.b).

845 Young Huh, Sechs Jahre Verfassungsgerichtsbarkeit in der Republik Korea, in: JÖR, 45 (1997), S. 535 (536, 541); ders., Die Grundzüge der neuen koreanischen Verfassung von 1987, in: JÖR, 38 (1989), S. 565 (580 ff.); Bong-Kun Kal, Der Einfluss des Grundgesetzes auf koreanisches Verfassungsrecht, in: 40 Jahre Grundgesetz, 1990, S. 299 (302 f.).

Staatsorganen und über Parteiauflösungen, Hochverratsanklagen sowie Verfassungsbeschwerden zu entscheiden.[846] Überdies sind die Zusammensetzung des Verfassungsgerichts,[847] die Wahl und Stellung der Verfassungsrichter[848] und die Verfahrensgrundsätze in der Verfassung geregelt.[849] Bislang gibt es in Korea jedoch nur eine konkrete Normenkontrolle. Eine abstrakte Normenkontrolle ist bislang nicht in der Verfassung verankert.[850]

Wenn man in der Zukunft das deutsche parlamentarische Regierungssystem als neue Regierungsform annimmt, sollte dies mit einer Kompetenzerweiterung des Verfassungsgerichts auf das Niveau wie im deutschen Grundgesetz verbunden werden. Um der Gefahr einer Verfassungsverletzung infolge verfassungswidriger Gesetzgebung durch Kabinett und Parlament vorzubeugen, ist insbesondere die Einführung der abstrakten Normenkontrolle nötig.[851]

2. *Die Verstärkung der demokratischen Legitimität der Verfassungsgerichtsbarkeit*

Während das Bundesverfassungsgericht aus zwei Senaten zu je acht Richtern besteht[852], setzt sich das koreanische Verfassungsgericht aus neun Richtern ohne Aufteilung in Senate zusammen.[853] Die Bundesverfassungsrichter werden je zur Hälfte von Bundestag und Bundesrat gewählt[854] und vom Bundespräsidenten ernannt. Insgesamt müssen drei Richter jedes Senats aus der Zahl der Richter an den obersten Gerichtshöfen des Bundes gewählt werden.[855] Der Präsident und Vizepräsident des Bundesverfassungsgerichts werden abwechselnd von Bundestag und Bundesrat gewählt.[856]

---

846 Art. 111 Abs. 1 KoreaV; §§ 2, 41 ff., 48 ff., 55 ff., 61 ff., 68 ff. KVerfGG; vgl. zum Ganzen Young Huh, Die Grundzüge der neuen koreanischen Verfassung von 1987, in: JÖR, 38 (1989), S. 565 (580 f.).

847 Art. 111 Abs. 2 KoreaV.

848 Art. 111 Abs. 3 u. 4, Art. 112 KoreaV.

849 Art. 113 KoreaV.

850 § 41 Abs. 1 KVerfGG.

851 So Young Huh, Sechs Jahre Verfassungsgerichtsbarkeit in der Republik Korea, in: JÖR, 45 (1997), S. 535 (553).

852 § 2 Abs. 1, 2 BVerfGG.

853 § 3 KVerfGG.

854 Art. 94 Abs. 1 Satz 2 GG; § 5 Abs. 1 BVerfGG.

855 § 2 Abs. 3 BVerfGG.

856 § 9 Abs. 1 BVerfGG.

In Korea werden von den neun Richtern des Verfassungsgerichts[857], die allesamt die Befähigung zum Richteramt besitzen müssen, drei vom Parlament gewählt und jeweils drei vom Staatspräsidenten und vom Präsidenten des Obersten Gerichtshofes benannt.[858] Der Staatspräsident ernennt sodann die Richter. Der Präsident des Verfassungsgerichts wird aus den Verfassungsrichtern mit Zustimmung des Parlaments vom Staatspräsidenten ernannt.[859]

Bei diesem Wahlverfahren für das Verfassungsgericht in Korea lassen sich folgende Probleme voraussehen: Drei von neun Richtern des Verfassungsgerichts werden vom Staatspräsidenten benannt. Wenn man aber berücksichtigt, dass der Staatspräsident in Korea die exekutive Gewalt innehat, stellt dieser Vorgang vor allem eine Verletzung des Prinzips der Gewaltenteilung dar. Deshalb muss für die Zukunft das Benennungsrecht des Staatspräsidenten bei der Besetzung des Verfassungsgerichts, wie auch in Deutschland, ausgeschlossen werden. Beim Staatspräsidenten sollte nur das Ernennungsrecht verbleiben.

Weiterhin, im Hinblick auf die Effektivität der Verfassungsgerichtsbarkeit, sollte das Verfassungsgericht der Republik Korea, wie auch in Deutschland, in Senate aufgeteilt werden. Auch wäre die Zahl der Richter zu erhöhen.[860]

VII. Die Verbesserung des Wahlsystems

1. Die Übernahme des personalisierten Verhältniswahlsystems

Das gegenwärtige parlamentarische Abgeordnetenwahlsystem in Korea ist eine Mischform, bestehend aus dem Mehrheitswahlrecht in den Lokalwahlbezirken und dem Verhältniswahlrecht auf Landesebene, das auch das Hare/Niemeyer-Mandatsverteilungssystem mit Sperrklausel einschließt.[861] Genauer betrachtet müssen die Parteien, die an der Mandatsverteilung im Verhältnis der Gesamt-

---

857 § 3 KVerfGG.

858 § 6 Abs. 1 und 2 KVerfGG.

859 § 12 Abs. 2 KVerfGG.

860 In Bezug auf das koreanisches Verfassungsgericht, weiterführend Bong-Kun Kal, Der Einfluss des Grundgesetzes auf koreanisches Verfassungsrecht, in: 40 Jahre Grundgesetz, 1990, S. 299 (303).

861 Bei der 15. Parlamentswahl z. B. betrug die gesamte Zahl der Abgeordneten 299, darunter waren 253 durch Mehrheitswahl in den regionalen Wahlbezirken und 46 durch die Verhältniswahl gewählt worden. Dagegen wurden bei der 16. Parlamentswahl am 13. April 2000, 273 Abgeordneten nach dem neuen Wahlsystem gewählt. Weiterführend Young Huh, Parteienstaat, repräsentative Demokratie und Wahlsystem – Idee und Wirklichkeit in der Republik Korea, in: JÖR, 51 (2003), S. 695 (708 f.).

stimmenanteile teilnehmen, mindestens fünf Mandate in den lokalen Wahlbezirken oder 5 % der gesamten gültigen abgegebenen Wahlstimmen gewonnen haben, um ins Parlament einzuziehen. Danach werden die Sitze im Parlament nach dem Hare/Niemeyer–Verteilungssystem an die Parteien verteilt. Eine Besonderheit dabei ist, dass eine Partei, die auf lokaler Ebene kein Mandat gewonnen hat oder weniger als fünf Sitze erreicht hat, aber dennoch von den gesamten, gültigen Stimmen mehr als 3 %, aber weniger als 5 % bekommen hat, trotzdem einen Sitz erhält, während der Rest sich auf die Parteien verteilt, die mindestens fünf Sitze oder mindestens 5 % der gesamten gültigen Stimmen gewonnen haben. Die Verteilung der Parlamentssitze wird nur nach den Anteilen an den gesamten gültigen Stimmen, die in den Lokalwahlbezirken für das Direktmandat abgegeben wurden, bemessen.[862] Leider gibt es kein Zweitstimmenwahlsystem in der koreanischen Verhältniswahl. Daher ist das gegenwärtige koreanische Parlamentswahlsystem noch weit von einem Verhältniswahlsystem entfernt.

Dagegen errechnet sich die Sitzzahl der jeweiligen Partei im deutschen Wahlrecht nach der Gesamtstimmenzahl, die mit den auf die Landeslisten der Parteien abgegebenen Zweitstimmen errungen wurden.[863] Dies verstärkt das Proporzelement in der Zusammensetzung des Parlaments.

Das bislang in Korea insofern ungenügende Verhältniswahlsystem muss daher, um eine bessere Repräsentation des Volkswillens in der parlamentarischen Arbeit zu bewirken, an das deutsche Vorbild angepasst werden.[864]

2. *Die gerechte Abgrenzung der Wahlbezirke*

Durch die Einteilung des Landes in einzelne Wahlbezirke wird, zumindest rein formalistisch gedacht, die Gleichheit der Volkswahl eingeschränkt. Andererseits wäre eine Wahl ohne Wahlbezirke auch nicht die Lösung, weil dies zu erheblichen Schwierigkeiten führen würde. Insofern ist es allgemein anerkannt, ein Land

---

862 § 189 des Gesetzes für die Wahl des öffentlichen Dienstes und für die Verhinderung der unrechtlichen Wahl.

863 §§ 1, 6 BWG; in Bezug auf das deutsche Wahlsystem, siehe näher Zweites Kapitel B.III.3.b).

864 Do-Hyub Kim, Eine Untersuchung über das deutsche parlamentarische Regierungssystem, 1999, S. 225; ders., Das Verwirklichungsschema des parlamentarischen Regierungssystems in Korea, in: Aufsatzsammlung der Univ. Dankook, 22 (2000), S. 47 (63 f.).

in mehrere Wahlbezirke einzuteilen.[865] Gerade in einer repräsentativen Demokratie ist dies unerlässlich.[866]

Allerdings hat in Korea das Bevölkerungsverhältnis zwischen dem am dichtesten und dem am dünnsten besiedelten Wahlbezirk schon das Verhältnis 1 : 3,88 erreicht. Das stellt eine enorme Verzerrung der Gleichheit der Wahl dar und sollte durch eine Korrektur und Anpassung der Wahlbezirksgrößen beseitigt werden.[867]

VIII. Die Einführung der Parlamentsabhängigkeit der Exekutive

1. Die Vertrauensfrage

Die Vertrauensfrage des Bundeskanzlers in Deutschland ist ein wirkungsvolles Druckmittel des Bundeskanzlers gegen den Bundestag. Sie ist als ein Mittel zu sehen, das zum Zwecke des Machtausgleichs zwischen dem Bundeskanzler und dem Bundestag geschaffen wurde.[868]

Die Vertrauensfrage ermöglicht es dem Bundeskanzler, bei zweifelhafter parlamentarischer Zustimmung seine politischen Überzeugungen durchzusetzen, indem er den Bundestag und vor allem die ihn tragende Mehrheitsfraktion dazu zwingen kann, seiner Richtung zu folgen.[869] In Anbetracht der historischen Tatsache, dass im parlamentarischen Regierungssystem der Zweiten Republik Korea, in dem es nur das Misstrauensvotum des Parlaments gegen das Kabinett gab und daher die Position des damaligen Ministerpräsidenten instabil blieb, sehe ich die Einführung der deutschen Vertrauensfrage im Falle der Übernahme des parlamentarischen Regierungssystems in Korea als nötig an, um die Stabilität der Staatspolitik und die Exekutivfähigkeit der Staatspolitik des Ministerpräsidenten nachhaltig zu ermöglichen.

---

865 Tschul-Soo Kim, Die allgemeine Verfassungslehre, 11. Aufl., 1999. S. 180 f.

866 Vgl. BVerfGE 16, 130 (135 ff.).

867 Young Huh, Parteienstaat, repräsentative Demokratie und Wahlsystem – Idee und Wirklichkeit in der Republik Korea, in: JÖR, 51 (2003), S. 695 (707).

868 Art. 68 GG; G. Hermes in: H. Dreier, GGK, Bd. 2, 1998, Art. 68 Rn. 7; K. Stern, Das Staatsrecht der Bundesrepublik Deutschland, Bd. 1, 2. Aufl., 1984, S. 993 ff.; siehe da Zweites Kapitel B.III.2.b).

869 G. Hermes in: H. Dreier, GGK, Bd. 2, 1998, Art. 68 Rn. 17 ff.; H. Schneider, Kabinettsfrage und Gesetzgebungsnotstand nach dem Bonner Grundgesetz, in: VVDStRL, 8 (1950), S. 21 (27); K. Stern, Das Staatsrecht der Bundesrepublik Deutschland, Bd. 1, 2. Aufl., 1984, S. 993; R. Herzog in: Maunz / Dürig, GGK, Bd. 3, 2002, Art. 68 Rn. 23; T. Maunz / R. Zippelius, Deutsches Staatsrecht, 30. Aufl., 1998, S. 299.

2. *Das konstruktive Misstrauensvotum*

Das Bestehen eines Kabinetts im parlamentarischen Regierungssystem ist im allgemein vom Vertrauen des Parlaments abhängig. Im Falle des Misstrauens des Parlaments gegen das Kabinett verliert das Kabinett folglich den Grund seiner Existenz. Das heißt, durch den Beschluss des Misstrauensvotums im Parlament tritt in erster Linie der amtierende Ministerpräsident zurück. Danach wird der nächste Ministerpräsident durch ein neues Verfahren von der Parlamentsmehrheit gewählt, und es kommt zu einer Regierungsneubildung.

Das deutsche konstruktive Misstrauensvotum ist anders und einzigartig insofern, als es dem Bundestag zugleich einen neuen Bundeskanzler mit einer Mehrheit der gesetzlichen Zahl der Abgeordneten zu wählen aufgibt, bevor das Parlament den Bundespräsidenten um Entlassung des amtierenden Bundeskanzlers bitten kann.[870] Dieses deutsche Misstrauensvotum trägt damit erheblich zur Verstärkung der Kompetenz des Bundeskanzlers und zur Stabilität des parlamentarischen Regierungssystems bei.[871] Es handelt sich dabei um ein einzigartiges System, das in anderen Ländern nicht zu finden ist, die ebenfalls ein parlamentarisches Regierungssystem aufweisen. Zweifellos war es ein tragendes Fundament für die stabile und erfolgreiche Regierungspolitik in Deutschland.

Die Verfassung der Zweiten Republik Korea, obwohl sie zum großen Teil nach dem Modell des deutschen parlamentarischen Regierungssystems konstruiert war,[872] hatte das deutsche konstruktive Misstrauensvotum nicht übernommen. Stattdessen gab es nur ein allgemeines Misstrauensvotum.[873] Es ist aber zu beachten, dass sich die regierende Gerechtigkeitspartei bei der Diskussion um die Verfassungsänderung von 1986 für das parlamentarische Regierungssystem

---

870 Art. 67 GG; siehe dazu Zweites Kapitel B.III.1.a) u. b) dd) (3).

871 C.-F. Menger, Deutsche Verfassungsgeschichte der Neuzeit, 8. Aufl., 1993, S. 208; E. Stein, Staatsrecht, 16. Aufl., 1998, S. 54; H. Maurer, Staatsrecht I, 3. Aufl., 2003, S. 481; H. Schneider, Die Reichsverfassung vom 11. August 1919, in: HStR, Bd. 1, 3. Aufl. 2003, § 5 Rn. 61; I. v. Münch, Staatsrecht I, 6. Aufl., 2000, S. 355; K. Kluxen, Geschichte und Problematik des Parlamentarismus, 1983, S. 206; K. Stern, Das Staatsrecht der Bundesrepublik Deutschland, Bd. 1, 2. Aufl., 1984, S. 989 f.; U. Mager, in: Münch / Kunig, GGK, Bd. 2, 5. Aufl. 2001, Art. 67 Rn. 1.

872 Bong-Kun Kal, Der Einfluss des Grundgesetzes auf koreanisches Verfassungsrecht, in: 40 Jahre Grundgesetz, 1990, S. 299 (300, 307).

873 Joo-Sil Suh, Das parlamentarische Regierungssystem in Korea, in: Die Welt des Staatsexamens, Nov. 1990, S. 30 (38); Young Huh, Die Verfassungstheorie und die Verfassung, 1997, S. 937.

einschließlich des konstruktiven Misstrauensvotums nach dem Modell des Grundgesetzes ausgesprochen hat.[874]

Es ist daher unentbehrlich, dass im Falle der Einführung eines neuen, zweiten parlamentarischen Regierungssystems in Korea auch das deutsche konstruktive Misstrauensvotum eingeführt wird, um die Anfangsschwierigkeiten bei der Gewöhnung an das neue Regierungssystem zu minimieren und um die andauernde und erfolgreiche Etablierung des koreanischen parlamentarischen Regierungssystems zu sichern.[875]

C. Das parlamentarische Regierungssystem mit Blick auf eine zukünftige Wiedervereinigung von Süd– und Nordkorea

Es ist schon über ein halbes Jahrhundert vergangen, seitdem Korea mit dem Ende des zweiten Weltkriegs infolge der widerstreitenden Ideologien und internationalen Machtverhältnisse in Süd und Nord geteilt wurde, was in der Jahrtausende langen Geschichte des Koreanischen Volkes eine nie dagewesene Situation gebracht hat. Die Trennung von Menschen und Lebensräumen in Süd und Nord hat eine gravierende Beschädigung der nationalen Homogenität und eine grausame Tragödie von zehn Millionen getrennten Familien zur Folge. Die Wiedervereinigung von Süd– und Nordkorea sollte daher für die Wiederherstellung der nationalen Identität und vor allem aus humanitären Gründen so früh wie möglich erreicht werden. Das ist eine historische Aufgabe für die 75 Millionen Koreaner und ihr sehnlichster Wunsch zugleich.

Für die zukünftige erfolgreiche Wiedervereinigung sind aber zahlreiche verschiedene Vorbereitungen und Bemühungen auf politischer, sozialer, kultureller und wirtschaftlicher Ebene erforderlich. Ein besonders wichtiger Punkt sind dabei realistische und tiefgründige Untersuchungen über die Frage nach der geeignetsten Regierungsform des zukünftigen vereinigten Koreas. Zieht man einen Vergleich dazu, dass bei der Wiedervereinigung Deutschlands Ostdeutschland dem politischen System Westdeutschlands beigetreten ist, wird man vermuten können, dass das Regierungssystem Südkoreas zur Zeit der Wiedervereinigung

---

874 Bong-Kun Kal, Der Einfluss des Grundgesetzes auf koreanisches Verfassungsrecht, in: 40 Jahre Grundgesetz, 1990, S. 299 (308).

875 Gleiche Meinung: Bong-Kun Kal, Der Einfluss des Grundgesetzes auf koreanisches Verfassungsrecht, in: 40 Jahre Grundgesetz, 1990, S. 299 (308).

einen nicht geringen Einfluss auf das neu zu schaffende politische System des vereinigten Koreas haben wird.[876] Aus dieser Sicht kommt also einer Verfassungsänderung zugunsten eines parlamentarischen Regierungssystems, das die vielen rechtlichen und systembezogenen Aspekte einer Wiedervereinigung berücksichtigt, eine vorgreifliche Bedeutung zu. Ausgehend von dieser Annahme, werde ich im Folgenden die Notwendigkeit des parlamentarischen Regierungssystems als eine Regierungsform für ein vereinigtes Korea in Betracht ziehen.

I. Einheit der Nation und Wiederherstellung ihrer Homogenität

Anders als in dem Fall von West- und Ostdeutschland, die, obwohl geteilt, keinen Krieg gegen einander erlebt haben, hinterließ der Krieg vom 25. Juni 1950 bis 27. Juli 1953 zwischen Süd- und Nordkorea ein großes, schwer zu überwindendes Trauma und gegenseitiges Misstrauen auf beiden Seiten der Koreaner. Diese tiefen Wunden werden in einem Prozess der Wiedervereinigung ein gravierender Störfaktor bleiben. Ein vereintes Korea wird sich also um die Einheit der Nation und die Wiederherstellung ihrer Identität verstärkt bemühen müssen.[877]

Um das zu erreichen, sollte das neue Korea eine auf Harmonie zielende Regierungsform haben, die in der Lage ist, die verschiedenen möglichen Konflikte zwischen Süd- und Nordkorea positiv und friedlich zu lösen.[878] Unter den diversen Konflikten, die nach der Wiedervereinigung eintreten könnten, birgt der

876 Um das Jahr 1990 gab es zwei Wege zur Wiedervereinigung Deutschlands auf der Grundlage des Grundgesetzes. Zum einen die Integration der ostdeutschen Regionen in die westdeutschen Regionen nach Art. 23 GG und eine Aufstellung einer neuen Verfassung durch Ausübung des Selbstbestimmungsrechtes durch die gesamte Bevölkerung nach Art. 146 GG. Da vor allem die Westdeutschen mit ihrem Grundgesetz in den letzten 40 Jahren sehr gute Erfahrungen gemacht hatten, entschied man sich für den ersten Weg. Außerdem drängte die Zeit, da die Menschen in der DDR einen baldigen Wechsel wollten, die wirtschaftlichen Verhältnisse in der DDR immer schlechter wurden und die außenpolitischen Rahmenbedingungen günstig waren, sich aber bald ändern konnten. Näher H. Maurer, Staatsrecht I, 3. Aufl., 2003, S. 106 f.; M. Kilian, Der Vorgang der deutschen Wiedervereinigung, in: HStR, Bd. 1, 3. Aufl. 2003, § 12 Rn. 66 f.

877 Ein vereintes Korea sollte in dieser Beziehung wie in Deutschland dem Bundespräsidenten die Position des formalen, symbolischen und neutralen Staatsoberhauptes einräumen und damit die Rolle des Staatsvaters, der verschiedene Konflikte zwischen der Süd- und Nordregion vermitteln, lösen und zugleich die durch lange Trennung schwer beschädigte Homogenität des Volkes wiederherstellen.

878 Sang-Chul Kim, Die Untersuchung über die Möglichkeit der Übernahme des parlamentarischen Regierungssystems, in: Die Untersuchung der Sozialwissenschaft an der Univ. Anyang, 5 (1997), S. 166 (192).

Vorherrschaftskonflikt zwischen Regionen bzw. Herkunftsregionen im derzeitigen Südkorea ein entzündliches Potential, das sich letztendlich zu einem Konflikt zwischen Süd und Nord ausweiten könnte. Es würde dann aus dem vorhandenen „Dreieckskonflikt"[879] in Südkorea ein Viereckskonflikt einschließlich Nordkoreas werden.

Ein solcher Regionenkonflikt würde im Laufe der Zeit nicht nur mehr Risse zwischen den Regionen hervorrufen, vielmehr würde er sich in Verbindung mit den gesellschaftlichen und wirtschaftlichen Konfliktherden noch verstärken, um schließlich zu einer Hauptursache der politischen Instabilität des zukünftigen vereinigten Staates zu eskalieren.[880]

Weiterhin dürfte im Falle der Einführung des Präsidialsystems in einem vereinigten Korea die Wahrscheinlichkeit sehr hoch sein, dass der Kandidat für das Amt des Präsidenten aus dem Süden, wo zwei Drittel der gesamten Bevölkerung wohnen, zum Staatspräsidenten gewählt wird. Es ist jedenfalls denkbar, dass ein Präsidentschaftskandidat durch eine überwältigende Mehrheit der Stimmen aus dem Süden oder aus dem Norden zum Staatspräsidenten gewählt, im jeweils anderen Teil des Landes aber kaum Unterstützung erfahren würde. In beiden Fällen würde die Gefahr gravierender politischer Missstände provoziert, weil dies einen neuartigen provinziellen Hegemoniestreit zwischen Süden und Norden auslösen könnte. Um derartigen Konflikte zwischen den Regionen entgegenzuwirken, empfiehlt sich die Einführung des parlamentarischen Regierungssystems.[881]

II. Gewährleistung einer ausgeglichenen politischen Teilnahme

Ein vereinigtes Korea sollte ein Gleichgewicht zwischen Süden und Norden bei der Teilnahme an der Politik anstreben und gewährleisten. Wenn die bisherigen Eliten in Südkorea auch nach der Vereinigung ihre politisch etablierte Macht weiter erhalten, ist die Wahrscheinlichkeit ziemlich hoch, dass die meisten Eliten aus dem Norden von der Politik ausgeschlossen werden. Es sollte also den Eliten aus dem Norden erweiterte Chancen für die Bekleidung von Ämtern in einem

879 Namentlich die Regionen Kyeung Sang-Do, Jen Ra-Do und Chung Cheung-Do.

880 Byeong-Seok Park, Machtstruktur eines vereinten Koreas – In Bezug auf Veränderung des Parteiensystems, Forschungsinstitut für das Vereinigungszeitalter, 1994, S. 20.

881 Siehe Viertes Kapitel A.V.

neuen politischen System und Chancen zur effektiven Teilnahme an den politischen Prozessen eingeräumt werden. Eine Vorherrschaft des Südens sollte vermieden werden. Um die ausgeglichene politische Teilnahme des nordkoreanischen Volkes zu garantieren, müsste die Verwirklichung einer demokratisch verantwortlichen Politik gewährleistet sein, und diese Voraussetzung könnte das parlamentarische Regierungssystem als die Regierungsform eines vereinten Staates erfüllen.[882]

III. Politische Integration von verschiedenartigen Parteien und ihrer Programme

Ein vereinigtes Korea wird vor allem die schwierige Aufgabe haben, ideologische Konflikte im Rahmen der freiheitlichen Demokratie auszutragen. Nach der Vereinigung werden im Süden wie im Norden viel mehr verschiedenartigere Parteien entstehen und tätig sein als bisher. Die politische Stabilität des vereinigten Staates wird dann davon abhängig sein, inwieweit es gelingt, diverse kleinere Parteien in den Rahmen des freien demokratischen Willensbildungsprozess einzubinden. Um dieses zu erreichen, sollte das politische System eines vereinten Koreas garantieren, dass verschiedene kleinere Parteien aus der Südregion wie aus der Nordregion an Koalitionsregierungen teilnehmen können. Denn die Elemente der regionalen Unterschiede, der Standes– und Ideenunterschiede werden in Verbindung mit dem Mehrparteiensystem die Erreichung der stabilitätsstiftenden Mehrheit im Parlament erschweren und in der Folge voraussichtlich häufige Wechsel von Koalitionsregierungen oder Parteienverschmelzungen hervorbringen.[883] Die Möglichkeit der Bildung von Koalitionsregierungen kann einen sehr positiven Einfluss auf die Eintracht der verschiedenen Ideenparteien ausüben. Die Idee einer Koalitionsbildung, bei der die größte Partei kein Zentrum bildet und die aus den restlichen verschiedenen Parteien entsteht, die gegen diese größte Partei gerichtet sind, könnte freilich mit dem Einwand konfrontiert werden, dass solch eine Koalition der Idee der Mehrheitsvertretung widerspreche. Sofern aber kleinere Parteien auch als Volksvertreter betrachtet werden können und müssen,

---

882 Siehe näher Viertes Kapitel A.I.2. u. III.2.; Sang-Chul Kim, Die Untersuchung über die Möglichkeit der Übernahme des parlamentarischen Regierungssystems, in: Die Untersuchung der Sozialwissenschaft an der Univ. Anyang, 5 (1997), S. 166 (192).

883 Chong-Cheol Park, Parteiensystem und Wahlsystem eines vereinigten Koreas, Forschungsinstitut für Volksvereinigung, Nov. 1994, S. 98.

widerspricht eine solche Koalitionsbildung der Idee der Mehrheitsvertretung nicht.

Hinsichtlich dieser Problematik ist es allerdings unabdingbar, dass ein vereinigtes Korea mit der allgemeinen Einführung des deutschen parlamentarischen Regierungssystems vor allem die 5-%-Klausel und das konstruktive Misstrauensvotum einführt. Der Entstehung zu vieler kleiner Ideenparteien oder Splitterparteien muss vorgebeugt werden, um eine stabile und erfolgreiche Ausführung der Staatspolitik zu gewährleisten.[884]

IV. Schnelle und effektive Ausführung der Regierungspolitik

Ein vereintes Korea sollte eine schnell und effektiv arbeitende Exekutive aufweisen. Eine Vereinigung des auch wegen der internationalen Machtverhältnisse geteilten Koreas wird wiederum Konfrontationen mit verschiedenen komplizierten internationalen Problemen mit sich bringen, auf die die Regierung eines vereinten Koreas unverzüglich sollte reagieren können. Aus diesem Grunde wird eine enge Zusammenarbeit zwischen der Regierung und dem Parlament von Nöten sein. Eine Regierung im vereinten Korea wird eine Unmenge öffentlicher Finanzmitteln aufzubringen haben; einerseits um ein eventuelles wirtschaftliches Chaos, das aus der wirtschaftlichen Niveaudifferenz zwischen Süd- und Nordkorea herrühren könnte, zu reduzieren, und andererseits um eine ausgeglichene wirtschaftliche Entwicklung zwischen der Süd- und Nordregion zu gewährleisten.

Auch daraus folgt die Notwendigkeit der Einführung des parlamentarischen Regierungssystems als ein System zur Erhöhung der Effektivität bei der Bildung der Staatsorgane und bei der Ausführung der Staatsverwaltung.[885]

V. Parlamentarisches Regierungssystem und Föderalismus

In Bezug auf die Regierungsform eines vereinten Koreas sind theoretisch die drei folgenden Konzepte zu erwägen: Zunächst ein zentralistisches System in einem Staat; weiterhin eine Föderation beider Systeme in einem Staat, die nach außen

---

884 Bong-Kun Kal, Der Einfluss des Grundgesetzes auf koreanisches Verfassungsrecht, in: 40 Jahre Grundgesetz, 1990, S. 299 (308).

885 Siehe dazu Viertes Kapitel A.II.2.

einen Staat darstellt, innerlich aber aus zwei Systemen besteht, die jeweils im jetzigen Süd- und Nordkorea als unabhängige politische und ideologische Formationen angesiedelt wären; und letztlich ein föderales System mit zehn Landesregierungen, vergleichbar mit den 16 Landesregierungen in Deutschland.

Wenn ein vereinigtes Korea ein parlamentarisches Regierungssystem einführen sollte, scheint unter den Systemen, die als gut verträglich mit dem parlamentarischen Regierungssystem anzusehen sind, das bereits angelegte bundesstaatliche mit zehn Landesregierungen im ganzen Staat das geeignetste zu sein, weil es den kulturellen und regionalen Eigenschaften Koreas am besten entspricht.[886]

---

886 Korea war traditionell in acht Provinzen, davon fünf im Süden und drei im Norden, aufgeteilt, die jeweils eigene kulturelle und regionale Eigenschaften besaßen. Infolgedessen scheint mir am angemessensten, dass man aus Rücksicht auf politische Aspekte eines vereinten Koreas zu diesen acht Provinzen Seoul und Pjöngjang als Bundesländer mit Sonderstatus dazusetzt.

FÜNFTES KAPITEL

Schlussfolgerung

Die Verfassungsgeschichte Koreas im vergangenen halben Jahrhundert ist vor dem Hintergrund der Kriegsfolgen, insbesondere der Trennung des Landes und der daran anschließenden militärischen Auseinandersetzungen durch eine Reihe zahlreicher Missstände und Irrtümer gekennzeichnet.

Im Zentrum der unglücklichen Geschichte stehen die tiefgehenden Probleme des Präsidialsystems koreanischen Typs. Das dürfte eine historische Tatsache sein, die trotz der positiven Rolle, die dieses System bei der politischen Krisenbewältigung in der zweigeteilten Situation des Landes und bei der Bewirkung des wirtschaftlichen Aufschwungs gespielt hat, niemand leugnen kann.

Heute ist das demokratische Bewusstsein der koreanischen Bevölkerung weit ausgeprägter als früher, und das Land hat inzwischen einige Zivilregierungen erlebt. Im Zuge dieser Entwicklung stieg das Interesse an einer Verfassungsänderung zugunsten des parlamentarischen Regierungssystems; Diskussionen darüber sind bald in den Vordergrund der politischen Debatte gerückt. Dies bezeugt nicht nur, dass die wesentlichen Probleme des koreanischen Präsidialsystems fortbestehen, sondern auch die verbreitete Ansicht, dass diese Probleme nicht innerhalb des bestehenden Systems zu bewältigen sind. Die Lösung kann nur darin bestehen, dass Korea eine neue Regierungsform, nach hier vertretener Ansicht sollte es das parlamentarische Regierungssystem sein, annimmt. Aber eine völlige Neugestaltung der Regierungsform eines Staates ist eine sehr einschneidende Angelegenheit, die über die Zukunft des Staates und seines Volkes entscheidet. Deswegen bedarf eine solche Entscheidung sehr intensiver und umsichtiger Machbarkeitsstudien. Wenn dies versäumt wird, kann die Einführung einer neuen Regierungsform fehlschlagen, weil sie nicht über ausreichende Überzeugungskraft, Akzeptanz und Legitimität verfügt.

Diese Einsicht sowie auch die Beobachtung, dass bisherige Untersuchungen zur geeignetsten Regierungsform für Korea zu oberflächlich ausfielen, führten mich dazu, das in der koreanischen Debatte favorisierte Modell des parlamentarischen Regierungssystems mit Blick auf das deutsche Vorbild rechtsvergleichend zu analysieren sowie die Bedingungen und Chancen seiner Übernahme in Korea auseinanderzusetzen.

Dabei bin ich von der Tatsache ausgegangen, dass das deutsche parlamentarische Regierungssystem in besonderer Weise Stabilität und Leistungsfähigkeit verbürgt und daher im internationalen Vergleich der politischen Systeme hervorragende Reputation genießt.

Für Korea hat es zudem aus historischen Gründen eine eigene Attraktivität, weil es in vielen Teilen mit dem parlamentarischen Regierungssystem der Zweiten Republik Korea Ähnlichkeiten aufweist.

Bei der Untersuchung der politisch-kulturellen Bedingungen für einen erfolgreichen Übergang vom gegenwärtigen Präsidialsystem zum parlamentarischen Regierungssystem war daher auch eine eingehende Betrachtung der Verhältnisse in der Zweiten Republik Korea zu unternehmen.

Die Konfrontation der gegebenen politisch-kulturellen Lage in Korea mit den Strukturen und Funktionsweisen des deutschen parlamentarischen Regierungssystems ergab sodann eine ganze Anzahl positiver Effekte, die dessen Einführung in Korea mit sich bringen würde. Zusammengefasst lässt sich sagen, dass Korea alle Mängel und Krankheiten seines innenpolitischen Daseins überwinden und den Weg zu einer demokratischeren, friedlicheren, verlässlicheren, effektiveren und verantwortungsvolleren Politik bereiten würde, wenn es sich für die parlamentarische Regierungsform entscheiden würde.

An die Stelle der Diktaturanfälligkeit des gegenwärtigen Präsidialsystems träte eine parlamentarisch-demokratische Regierungsverantwortung auf Zeit; an die Stelle der undurchsichtigen und ineffektiven Machenschaften der politisch-militärischen Nomenklatur bei politischen Sach- und Personalentscheidungen träte eine rationale, transparente und effektive Praxis der Staatsleitung; an die Stelle des unberechenbaren Einflusses und Eingreifens des Militärs träte die Möglichkeit friedlicher und formalisierter Politik- und Regierungswechsel; an die Stelle des Gesetzes der regionalen Hegemonie der Parteien träte eine gesellschaftlich durchmischte und lebendige Parteienlandschaft u.v.a.m.

Als dahingehende Bewirkungsfaktoren des parlamentarischen Regierungssystems sind vor allem zu nennen: die klare Kompetenzverteilung und Kompetenzabgrenzung zwischen Staatspräsident und Ministerpräsident, die indirekte Wahl des Staatspräsidenten, das Zweikammersystem und die föderale Gliederung des Landes, die Stärkung des Proporzelements bei der Parlamentswahl, die Vertrauensfrage und das konstruktive Misstrauensvotum, die abstrakte Normenkontrolle durch das Verfassungsgericht.

Im Hinblick auf all dies sehe ich das Modell des deutschen parlamentarischen Regierungssystems als das geeignetste an, um Korea eine politisch stabile und erfolgreiche Zukunft zu gewährleisten. Nicht zuletzt auch als Basis für eine zukünftige Wiedervereinigung von Süd- und Nordkorea empfehle ich daher seine baldige Übernahme und eine entsprechende Verfassungsänderung.

Natürlich wird die Etablierung des parlamentarischen Regierungssystems nach den vielen Jahren der Präsidialherrschaft Anlaufschwierigkeiten mit sich bringen. Aber gerade das parlamentarische Regierungssystem ist bestens in der Lage, solche Schwierigkeiten politisch aufzufangen und abzuarbeiten.

Literaturverzeichnis

1. Literatur in deutscher Sprache

Achterberg, Norbert:
Innere Ordnung der Bundesregierung, in: J. Isensee / P. Kirchhof (Hrsg.), Handbuch des Staatsrechts der BRD, Bd. 2, 2. Aufl., Heidelberg 1998, S. 629 ff.

Achterberg, Norbert / Schulte, Martin:
in: Hermann v. Mangoldt / Friedrich Klein / Christian Starck (Hrsg.), Das Bonner Grundgesetz, Bd. 2, 4. Aufl., München 2000.

Adorno, Eduard:
Der Bundesrat wirkt bei der Gesetzgebung des Bundes mit, in: 30 Jahre Bundesrat 1949-1979, Die Pressestelle des Bundesrates (Hrsg.), 1979.

Andersen, Uwe / Woyke, Richard:
Handwörterbuch des politischen Systems der Bundesrepublik Deutschland, 4.Aufl., Opladen 2000.

Arns, Günter:
Die Krise des Weimarer Parlamentarismus im Frühherbst 1923, Bd. 8, 1969.

Arns, Günter:
Die Krise des Weimarer Parlamentarismus im Frühherbst 1923, in: DSt, Bd. 8, Berlin 1969, S. 181 ff.

Ashley, Maurice:
The Glorious Revolution of 1688, Hodder / Stoughton 1966.

Badura, Peter:
Staatsrecht, 2.Aufl., München 1996.

Badura, Peter:
Die Dogmatik des Staatsrechts im Wandel vom Bismarckreich über die Weimarer Republik zur Bundesrepublik, Heft.11, 1996.

Bauer, Hartmut:
in: Horst Dreier (Hrsg.), Grundgesetz Kommentar, Bd. II, Mohr Siebeck 1998.

Bäumlin, Richard:
Die Kontrolle des Parlaments über Regierung und Verwaltung, in: Referate und Mitteilungen des Schweizerischen Juristenvereins 100, 1966, S. 238 ff.

Becht, Ernst:
Die 5-%-Klausel im Wahlrecht Garant für ein funktionierendes parlamentarisches Regierungssystem? In: Marburger Schriften zum öffentlichen Recht, Bd. 2, Marburg 1989.

Bergsträsser, Ludwig:
Die Entwicklung des Parlamentarismus in Deutschland, in: K. Kluxen (Hrsg.), Parlamentarismus, 5. Aufl., Berlin 1980, S. 138 ff.

Bethge, Herber:
in: Maunz / Schmidt-Bleibtreu / Klein / Bethge (Hrsg.), Bundesverfassungsgerichtsgesetz, Bd. 1, München 2003.

Beyme, Klaus v.:
Der Begriff der parlamentarischen Regierungssystem, in: K. Kluxen (Hrsg.), Parlamentarismus, Berlin 1967, S. 188.

Bleckmann, Albert:
Staatsrecht I – Staatsorganisationsrecht, München 1993.

Böckenförde, Ernst-Wolfgang:
Moderne deutsche Verfassungsgeschichte (1815–1914), 2. Aufl., Berlin 1981.

Boldt, Hans:
Parlamentarismustheorie. Bemerkungen zu ihrer Geschichte in Deutschland, in: DSt, Bd. 19, Berlin 1980, S. 385 ff.

Brede, Frank Konrad / Geis, Ralf:
in: Umbach / Clemens (Hrsg.), Grundgesetz Kommentar, Bd. 2. Heidelberg 2002.

Bryde, Brun-Otto:
in: Münch / Kunig, GGK, Bd. 3, München 2003.

Bullinger, Martin:
Ungeschriebene Kompetenzen im Bundesstaat, in: AÖR, Bd. 96, Tübingen 1971, S. 237 ff.

Cruickshanks, Eveline:
The Glorious Revolution, Hong-Kong 2000.

Degenhart, Christoph:
Staatsrecht I, 17. Aufl., Heidelberg 2001.

Detterbeck, Steffen:
Öffentliches Recht für Wirtschaftswissenschaftler, 2. Aufl., München 2002.

Dicke, Christian:
in: Umbach / Clemens (Hrsg.), Grundgesetz Kommentar, Bd. 2. Heidelberg 2002.

Döring-Manteuffel, Anselm:
Strukturmerkmale der Kanzlerdemokratie, in: DSt, Bd. 30, Berlin 1991, S. 4 ff.

Dörr, Dieter:
Die Verfassungsbeschwerde in der Prozesspraxis, Bd. 2, 2. Aufl., Köln 1997.

Dürig, Günter / Rudolf, Walter:
Texte zur deutschen Verfassungsgeschichte, 3. Aufl., München 1996.

Düwel, Martin:
Kontrollbefugnisse des Bundesverfassungsgerichts bei Verfassungsbeschwerden gegen gerichtliche Entscheidungen, Baden-Baden 2000.

Fink, Udo:
in: Hermann v. Mangoldt / Friedrich Klein / Christian Starck (Hrsg.), Das Bonner Grundgesetz, Bd. 3, 4. Aufl., München 2000.

Fränkel, Ernst:
Die repräsentative und die plebiszitäre Komponente im demokratischen Verfassungsstaat, in: H. Rausch (Hrsg.), Zur Theorie und Geschichte der Repräsentation und Repräsentativverfassung, 1968.

Friedrich, Carl Joachim:
Der Verfassungsstaat der Neuzeit, Berlin 1953.

Friedrich, Manfred:
Opposition ohne Alternative?, in: K. Kluxen (Hrsg.), Parlamentarismus, Berlin 1967, S. 425 ff.

Friedrich, Manfred:
Anlage und Entwicklung des parlamentarischen Regierungssystems in der Bundesrepublik, in: DVBl. 1980, S. 505 ff.

Friedrich, Manfred:
Zur Entwicklung und Lage der Parlamentskontrolle in den Bundesländern der Bundesrepublik Deutschland, in: JÖR, Bd. 24, Tübingen 1975, S. 61 ff.

Friedrich, Manfred:
Das Parlamentarische Regierungssystem in den deutschen Bundesländern, in: JÖR, Bd. 30, Tübingen 1981, S. 213 ff.

Friesenhahn, Ernst:
Parlament und Regierung im modernen Staat, in: VVDStRL, Heft.16, Berlin 1958, S. 46 ff., 61 f.

Friesenhahn, Ernst:
Die Verfassungsgerichtsbarkeit in der BRD, Köln 1963.

Friesenhahn, Ernst:
Zum Prüfungsrecht des Bundespräsidenten, in: Die moderne Demokratie und ihr Recht, Festschrift für G. Leibholz zum 65. Geburtstag, 1966, S. 679 ff.

Fromme, Karl:
Von der Weimarer Verfassung zum Bonner Grundgesetz, Tübingen 1960.

Frotscher, Werner / Pieroth, Bodo:
Verfassungsgeschichte, 3. Aufl., München 2002.

Geiger, Willi:
Die Auflösung des Bundestages nach Art. 68, in: JÖR, Bd. 33, Tübingen 1984, S. 50 ff.

Glum, Friedrich:
Die britische Demokratie, Berlin 1956.

Grimm, Dieter:
Ursprung und Wandel der Verfassung, in: J. Isensee / P. Kirchhof (Hrsg.), Handbuch des Staatsrechts der BRD, Bd. 1, 3. Aufl., Heidelberg 2003, S. 3 ff.

Gusy, Christoph:
Die Weimarer Reichsverfassung, Tübingen 1997.

Gusy, Christoph:
Die Verfassungsbeschwerde, Heidelberg 1988.

Händel, Heinrich / Gossel, Daniel A:
Großbritannien, 3. Aufl., München 1994.

Hartmann, Volker:
Zur Staatsrechtslehre der Weimarer Verfassung, in: JÖR, Bd. 29, Tübingen 1980, S 43 ff.

Hemmrich, Ulfried:
in: Münch / Kunig (Hrsg.), Grundgesetz Kommentar, Bd. 2. München 2001.

Hempel, Wieland:
Der demokratische Bundesstaat, Berlin 1969.

Hennis, Wilhelm:
Richtlinienkompetenz und Regierungstechnik, Tübingen 1964.

Hering, Wolfgang:
Zur Frage der Anerkennung der politischen Parteien als Staatsorgane, Mainz 1962.

Hermes, Georg:
in: Horst Dreier (Hrsg.), Grundgesetz Kommentar, Bd. II., Mohr Siebeck 1998.

Hernekamp, Karl-Andreas:
in: Münch / Kunig, Grundgesetz Kommentar, Bd. 3, München 2003.

Herzog, Roman:
Das parlamentarische Regierungssystem, Ev. Staatslexikon, 3. Aufl., Stuttgart 1987.

Herzog, Roman:
Stellung des Bundesrates im demokratischen Bundesstaat, in: J. Isensee / P. Kirchhof (Hrsg.), Handbuch des Staatsrechts der BRD, Bd. 2, 2. Aufl., Heidelberg 1998, S. 467 ff.

Herzog, Roman:
Aufgaben des Bundesrates, in: J. Isensee / P. Kirchhof (Hrsg.), Handbuch des Staatsrechts der BRD, Bd. 2, 2. Aufl., Heidelberg 1998, S. 489 ff.

Herzog, Roman:
in: Maunz / Dürig (Hrsg.), Grundgesetz Kommentar, Bd. 3, München 2002.

Hesse, Joachim Jens / Ellwein, Thomas:
Das Regierungssystem der Bundesrepublik Deutschland, 6. Aufl., Opladen 1987.

Hesse, Konrad:
Die verfassungsrechtliche Stellung der politischen Parteien im modernen Staat, in: VVDStRL. Heft. 17, Berlin 1959.

Hesse, Konrad:
Der unitarische Bundesstaat, Karlsruhe 1962.

Hesse, Konrad:
Element einer Verfassungstheorie, Heidelberg 1984.

Hesse, Konrad:
Grundzüge des Verfassungsrechts der Bundesrepublik Deutschland, 20. Aufl., Heidelberg 1999.

Heun, Werner:
Die Stellung des Bundespräsidenten im Licht der Vorgänge um die Auflösung des Bundestages, in: AÖR, Bd. 109, Tübingen 1984, S. 14 ff., 18.

Heyde, Wolfgang:
Zum Umfang der materiellen Prüfungskompetenz des Bundespräsidenten, in: DÖV, Heft. 23, Stuttgart Dez. 1971, S. 797 ff.

Hoffmann, Diether H.:
Die öffentliche Rechenschaftspflicht der Parteien über Herkunft der Mittel, in: DVBl. 1958, S. 856 ff.

Hoock, Jochen:
Emigration und Revolution. Zur Emigrationsgesetzgebung der Französischen Revolution 1787–1793, Bd. 5, 1966.

Horn, Hans-Detlef:
Staat und Gesellschaft in der Verwaltung des Pluralismus, in: Die Verwaltung 26, 1993, S. 545, 548.

Horn, Hans-Detlef:
Grundrechtsschutz in Deutschland – Die Hoheitsgewalt der Europäischen Gemeinschaften und die grundrechte des Grundgesetzes nach dem Maastricht – Urteil des Bundesverfassungsgerichts, in: DVBl. Köln - Berlin - Bonn - München 1995.

Horn, Hans-Detlef:
Mehrheit im Plebiszit. Zur Voraussetzung eines Zustimmungsquorums bei Volks - und Bürgerentscheiden, in: DSt, Bd. 38, Berlin 1999, S. 399 ff.

Horn, Hans-Detlef:
Die Bayerische Verfassung, der Senat und der Volksentscheid, in: BayVBl. 1999, S. 433.

Horn, Hans-Detlef:
Die grundrechtsunmittelbare Verwaltung - Zur Dogmatik des Verhältnisses zwischen Gesetz, Verwaltung und Individuum unter dem Grundgesetz, Jus Publicum, Bd. 42, Tübingen 1999.

Horn, Hans-Detlef:
Über den Grundsatz der Gewaltenteilung in Deutschland und Europa, in: JÖR, Bd. 49, Tübingen 2001, S. 289 ff.

Horn, Hans-Detlef:
Mehr Demokratie ohne Repräsentation? Wenn das Volk selbst entscheidet, in: Die politische Meinung Nr. 379, 2001, S. 60 ff.

Horn, Hans-Detlef:
Einbürgerungen durch die Länder ohne Zustimmungsvorbehalt des Bundes?, in: ZAR. Nr. 3, Baden–Baden 2001, S. 100.

Horn, Hans-Detlef:
in: Hermann v. Mangoldt / Friedrich Klein / Christian Starck (Hrsg.), Das Bonner Grundgesetz, Bd. 3, 4. Aufl., München 2001.

Horn, Hans-Detlef:
Gewaltenteilige Demokratie, demokratische Gewaltenteilung – Überlegungen zu einer Organisationsmaxime des Verfassungsstaates, in: AÖR, Bd. 127, 2002, S. 431 ff.

Horn, Hans-Detlef:
Kantischer Republikanismus und empirische Verfassung, in: ZöR, Bd. 57, Springer-Verlag 2002.

Huber, Ernst Rudolf:
Deutsche Verfassungsgeschichte seit 1789 — Die Weimarer Reichsverfassung, Bd. 6, Stuttgart 1981.

Huber, Ernst Rudolf:
Deutsche Verfassungsgeschichte seit 1789, Bd. 7, Stuttgart 1984.

Huber, Peter Michael:
Grundrechtsschutz durch Organisation und Verfahren als Kompetenzproblem in der Gewaltenteilung und im Bundesstaat, München 1988.

Hüber, Emil:
Parlament und Regierung in der Bundesrepublik Deutschland, München 1995.

Huh, Young:
Die Grundzüge der neuen koreanischen Verfassung von 1987, in: JÖR, Bd. 38, Tübingen 1989, S. 574 ff., 580 ff.

Huh, Young:
Sechs Jahre Verfassungsgerichtsbarkeit in der Republik Korea, in: JÖR, Bd. 45, Tübingen 1997, S. 536 ff., 553.

Huh, Young:
Zur neueren Entwicklung des Verfassungsrechts in der Republik Korea, in: JÖR, Bd. 48, Tübingen 2000, S. 474 ff., 481 ff., 487.

Huh, Young:
Parteienstaat, repräsentative Demokratie und Wahlsystem – Idee und Wirklichkeit in der Republik Korea, in: JÖR, Bd. 51, Tübingen 2003, S. 696 ff., 701 ff., 707 ff.

Ipsen, Jörn:
Staatsorganisationsrecht, 6. Aufl., Metzner 1994.

Ipsen, Jörn:
Staatsrecht I, 15. Aufl., Luchterhand 2003.

Ismayr, Wolfgang:
Der Deutsche Bundestag, Opladen 2000.

Jakob, Holger:
Überhangmandat und Gleichheit der Wahl, Berlin 1998.

Jekewitz, Jürgen:
Der Grundsatz der Diskontinuität in der parlamentarischen Demokratie, in: JÖR, Bd. 27, Tübingen 1978, S. 75 ff.

Jellinek, Georg:
Allgemeine Staatslehre, 3. Aufl., Darmstadt 1976.

Jellinek, Walter:
Kabinettsfrage und Gesetzgebungsnotstand nach dem Bonner Grundgesetz, in: VVDStRL, Heft. 8, Berlin 1950, S. 9 ff., 15 f.

Kal, Bong-Kun:
Der Einfluss des Grundgesetzes auf koreanisches Verfassungsrecht, in: 40 Jahre Grundgesetz, München 1990.

Keir, David Lindsay:
The Constitutional History of Modern Britain since 1485, 6. Aufl., London 1960.

Kilian, Michael:
Der Vorgang der deutschen Wiedervereinigung, in: J. Isensee / P. Kirchhof (Hrsg.), Handbuch des Staatsrechts der BRD, Bd. 1, 3. Aufl., Heidelberg 2003, S. 597 ff., 637 f.

Kippels, Kurt:
Grundzüge deutscher Staats- und Verfassungsgeschichte, Köln 2001.

Kissler, Leo:
Der deutsche Bundestag, in: JÖR, Bd. 26, Tübingen 1977, S. 50 ff., 57 ff., 75 f., 107 ff., 121 f., 136 f.

Klein, Hans Hugo:
Der Bundesrat der Bundesrepublik Deutschland - die Zweite Kammer, in: AÖR, Bd. 108, Tübingen 1983, S. 331 ff., 337 f., 344 ff., 352 ff.

Klein, Hans Hugo:
Die Auflösung des Bundestages nach Art. 68 GG, in: ZfP, 1983, S. 402 ff.

Klein, Hans Hugo:
Aufgaben des Bundestages, in: J. Isensee / P. Kirchhof (Hrsg.), Handbuch des Staatsrechts der BRD, Bd. 2, 2. Aufl., Heidelberg 1998, S. 341 ff., 350 ff., 360 f.

Klein, Hans Hugo:
Status des Abgeordneten, in: J. Isensee / P. Kirchhof (Hrsg.), Handbuch des Staatsrechts der BRD, Bd. 2, 2. Aufl., Heidelberg 1998, S. 367 ff.

Klein, Hans Hugo:
in: Maunz / Dürig (Hrsg.), Grundgesetz Kommentar, Bd. III, München 2002.

Kluxen, Kurt:
Parlamentarismus, Köln / Berlin 1967.

Kluxen, Kurt:
Parlamentarismus, Köln / Berlin 1980.

Kluxen, Kurt:
Geschichte und Problematik des Parlamentarismus, Frankfurt am Main 1983.

Kölble, Josef:
Ist Artikel 65 GG. (Ressortprinzip im Rahmen von Kanzlerrichtlinien und Kabinettsentscheidungen) überholt?, in: DÖV, Stuttgart 1973, S. 1 ff.

Kolb, Eberhard:
Die Weimarer Republik, 3. Aufl., München 1993.

Kolb, Eberhard:
Die Weimarer Republik, 4. Aufl., München 1998.

Kornbichler, Hendrik / Polster, Julian / Tiede, Wolfgang:
Verfassungsrecht, Springer 1995.

Köttgen, Arnold:
Der Einfluss des Bundes auf die deutsche Verwaltung und die Organisation der bundeseigenen Verwaltung, in: JÖR, Bd. 3, Tübingen 1954, S. 99 ff.

Köttgen, Arnold:
Der Einfluss des Bundes auf die deutsche Verwaltung und die Organisation der bundeseigenen Verwaltung, in: JÖR, Bd. 11, Tübingen 1962, S. 173 ff.

Krause, Peter:
Freies Mandat und Kontrolle der Abgeordnetentätigkeit, in: DÖV, Stuttgart 1974, S. 325 ff.

Kröger, Klaus:
Die Ministerverantwortlichkeit in der Verfassungsordnung der Bundesrepublik Deutschland, Frankfurt (Main) 1972.

Küchenhoff, Erich:
Misstrauensantrag und Vertrauensfrage – Ersuchen, in: DÖV, 1967, S. 116 ff.

Laband, Paul:
Das Staatsrecht des Deutschen Reiches, Bd. 2, 5. Aufl., Tübingen 1911.

Landshut, Siegfried:
Formen und Funktionen der parlamentarischen Opposition, in: K. Kluxen (Hrsg.), Parlamentarismus, Berlin 1967, S. 401 f.

Laux, Eberhard:
Personalplanung in öffentlichen Dienst, in: Die Verwaltung, Bd. 9, Heft. 2, 1976, S. 146.

Lee, Won-Ho:
Kurzer Abriss über koreanisches Recht in Vergangenheit und Gegenwart, in: Festschrift für Bernhard Großfeld zum 65. Geburtstag, Heidelberg 1999, S. 687 ff., 690 ff., 695 ff.

Leibholz, Gerhard:
Der Status des Bundesverfassungsgerichts, in: Das Bundesverfassungsgericht, 1963.

Leibholz, Gerhard:
Das Wesen der Repräsentation und der Gestaltwandel der Demokratie im 20. Jahrhundert, 3. Aufl., Berlin 1966.

Leibholz, Gerhard:
Verfassungsstaat - Verfassungsrecht, Stuttgart 1973.

Lengers, Elmar:
Rechtsprobleme bei Parteiausschlüssen, Bochum 1973.

Löwenberg, Gerhard:
Parlamentarismus im politischen System der Bundesrepublik Deutschland, Tübingen 1969.

Löwenstein, Karl:
Der Staatspräsident, in: AÖR, Bd. 75, Heft. 2, 1949, S. 181 ff.

Löwenstein, Karl:
Der britische Parlamentarismus, Hamburg 1964.

Löwenstein, Karl:
Zum Begriff des Parlamentarismus, in: Kurt Kluxen (Hrsg.), Parlamentarismus, Berlin 1967, S. 69.

Löwenstein, Karl:
Verfassungslehre, 2. Aufl., Tübingen 1969.

Löwenstein, Karl:
British Cabinet Government, 1971.

Löwenstein, Karl:
Verfassungslehre, 3. Aufl., Tübingen 1975.

Mackintosh, John Pitcairn:
The British Cabinet, 2. Aufl., London 1968.

Mager, Ute:
in: Münch / Kunig (Hrsg.), Grundgesetz Kommentar, Bd. 2. München 2001.

Maitland, Frederic William:
The Constitutional History of England, Cambridge Univ, 1955.

Mangoldt, Hermann v.:
Grundrechte und Grundsatzfragen des Bonner Grundgesetzes, in: AÖR, Bd. 75, Tübingen 1949, S. 277 ff.

Maunz, Theodor:
in: Maunz / Dürig (Hrsg.), Grundgesetz Kommentar, Bd. III, München 2002.

Maunz, Theodor / Zippelius, Reinhold:
Deutsches Staatsrecht, 28. Aufl., München 1991.

Maunz, Theodor / Zippelius, Reinhold:
Deutsches Staatsrecht, 30. Aufl., München 1998.

Maurer, Hartmut:
Staatsrecht I, 3. Aufl., München 2003.

Menger, Christian-Friedrich:
Deutsche Verfassungsgeschichte der Neuzeit, 8. Aufl., Heidelberg 1993.

Menzel, Eberhard:
Ermessensfreiheit des Bundespräsidenten bei der Ernennung der Bundesminister?, in: DÖV, Heft. 17–18, Stuttgart Sept. 1965, S. 581 ff., 590, 594 ff.

Meyn, Karl-Ulrich:
in: Münch / Kunig (Hrsg.), Grundgesetz Kommentar, Bd. 2. München 2001.

Morlok, Martin:
in: Horst Dreier (Hrsg.), Grundgesetz Kommentar, Bd. II, Mohr Siebeck 1998.

Münch, Ingo v.:
Staatsrecht I, 6. Aufl., Stuttgart 2000.

Müller, Friedrich:
Juristische Methodik, 4. Aufl., Berlin 1990.

Müller, Ute:
Die demokratische Willensbildung in den politischen Parteien, 2. Aufl., Mainz 1967.

Mußgnug, Reinhard:
Zustandekommen des Grundgesetzes und Entstehen der Bundesrepublik Deutschland, in: J. Isensee / P. Kirchhof (Hrsg.), Handbuch des Staatsrechts der BRD, Bd. 1, 3. Aufl., Heidelberg 2003, S. 315 ff., 322 ff.

Nohlen, Dieter:
Wahlsysteme der Welt. Daten und Analysen, München, Zürich 1978.

Nohlen, Dieter:
Wahlrecht und Parteiensystem, Opladen 1986.

Nohlen, Dieter:
Wahlrecht und Parteiensystem, Opladen 1990.

Nohlen, Dieter:
Wörterbuch Staat und Politik, Neuausgabe, München 1995.

Oberreuter, Heinrich:
Parteiensystem am Wendepunkt? Wahlen in der Fernsehdemokratie, München 1996.

O'Gorman, Frank:
The Emergence of the British Two–Party System 1760–1832, London 1982.

Ogg, Frederic Austin:
English Government and Politics, 2. Aufl., New York 1955.

Ossenbühl, Fritz:
Probleme der Verfassungsreform in der Bundesrepublik Deutschland, Rechtstheorie 23, 1993.

Oldiges, Martin:
in: Michael Sachs (Hrsg.), Grundgesetz Kommentar, 3. Aufl., München 2003.

Partsch, Karl Josef:
Gewichtsverteilung zwischen Regierung und Parlament, in: VVDStRL, Heft. 16, Berlin 1958.

Pauly, Walter:
Die Verfassung der Paulskirche und ihre Folgewirkungen, in: J. Isensee / P. Kirchhof (Hrsg.), Handbuch des Staatsrechts der BRD, Bd. 1, 3. Aufl., Heidelberg 2003, S. 93 ff., 97.

Peter, Hans:
Geschichtliche Entwicklung und Grundfragen der Verfassung, 1969.

Pieroth, Bodo / Schlink, Bernhard:
Grundrechte Staatsrecht II, 13. Aufl., Heidelberg 1997.

Pitschas, Rainer:
Die Vertretung des Bundespräsidenten durch den Präsidenten des Bundesrates, in: DSt, Bd. 12, Berlin 1973, S. 183 ff.

Pohl, Walther Maximilian:
Die Prüfungskompetenz des Bundespräsidenten bei der Ausfertigung von Gesetzen, Hamburg 2001.

Raden, Michael:
in: Umbach / Clemens (Hrsg.), Grundgesetz Kommentar, Bd. 2. Heidelberg 2002.

Rausch, Heinrich:
Parlament, Parlamentarismus, in: Staatslexikon Bd. 4, 7. Aufl., Freiburg 1988.

Rausch, Heinz:
Bundestag und Bundesregierung, München 1976.

Richter, Ludwig:
Reichspräsident und Ausnahmegewalt. Die Genese des Artikels 48 in den Beratungen der Weimarer Nationalversammlung, in: DSt, Bd. 37, Berlin 1998, S. 221 ff.

Robbers, Gerhard:
in: Michael Sachs (Hrsg.), Grundgesetz Kommentar, 3. Aufl., München 2003.

Rohe, Karl:
Parteien und Parteiensystem, in: Kastendiek, Hans / Rohe, Karl / Volle, Angelika (Hrsg.), Länderbericht Großbritannien, Bonn 1998, S. 239, 242 ff.

Rudolf, Walter:
Die Ermächtigung der Länder zur Gesetzgebung im Bereich der ausschließlichen Gesetzgebung des Bundes, in: AÖR, Bd. 88, Tübingen 1963, S. 160 ff., 171.

Sachs, Michael:
Das parlamentarische Regierungssystem und der Bundesrat — Entwicklungsstand und Reformbedarf, in: VVDStRL, Heft 58, Berlin 1999, S. 66 f.

Schack, Friedrich:
Die Prüfungszuständigkeit des Bundespräsidenten bei der Ausfertigung der Gesetze, in: AÖR, Bd. 89, Tübingen 1964, S. 88 ff.

Scheuner, Ulrich:
Das Wesen des Staates und der Begriff des Politischen in der neueren Staatslehre, in: Staatsverfassung und Kirchenordnung, Tübingen 1962.

Scheuner, Ulrich:
Vom Nutzen der Diskontinuität zwischen Legislaturperioden, in: DÖV, Stuttgart 1965, S. 510 ff.

Scheuner, Ulrich:
Das Grundgesetz in der Entwicklung zweier Jahrzehnte, in: AÖR, Bd. 95, Tübingen 1970, S. 355 f.

Scheuner, Ulrich:
Die Lage des parlamentarischen Regierungssystems in der Bundesrepublik, in: DÖV, Stuttgart 1974, S. 433 ff.

Scheuner, Ulrich:
Zur Entwicklung der politischen Planung in der Bundesrepublik Deutschland, in: Hans Schneider / Volkmar Götz (Hrsg.), Im Dienst an Recht und Staat, Berlin 1974.

Scheuner, Ulrich:
Entwicklungslinien des parlamentarischen Regierungssystems in der Gegenwart, in: Scheuner, Ulrich, Staatstheorie und Staatsrecht, Berlin 1978.

Scheuner, Ulrich:
Staatstheorie und Staatsrecht, Berlin 1978.

Schindler, Peter:
Datenhandbuch zur Geschichte des Deutschen Bundestages 1949 bis 1999, Bd. 1-3, Baden–Baden 2000.

Schlaich, Klaus / Korioth, Stefan:
Das Bundesverfassungsgericht, 5. Aufl., München 2001.

Schmidt, Manfred G.:
Regieren in der Bundesrepublik Deutschland, Opladen 1992.

Schmidt, Rolf:
Staatsorganisationsrecht, 3. Aufl., Bremen 2003.

Schmitt, Carl:
Verfassungslehre, 5. Aufl., Berlin 1970.

Schmitt, Carl:
Das Reichsgericht als Hüter der Verfassung, in: Schmitt, Carl, Verfassungsrechtliche Aufsätze, 2. Aufl., 1978.

Schmitt, Carl:
Die geistesgeschichtliche Lage des heutigen Parlamentarismus, 5. Aufl., München - Leipzig 1979.

Schneider, Hans:
Kabinettsfrage und Gesetzgebungsnotstand nach dem Bonner Grundgesetz, in: VVDStRL, Heft. 8, Berlin 1950, S. 27 f., 32 f., 42 f.

Schneider, Hans:
Die Reichsverfassung vom 11. August 1919, in: J. Isensee / P. Kirchhof (Hrsg.), Handbuch des Staatsrechts der BRD, Bd. 1, 3. Aufl., Heidelberg 2003, S. 177 ff., 212, 227 ff.

Schneider, Hans Peter:
Die vereinbarte Parlamentsauflösung, in: JZ, 1983, S. 652 ff.

Scholz, Günter:
Die Bundespräsidenten, Biographien eines Amtes, 3. Aufl., Bonn 1997.

Schönberger, Christoph:
Parlamentarische Autonomie unter Kanzlervorbehalt?, in: JZ, 5, 2002, S. 213, 219.

Schreiber, Wolfgang:
Handbuch des Wahlrechts zum Deutschen Bundestag, 7. Aufl., Köln 2002.

Schröder, Hans-Christoph:
Die Geschichte Englands. Ein Überblick, in: Kastendiek, Hans / Rohe, Karl / Volle, Angelika (Hrsg), Länderbericht Großbritannien, Bonn 1998, S. 26 ff.

Schröder, Meinhard:
Bildung, Bestand und parlamentarische Verantwortung der Bundesregierung, in: J. Isensee / P. Kirchhof (Hrsg.), Handbuch des Staatsrechts der BRD, Bd. 2, 2. Aufl., Heidelberg 1998, S. 603 ff., 610.

Schröder, Meinhard:
Aufgaben der Bundesregierung, in: J. Isensee / P. Kirchhof (Hrsg.), Handbuch des Staatsrechts der BRD, Bd. 2, 2. Aufl., Heidelberg 1998, S. 585 ff.

Schröder, Meinhard:
in: Hermann v. Mangoldt / Friedrich Klein / Christian Starck (Hrsg.), Das Bonner Grundgesetz, Bd. 2, 4. Aufl., München 2000.

Schulze-Fielitz, Helmuth:
in: Horst Dreier (Hrsg.), Grundgesetz Kommentar, Bd. II, Mohr Siebeck 1998.

Schwabe, Jürgen:
Entscheidungen des Bundesverfassungsgerichts, 6. Aufl., Hamburg 1994.

Schweitzer, Michael:
Staatsrecht III, 5. Aufl., Heidelberg 1995.

Schwoerer, Lois G.:
The Declaration of Rights 1689, London 1981.

Schuppert, Gunnar Folke:
in: Umbach / Clemens (Hrsg.), Grundgesetz Kommentar, Bd. 2. Heidelberg 2002.

Seifert, Karl-Heinz:
Die politischen Parteien im Recht der Bundesrepublik Deutschland, Köln 1975.

Smend, Rudolf:
Verfassung und Verfassungsrecht, in: Staatsrechtliche Abhandlungen, 2. Aufl., München / Leipzig 1968.

Smith, S. A.:
Constitutional and Administrative Law, 2. Aufl., London 1973.

Speck, W. A.:
Tory & Whig – The Struggle in the Constituencies 1701–1715, London 1970.

Stammer, Otto:
Interessenverbände und Parteien, in: Politische Soziologie und Demokratieforschung, Berlin 1965.

Steffani, Winfried:
Über die parlamentarischen Untersuchungsausschüsse, in: Politische Vierteljahresschrift, Köln / Opladen, Dez. 1960.

Stein, Ekkehart:
Staatsrecht, 15. Aufl., Tübingen 1995.

Stein, Ekkehart:
Staatsrecht, 16. Aufl., Tübingen 1998.

Stein, Ekkehart / Frank, Götz:
Staatsrecht, 18. Aufl., Tübingen 2002.

Sternberger, Dolf:
Gewaltenteilung und parlamentarische Regierung in der Bundesrepublik Deutschland, in: Politische Vierteljahresschrift, Köln / Opladen, Okt. 1960.

Stern, Klaus:
Das Staatsrecht der Bundesrepublik Deutschland, Bd. 2, München 1980.

Stern, Klaus:
Das Staatsrecht der Bundesrepublik Deutschland, Bd. 1, 2. Aufl., München 1984.

Stern, Klaus:
Das Staatsrecht der Bundesrepublik Deutschland, Bd. 5, München 2000.

Trossmann, Hans:
Der Bundestag: Verfassungsrecht und Verfassungswirklichkeit, in: JÖR, Bd. 28, Tübingen 1979, S. 1 ff.

Trute, Hans-Heinrich:
in: Münch / Kunig (Hrsg.), Grundgesetz Kommentar, Bd. 2, München 2001.

Umbach, Dieter C / Clemens, Thomas:
in: Umbach / Clemens (Hrsg.), Grundgesetz Kommentar, Bd. 2, Heidelberg 2002.

Versteyl, Ludger-Anselm:
in: Münch / Kunig (Hrsg.), Grundgesetz Kommentar, Bd. 2, München 2001.

Wahl, Rainer:
Die Entwicklung des deutschen Verfassungsstaates bis 1866, in: J. Isensee / P. Kirchhof (Hrsg.), Handbuch des Staatsrechts der BRD, Bd. 1, 3. Aufl., Heidelberg 2003, S. 45 ff.

Weber, Werner:
Spannungen und Kräfte im Westdeutschen Verfassungssystem, 3. Aufl., Berlin 1970.

Weckerling-Wilhelm, Dorothee:
in: Umbach / Clemens (Hrsg.), Grundgesetz Kommentar, Bd. 2, Heidelberg 2002.

Widder, Helmut:
Parlamentarische Strukturen im politischen System, Berlin 1979.

Willoweit, Dietmar:
Deutsche Verfassungsgeschichte, München 2001.

Wolf, Werner:
Wahlkampf und Demokratie, Köln 1990.

Wyduckel, Dieter:
Der Bundesrat als Zweite Kammer, in: DÖV, Heft. 5, Stuttgart 1989, S. 182 ff.

Yardley, D. C. M.:
The British Constitution and the Rule of Law, in: JÖR, Bd. 13, Tübingen 1964, S. 133.

Zeh, Wolfgang:
Gliederung und Organe des Bundestages, in: J. Isensee / P. Kirchhof (Hrsg.), Handbuch des Staatsrechts der BRD, Bd. 2, 2. Aufl., Heidelberg 1998, S. 391 ff.

Zeh, Wolfgang:
Parlamentarisches Verfahren, in: J. Isensee / P. Kirchhof (Hrsg.), Handbuch des Staatsrechts der BRD, Bd. 2, 2. Aufl., Heidelberg 1998, S. 425 ff.

Zimmer, Karl-Otto:
Nochmals: Zur verfassungsnäheren Gestaltung der 5-%-Klausel, in: DÖV, Heft 3, Stuttgart, Feb. 1985, S. 102.

Zippelius, Reinhold:
Allgemeine Staatslehre, 12. Aufl., München 1994.

Zippelius, Reinhold:
Kleine deutsche Verfassungsgeschichte, München 1998.

Zuck, Rüdiger:
Das Recht der Verfassungsbeschwerde, 2. Aufl., München 1988.

2. Literatur in koreanischer Sprache

Bae, Sung-Dong:
Die mehre Parteien, Gegenwart und Ideal, in: Die Kultur der Politik und Wirtschaft, Seoul, Feb. 1985.

Chang, Seok-Kwon:
Die Wert und das Wesen des parlamentarischen Regierungssystems, in: Das Monatsstaatsexamen, Seoul, Mai. 1990, S. 69 ff.

Chang, Seok-Kwon:
Ist die Verfassungsänderung zum parlamentarische Regierungssystem nicht richtig?, in: Der Volksintellekt, Seoul, Nov. 1990, S. 69 ff.

Chang, Seok-Kwon:
Das Präsidialregierungssystem in Korea und die Untersuchung von dessen Problem, in: Die Rechtswissenschaft an der Univ. Dankook, Bd. 17, Seoul 1991, S. 1 ff.

Chang, Seok-Kwon:
Die Theorie und deren Praktik über das Präsidialregierungssystem (erster Teil), in: Das Monatsstaatsexamen, Seoul, Okt. 1991, S. 14 ff.

Chang, Seok-Kwon:
Die Theorie und deren Praktik über das Präsidialregierungssystem (zweiter Teil), in: Das Monatsstaatsexamen, Seoul, Nov. 1991, S. 75 ff.

Chang, Seok-Kwon:
Die Überlegung über den Anwendungsvorschlag des Ministerpräsidentsystems in der gegenwärtigen Verfassung, in: Die Welt des Staatsexamens, Seoul, Feb. 1993, S. 31 ff.

Chang, Seok-Kwon:
Die Merkmale des britischen parlamentarischen Regierungssystems, in: Korean Public Law Association, Bd. 3, Seoul 1996, S. 275 ff.

Chang, Seok-Kwon:
Die Besonderheit des amerikanischen Parteisystems, in: Die Forschung der amerikanischen Verfassung, Seoul, Jun. 1997.

Cho, Byung-Yoon:
Konstruktives Misstrauensvotum, in: Korean Public Law Association, Seoul, Jul. 1978, S. 183 ff.

Cho, Byung-Yoon:
Das deutsche Verfassungsgerichtssystem, in: Korean Public Law Association, Seoul, Sep. 1981, S. 65 ff.

Cho, Byung-Yoon:
Das Normenkontrollsystem und die Verfassungsbeschwerde im deutschen Grundgesetz, in: Festschrift für Park, Il-Kyung zum 60. Geburtstag, Seoul 1981.

Cho, Byung-Yoon:
Die zweigeteilte Exekutive und praktische und aktive Volkssouveränität, in: Die Welt des Staatsexamens, Seoul, Jul. 1989.

Choi, Dai-Kwon:
Die Verfassungslehre, Seoul 1994.

Choi, Dai-Kwon:
Die Diskussion über die Verfassungsänderung – im Hinblick auf die Regierungsform, in: Korean Public Law Association, Seoul, Jun. 1997, S. 16.

Choi, Dai-Kwon:
Die Vorlesung über die Verfassung, Seoul 1998.

Choi, Han-Soo:
Die Politik in Korea, Seoul 1997.

Choi, Myung / Kim, Young-Ho:
Die Einführung über die Vergleichspolitik, Seoul 1993.

Der Almanachkom-Pilationskomitee (Hrsg.):
Der koreanische Almanach, Seoul 1985, S. 302 ff.

Die Abteilung der Forschung des Gesetzes in Geschäftsführung des Parlaments (Hrsg.):
Die Parteipolitik der wichtigen Länder in Westeuropa, Seoul 1987.

Die Abteilung der Forschung des Gesetzes in Geschäftsführung des Parlaments (Hrsg.):
Die Arten der Regierungsform, Seoul 1990.

Die Abteilung der Prüfung und Analyse des Gesetzes in der Bibliothek des Parlaments (Hrsg.):
Eine Diskussion zwischen dem präsidialen System und dem parlamentarischen Regierungssystem, Seoul 1996.

Forschungsinstitut für Politik und Wirtschaft (Hrsg.):
Die Verfolgung: Das parlamentarische Regierungssystem, Seoul 1986.

Forschungsinstitut für Gesellschaft und Kultur (Hrsg.):
Die koreanische Politik und Wahlkultur, Seoul 1992.

Han, Bae-Ho:
Der Staat und die Gesellschaft der Ersten Republik Korea, in: Das Korea und die internationale Politik, Bd. 4, Seoul 1988, S. 18 ff.

Han, Sung-Chul:
Das Parteisystem in England und in Deutschland, in: Die Wahlleitung, Seoul, Dez. 1993.

Han, Tae-Soo:
Die koreanische Parteigeschichte, Seoul 1961.

Han, Tae-Yeon:
Die Verfassungslehre, Seoul 1983.

Han, Tae-Yeon:
Die Verfassung und das politische System, Seoul 1987.

Huh, Kyung:
Das parlamentarische Regierungssystem, in: Das Monatsstaatsexamen, Seoul, Nov. 1992.

Huh, Young:
Die rechtliche Betrachtung über die deutsche Vereinigung, Seoul 1994.

Huh, Young:
Die Verfassungstheorie und die Verfassung, Seoul 1997.

Huh, Young:
Die koreanische Verfassungslehre, Seoul 1998.

Hwang, Chul-Kon:
Untersuchung über die Beziehung zwischen dem Wahlsystem und dem Parteisystem, Diss., Seoul 1996.

Institut für die Wiedervereinigung des Volkes (Hrsg.):
Das Föderationssystem der neuen Länder nach dem zweiten Weltkrieg, Seoul 1991.

Jeong, Deuk-Kyu:
Volk, Partei, Parlament, in: Die Forschung der Politik und Wirtschaft, Seoul, Apr. 1973.

Jeong, Hyo-Sub:
Die Wahllehre, Seoul 1984.

Jeong, Hyo-Sub:
Das krankheiltliche Phänomen der koreanischen Parteipolitik, in: Die Wahlleitung, 34. Band, Seoul 1988.

Jeong, Jae-Hwang:
Präzedenzverfassung, Seoul, 1996.

Jeong, Jae-Hwang:
Eine verfassungsrechtliche Untersuchung über die Zusammenlebensregierung in Frankreich, in: Korean Public Law Association, Bd. 27, 1. Aufl., Seoul, Dez. 1998, S. 153 ff.

Jeong, Jae-Hwang:
Die Untersuchung über das Prinzip und die Wirklichkeit der zweigeteilten Exekutive in Frankreich, in: Korean Public Law Association, Bd. 27, 3. Aufl., Seoul, Jun. 1999, S. 49 ff.

Jeong, Jong-Hack:
Das parlamentarische System und das parlamentarische Auflösungssystem, in: Das Monatsstaatsexamen, Seoul, Mär. 1987.

Jeong, Man-Hee:
Prüfen über das parlamentarische System (zweiter Teil), in: Die Forschung des Staatsexamens, Seoul, Aug. 1990.

Jeong, Man-Hee:
Das Parteisystem in der Verfassung, in: Die Forschung des Staatsexamens, Seoul, Sep. 1989.

Jeong, Man-Hee:
Die moderne Verfassung und der Parlamentarismus, Seoul 1995.

Kang, Kyung-Keun:
Verfassungslehre, Seoul 1997.

Kang, Kyung-Keun:
Verfassungslehre, Seoul 1998.

Kil, Sung-Hum:
Die politische Partei und die Wahlpartei, in: Die Kultur der Politik und Wirtschaft, Seoul, Feb. 1985.

Kim, Byung-Kyu:
Politisches System und Verfassung, Seoul 1979.

Kim, Do-Hyub:
Eine Untersuchung über das deutsche parlamentarische Regierungssystem, Diss., Seoul, Aug. 1999, S. 20 ff., 34, 209 ff., 212, 215 ff., 222 ff., 226 ff., 229.

Kim, Do-Hyub:
Eine Betrachtung über den deutschen Bundestag, in: Aufsatzsammlung der Uinv. Inchen, Bd. 2, Inchen Dez. 1999.

Kim, Do-Hyub:
Eine Untersuchung über das konstruktive Misstrauensvotum, in: Korean Public Law Association, Bd. 28, Seoul, Jan. 2000, S. 306 ff.

Kim, Do-Hyub:
Das Verwirklichungsschema des parlamentarischen Regierungssystems in Korea, in: Aufsatzsammlung der Univ. Dankook, Bd. 22, Seoul, Feb. 2000, S. 47 ff., 51, 54 ff., 60 ff., 63ff.

Kim, Dong-Hun:
Das präsidiale Regierungssystem und das parlamentarische Regierungssystem, Seoul 1987.

Kim, Ho-Jin:
Die Lehre des koreanischen politischen Systems, Seoul 1997.

Kim, Huhn:
Die Untersuchung der Gewaltenharmonie im parlamentarischen Regierungssystem, Diss., Busan 1991.

Kim, Huhn:
Das parlamentarische Regierungssystem, Seoul 1994.

Kim, Hyo-Jeon:
Die anfängliche Übernahme der europäischen Verfassungslehre, Seoul 1996.

Kim, Jae-Han:
Die Parteikompositionslehre, Seoul 1994.

Kim, Ki-Bum:
Die Theorie der Verfassung, Seoul 1976.

Kim, Kwang-Soo:
Wahl und Wahlsystem, Seoul 1997.

Kim, Moon-Hyun:
Die Probleme und deren Verbesserung bei der Verteilung der Abgeordnetensitze der staatlichen Wahlkreise im Abgeordnetenwahlgesetz, in: Die Forschung des Staatsexamens, Seoul, Nov. 1991.

Kim, Myung-Kyu:
Die koreanische Verfassungslehre, Seoul 1985.

Kim, Myung-Kyu:
Die moderne Verfassungslehre, Seoul 1997.

Kim, Sang-Chul:
Die Untersuchung über die Möglichkeit der Übernahme des parlamentarischen Regierungssystems, in: Die Untersuchung der Sozialwissenschaft an der Univ. Anyang, Bd. 5, Anyang, Dez. 1997, S. 191 ff.

Kim, Seung-Cho:
Die zusammenfassende Verfassungslehre, Seoul 1998.

Kim, Sung-Hee:
Die Parteilehre, Seoul 1983.

Kim, Tschul-Soo:
Die Probleme und deren Verbesserungsschlag über das Verhältniswahlsystem, in: Die Wahlleitung, Seoul, Nov. 1971.

Kim, Tschul-Soo:
Die politische Verhältnislehre, Seoul 1982.

Kim, Tschul-Soo:
Die koreanische Verfassungsgeschichte, Seoul 1992.

Kim, Tschul-Soo:
Die allgemeine Verfassungslehre, 11. Aufl., Seoul 1999.

Kim, Tschul-Soo:
Die neue Verfassungslehre, 9. Aufl., Seoul 1999.

Kim, Un-Yong:
Die Gewaltenteilung und das Prüfungsrecht auf die Verfassungswidrigkeit, in: Die Rechtswissenschaft an der Univ. Sungkyunkwan, Bd. 7, Seoul, Dez. 1996.

Kim, Un-Yong:
Der neue Trend der koreanischen Verfassung, in: Die Welt des Staatsexamens, Seoul, Jun. 1996.

Kim, Un-Yong:
Die Prüfung der Verfassungswidrigkeit, Seoul 1998.

Kim, Young-Min:
Einige Streitpunkte des präsidialen Regierungssystems und des parlamentarischen Regierungssystems, in: Die Zeitschrift der Jura- und Politikfakultät an der Univ. Inhwa, Bd. 13, Inchen 1996, S. 9 ff.

Koreanischer politischer wissenschaftlicher Verband (Hrsg.):
Die Wahl und koreanische Politik, Seoul 1992.

Ku, Byung-Sak:
Der Begriff des Bundesstaates und dessen Charakteristika, in: Das Monatsstaatsexamen, Seoul, Sep. 1985.

Ku, Byung-Sak:
Die Untersuchung über das parlamentarische Regierungssystem, Seoul 1991.

Ku, Byung-Sak:
Die neue Verfassungslehre, Seoul 1996.

Ku, Kwang-Mo:
Die Staatspräsidentslehre, Seoul 1984.

Kwon, Young-Sung:
Die allgemeine Verfassungslehre, Seoul 1988.

Kwon, Young-Sung:
Die allgemeine Verfassungslehre, Seoul 1999.

Kwon, Young-Sung:
Die Einführung der Verfassungslehre, Seoul 1999.

Lee, Chong-Gu:
Der Weg zur Verfassung der Republik Korea, in: Shindong-A, Seoul, Aug. 1965.

Lee, Jong-Sang:
Die Übernahme des amerikanischen Präsidialsystems auf Korea, in: Die Forschung der amerikanischen Verfassung, Bd. 2, Seoul 1991, S. 154 ff.

Lee, Jong-Sang:
Die Orientierung des parlamentarischen Regierungssystems, in: Die Rechtswissenschaft an der Univ. Kyungnam, Bd. 12, Kyungnam 1993.

Lee, Jong-Sang:
Die Regierungsform der Vierten Republik Korea, in: Korean Constitutional Law Association, Bd. 3, Seoul, Okt. 1997, S. 161 ff.

Lee, Ki-Ha:
Die koreanische Parteigeschichte, Seoul 1961.

Lee, Kyu-Bok:
Die Regierungsvergleichslehre, Seoul 1985.

Lee, Sang-Don:
Einfluss des Verfassungssystems der USA auf die Entwicklung der Verfassung von Korea, in: Korean Public Law Association, Bd. 14, Seoul 1986, S. 62 ff.

Moon, Hong-Joo:
Die neue koreanische Verfassung, Seoul 1960.

Moon, Hong-Joo:
Die neue Verfassung, Seoul 1961.

Moon, Hong-Joo:
Die koreanische Verfassung, Seoul 1980.

Moon, Kwang-Sam:
Die Arten der Gewaltenteilung, in: Die Welt des Staatsexamens, Seoul, Okt. 1996.

Moon, Tae-Un:
Die Vereinigung von Ost- und Westdeutschland und die neue Ordnung in Europa, in: Die internationale Frage, Seoul, Aug. 1990.

Park, Byeong-Seok:
Machtstruktur eines vereinten Koreas – in Bezug auf Veränderung des Parteiensystems, in: Forschungsinstitut für das Vereinigungszeitalter, Seoul 1994, S. 20 ff.

Park, Chong-Cheol:
Parteiensystem und Wahlsystem eines vereinigten Koreas, Forschungsinstitut für Volksvereinigung, Nov. 1994, S. 98 ff.

Park, Chong-Cheol:
Das Parteiensystem und Wahlsystem in der Wiedervereinigung von Nord- und Südkorea, Institut für die Wiedervereinigung des Volkes, Seoul 1994.

Park, Dong-Soe:
Das Parlament und der Prozess der Gesetzgebung, Seoul 1986.

Park, Il-Kyung:
Die neue Verfassung, Seoul 1990.

Park, Kyu-Ha:
Das Kontrollrecht der Regierung des Parlaments gegenüber dem Land eines parlamentarischen Regierungssystems, in: Die Forschung des Staatsexamens, Seoul, Sep. 1992, S. 26 ff.

Park, Sung-Jae:
Die Wahlsystemslehre, Seoul 1986.

Rhi, Sang-Kyu:
Die koreanische politische Entwicklungsgeschichte, Seoul 1981.

Son, Ho-Chul:
Die nach der Befreiung der japanischen Besatzung 50-jährige koreanische Politik, Seoul 1996.

Suh, Joo-Sil:
Das parlamentarische Regierungssystem in Korea, in: Die Welt des Staatsexamens, Seoul, Nov. 1990, S. 30 ff., 39 ff.

Suh, Joo-Sil:
Die Theorie und Erfahrung des parlamentarischen Regierungssystems, in: Ku, Byung-Sak (Hrsg.), Die Untersuchung über das parlamentarische Regierungssystem, Seoul 1991, S. 82 ff.

Suh, Joo-Sil:
Das Wahlsystem und das Parteisystem, Seoul 1997.

Sung, Nak-In:
Die theoretische Grundlage für das parlamentarische Regierungssystem, in: Die Forschung der Gesellschaft und Wissenschaft an der Univ. Youngnam, Youngnam, Dez. 1990.

Sung, Nak-In:
Die Mehrheitswahl als Wahlsystem, in: Die Welt des Staatsexamens, Seoul, Mär. 1991.

Sung, Nak-In:
Das Verhältniswahlsystem als Wahlsystem, in: Die Forschung des Staatsexamens, Seoul, Apr. 1991.

Sung, Nak-In:
Die Wahrrechtslehre, Seoul 1998.

Yook, Jong-Soo:
Die neue Verfassungslehre, Seoul 1996.

Yoon, Hyoung-Sup:
Das Nachsinnen über die Parteipolitik und deren Entwicklungsrichtung, in: Die moderne Gesellschaft, Bd. 24, Seoul 1986.

Yu, Chin-O:
Die Memoiren des Verfassungsentwurfes, Seoul 1981.

Yun, Myung-Sun / Kim, Byung-Mook:
Das Verfassungssystem, Seoul 1998.

Yun, Se-Chang:
Die neue Verfassung, Seoul 1983.

Anhang

1. Verfassung der Republik Korea vom 29. Oktober 1987

Artikel 1

(1) Die Republik Korea ist eine demokratische Republik.

(2) Die Souveränität der Republik Korea liegt beim Volk, und alle Staatsgewalt geht vom Volk aus.

Artikel 4

Der Staat von Korea bemüht sich um Einheit und errichtet und führt eine Politik der friedlichen Einheit, die auf der friedlichen und freiheitlichen demokratischen Grundordnung gegründet ist.

Artikel 8

(1) Die Gründung politischer Parteien ist frei, und das Mehrparteiensystem ist gewährleistet.

(2) Die politischen Parteien müssen in ihren Zielen, in ihrer Organisation und in ihrer Betätigung demokratisch sein und eine Organisation besitzen, die für die Teilnahme des Volkes an der politischen Willensbildung erforderlich ist.

(3) Die politischen Parteien genießen den Schutz des Staates und können vom Staat mit den für ihre Tätigkeit notwendigen Mitteln nach Maßgabe der Gesetze ausgestattet werden.

(4) Wenn die Ziele oder die Tätigkeit einer politischen Partei gegen die demokratische Grundordnung verstoßen, kann die Regierung beim Verfassungsgericht deren Auflösung beantragen, und die politische Partei wird gemäß der Entscheidung des Verfassungsgerichtes aufgelöst.

Artikel 13

(1) Kein Staatsbürger kann nachträglich wegen einer Handlung verfolgt werden, die nach den zur Zeit der Tat geltenden Gesetzen keine Straftat darstellte. Man kann wegen derselben Straftat nicht wiederholt bestraft werden.

(2) Niemand darf durch rückwirkende Gesetze in der Ausübung seiner politischen Rechte eingeschränkt oder in seinen Eigentumsrechten beeinträchtigt werden.

(3) Kein Staatsbürger soll wegen einer Tat schlecht behandelt werden, die nicht er, sondern ein Verwandter begangen hat.

Artikel 40

Die gesetzgebende Gewalt liegt beim Parlament

Artikel 41

(1) Das Parlament besteht aus den Abgeordneten, die in allgemeiner, gleicher, direkter und geheimer Wahl vom Volk gewählt werden.

(2) Die Zahl der Abgeordneten des Parlaments wird durch Gesetz bestimmt. Sie soll aber über 200 liegen.

(3) Die Wahlkreise der Abgeordneten des Parlaments, das Vertretungsverhältnis und sonstige Angelegenheiten bezüglich der Wahlen zum Parlament werden durch Gesetz bestimmt.

Artikel 52

Die Abgeordneten des Parlaments und die Regierung können Gesetzesentwürfe einbringen.

Artikel 65

Falls der Staatspräsident, der Ministerpräsident, die Mitglieder des Staatsrates, die Chefs der Ministerien, die Richter des Verfassungsgerichtes, Richter, die Mitglieder des Zentralen Wahlaufsichtkomitees, der Staatspräsident und Mitglieder des Rechnungshofes und andere durch Gesetz bestimmte Staatsbeamte in Ausübung ihrer Amtspflichten die Verfassung oder andere Gesetze verletzt haben, kann das Parlament Staatsanklage erheben.

Eine Staatsanklage nach Abs. 1 bedarf des Vorschlags von mindestens einem Drittel der Gesamtzahl der Abgeordneten des Parlaments, und der Beschluss darüber erfordert die Zustimmung der Mehrheit der Abgeordneten. Eine Staatsanklage gegen den Staatspräsidenten bedarf des Vorschlags durch die Mehrheit der Gesamtzahl der Abgeordneten des Parlaments, und der Beschluss bedarf der Mehrheit von zwei Dritteln der Gesamtzahl der Abgeordneten des Parlaments

Derjenige, gegen den Staatsanklage erhoben worden ist, ist von seinem Amt bis zur Entscheidung über die Staatsanklage suspendiert.

Die Entscheidung über eine Staatsanklage beschränkt sich auf die Amtsenthebung. Daraus ergibt sich jedoch keine Befreiung von der zivil- oder strafrechtlichen Verfolgung.

Artikel 66

(1) Der Staatspräsident ist das Staatsoberhaupt und vertritt den Staat gegenüber dem Ausland.

(2) Der Staatspräsident hat die Verantwortung und die Pflicht, die Unabhängigkeit, die territoriale Integrität und den Fortbestand des Staates und der Verfassung zu wahren.

(3) Der Staatspräsident hat die Pflicht, die friedliche Vereinigung des Vaterlandes aufrichtig anzustreben.

(4) Die vollziehende Gewalt liegt bei der Exekutive, die vom Staatspräsidenten geleitet wird.

Artikel 67

(1) Der Staatspräsident wird in allgemeiner, gleicher, direkter und geheimer Wahl vom Volk gewählt.

(2) Wenn zwei Bewerber in einem in Abs. 1 beschriebenen Wahlverfahren dieselbe Anzahl von Stimmen erreicht haben, findet in diesem Fall die Wahl zwischen allen Bewerbern, die dieselbe Höchstzahl von Stimmen erhalten haben, in einer öffentlichen Sitzung des Parlaments mit der Mehrheit aller ihrer Mitglieder statt. Zum Staatspräsidenten ist derjenige gewählt, der nunmehr die meisten Stimmen erhält.

(3) Wenn es nur einen Kadidaten für das Staatspräsidentenamt gibt, ist er solange nicht zum Staatspräsidenten gewählt, bis er letztendlich ein Drittel sämtlicher Wählerstimmen erhält.

(4) Zum Staatspräsidenten sind Bürger wählbar, die die Wählbarkeit für das Parlament besitzen und am Tag der Präsidentschaftswahl das vierzigste Lebensjahr erreicht haben oder älter sind.

(5) Die Einzelheiten der Präsidentschaftswahl werden gesetzlich geregelt.

Artikel 68

(1) Das Volk wählt den Nachfolger 70 - 40 Tage vor dem Ende der Amtszeit des amtierenden Staatspräsidenten.

(2) Wenn das Amt des Staatspräsidenten vorzeitig frei wird, oder der gewählte Staatspräsident stirbt, oder er durch Gerichtsentscheid oder aus anderen Gründen ausgeschlossen wird, soll der Nachfolger innerhalb von 60 Tagen gewählt werden.

Artikel 70

Die Amtszeit des Staatspräsidenten beträgt fünf Jahre. Eine Wiederwahl ist nicht zulässig.

Artikel 71

Wird das Amt des Staatspräsidenten frei oder ist der Staatspräsident nicht in der Lage, seine Befugnisse und Pflichten wahrzunehmen, so übt der Ministerpräsident oder das nach der gesetzlich festgelegten Reihenfolge ermittelte Mitglied des Staatsrates das Amt des Staatspräsidenten aus.

Artikel 72

Der Staatspräsident kann wichtige politische Angelegenheiten der Diplomatie, der nationalen Verteidigung, der Wiedervereinigung und andere Angelegenheiten, die das Schicksal der Nation betreffen, zur Volksabstimmung vorlegen, wenn er es für erforderlich hält.

Artikel 74

(1) Der Staatspräsident ist der Oberbefehlshaber der nationalen Streitkräfte nach Maßgabe der Verfassung und der Gesetze.

(2) Die Organisation und Bildung der nationalen Streitkräfte werden durch Gesetz bestimmt.

Artikel 77

(1) Wenn eine militärische Notwendigkeit vorliegt oder die Aufrechterhaltung der öffentlichen Sicherheit und Ordnung die Mobilisierung der Streitkräfte in Kriegszeiten, bei bewaffneten Konflikten oder in ähnlichen nationalen Notlagen erfordert, kann der Staatspräsident in Übereinstimmung mit den gesetzlichen Vorschriften das Kriegsrecht verhängen.

(2) Es gibt zwei Arten von Kriegsrecht. Das außerordentliche Kriegsrecht und den Alarmzustand.

(3) Im außerordentlichen Kriegszustand können nach Maßgabe der Gesetze besondere Maßnahmen über die Notwendigkeit richterlicher Anordnungen, Freiheit der Rede, der Presse, der Versammlung und Vereinigung oder die Befugnisse der vollziehenden Gewalt und der Gerichte getroffen werden.

(4) Wenn der Kriegszustand erklärt ist, muss der Staatspräsident das Parlament hier über sofort in Kenntnis setzen.

(5) Der Staatspräsident muss das Kriegsrecht aufheben, wenn es das Parlament mit der Mehrheit aller ihrer Mitglieder verlangt.

Artikel 86

(1) Der Ministerpräsident wird vom Staatspräsidenten mit Zustimmung des Parlaments ernannt.

(2) Der Ministerpräsident steht dem Staatspräsidenten zur Seite und beaufsichtigt, nach Weisung des Staatspräsidenten, die Verwaltungstätigkeit der Ministerien.

(3) Kein Angehöriger der Streitkräfte kann zum Ministerpräsidenten ernannt werden, bevor er aus dem aktiven Dienst ausgeschieden ist.

Artikel 87

(1) Die Mitglieder des Staatsrates werden auf Vorschlag des Ministerpräsidenten vom Staatspräsidenten ernannt.

(2) Die Mitglieder des Staatsrates stehen dem Staatspräsidenten bei der Führung der Staatsgeschäfte zur Seite, und als Angehörige des Staatsrates beraten sie über die Staatspolitik.

(3) Der Ministerpräsident kann dem Staatspräsidenten die Entlassung von Mitgliedern des Staatsrates vorschlagen.

(4) Kein Angehöriger der Streitkräfte kann zum Mitglied des Staatsrates ernannt werden, bevor er aus dem aktiven Dienst ausgeschieden ist.

Artikel 94

Die Chefs der Ministerien werden vom Staatspräsidenten aus den Mitgliedern des Staatsrates auf Vorschlag des Ministerpräsidenten ernannt.

Artikel 111

(1) Das Verfassungsgericht entscheidet in folgenden Angelegenheiten:
a. Verfassungsmäßigkeit eines Gesetzes auf Ersuchen eines Gerichtes
b. Anklage wegen Hochverrates
c. Auflösung einer politischen Partei
d. Streitigkeiten über die Rechtssprechung zwischen Staatsorganen und örtlichen Gebietskörperschaften, und zwischen örtlichen Gebietskörperschaften
e. Verfassungsbeschwerden nach Maßgabe der Gesetze

(2) Das Verfassungsgericht besteht aus neun Richtern, die der Staatspräsident ernennt.

(3) Unter den Richtern nach Abs. 2 werden drei von dem Parlament gewählte Personen und drei vom Präsidenten des Obersten Gerichtshofes nominierte Personen ernannt.

(4) Der Vorsitzende des Verfassungsgerichtes wird aus den Reihen der (Mit-)Richter vom Staatspräsidenten mit Zustimmung des Parlaments ernannt.

Artikel 112

(1) Die Amtsdauer der Richter des Verfassungsgerichtes beträgt sechs Jahre. Sie können wieder ernannt werden gemäß den gesetzlichen Bestimmungen.

(2) Die Mitglieder des Verfassungsgerichtes dürfen weder einer politischen Partei beitreten noch an politischen Aktivitäten teilnehmen.

(3) Ein Richter des Verfassungsgerichtes kann nur aufgrund einer Staatsanklage oder eines Urteils der Strafe mindestens Gewahrsams seines Amtes enthoben werden.

Artikel 113

(1) Eine Entscheidung des Verfassungsgerichtes über die Verfassungswidrigkeit eines Gesetzes, über eine Staatsanklage, die Auflösung einer politischen Partei oder über eine Verfassungsbeschwerde bedarf der Zustimmung von mindestens sechs Richtern.

2. Verfassung der Republik Korea vom 15. Juni 1960

Artikel 1

Die Republik Korea ist eine demokratische Republik.

Artikel 2

Die Souveränität der Republik Korea liegt beim Volk, und alle Staatsgewalt geht vom Volk aus

Artikel 13

(1) Alle Staatsbürger genießen Rede- und Pressefreiheit sowie Versammlungs- und Vereinigungsfreiheit.

(2) Die politischen Parteien genießen nach Maßgabe der Gesetze den Schutz des Staates. Wenn die Ziele oder die Tätigkeit einer politischen Partei gegen die demokratische Grundordnung verstoßen, kann die Regierung durch die Anerkennung des Staatspräsidenten beim Verfassungsgericht deren Auflösung beantragen, und die politische Partei wird gemäß der Entscheidung des Verfassungsgerichtes aufgelöst

Artikel 31

(1) Die Gesetzgebende Gewalt liegt bei dem Parlament.

(2) Das Parlament besteht aus dem Minuiwon und aus dem Chamuiwon.

Artikel 32

(1) Die beiden Häuser werden allgemein, gleich, direkt und geheim vom Volk gewählt.

(2) Die Abgeordneten dürfen nicht zugleich Ämter der beiden Häuser innehaben.

(3) Die Zahl der Abgeordneten des Parlaments und die Angelegenheiten bezüglich der Wahlen zum Parlament werden durch Gesetz bestimmt.

(4) Die Abgeordneten des Chamuiwons werden in Teukbyulshi und Do nach Maßgabe der Gesetze gewählt, und die Anzahl der Abgeordneten darf nicht größer als 1/4 der Abgeordneten des Minuiwons sein.

Artikel 33

(1) Die Amtszeit der Minuiwon Abgeordneten beträgt vier Jahre.

(2) Die Amtszeit der Chamuiwon Abgeordneten beträgt sechs Jahre und alle drei Jahre werden 1/2 der Mitglieder gewechselt.

Artikel 34

Das Parlament wird nach Maßgabe der Gesetze jedes Jahr einmal zu einer ordentlichen Sitzungsperiode einberufen.

Artikel 36

(1) Das Minuiwon wählt einen Präsidenten und zwei Vizepräsidenten

(2) Das Chamuiwon wählt einen Präsidenten und einen Vizepräsidenten.

(3) Der Präsident des Chamuiwons ist dabei gleichzeitig der Präsident der gemeinsamen Tagung der beiden Häuser.

Artikel 37

(1) Die Beschlüsse der beiden Häuser sind wirksam, wenn die Mehrheit der Abgeordneten anwesend ist und die Vorlage die Zustimmung der Mehrheit der anwesenden Abgeordneten erhält, soweit es keine besonderen Bestimmungen in der Verfassung oder in Gesetzen gibt.

(2) Wenn die beiden Häuser sich über einen Antrag, der eines Beschlusses des Parlaments bedarf, nicht einig sind, wird dieser Antrag für einen nochmaligen Beschluss in das Minuiwon eingebracht, und zwischen den beiden Beschlüssen, die jeweils in einem Haus entschieden wurden, gilt derjenige als der Beschluss des Parlaments, der im Minuiwon bei Anwesenheit der Mehrheit der Mitglieder und mit der Zustimmung von zwei Drittel der anwesenden Abgeordneten beschlossen wurde.

(3) Wenn das Chamuiwon im Hinblick auf einen Budgetentwurf anders beschlossen hat als das Minuiwon, wird dieser nochmals dem Minuiwon vorgelegt, wobei der neue Beschluss des Minuiwons dann als der Beschluss des Parlaments gilt.

(4) Die Präsidenten der beiden Häuser haben das Abstimmungsrecht und bei Stimmengleichheit das Bestimmungsrecht.

Artikel 38

Die Sitzungen des Parlaments sind öffentlich. Die Öffentlichkeit kann durch den Beschluss der beiden Häuser ausgeschlossen werden.

Artikel 41

Das Parlament berät und bestätigt den Haushaltsplan des Staates.

Artikel 43

Das Parlament kann vom Staatsrat Schriftstücke verlangen, um die Kontrolle der Staatsratarbeit zu ermöglichen. Das Parlament kann die Anwesenheit, das Zeugnis oder die Meinungsäußerung der Staatsratsmitglieder verlangen.

Artikel 44

Der Ministerpräsident, die Mitglieder des Staatsrates oder Vertreter der Regierung können der Sitzung des Parlaments oder ihrer Ausschüsse beiwohnen, und ihre Meinung darlegen und Anfragen beantworten. Wenn das Parlament es verlangt, müssen der Ministerpräsident, die Mitglieder des Staatsrates oder Vertreter der Regierung in jeder Sitzung des Parlaments anwesend sein und Anfragen beantworten.

Artikel 49

Während der Sitzungsperiode darf ohne Zustimmung des Parlaments kein Abgeordneter des Parlaments festgenommen oder inhaftiert werden, es sei denn, er wird auf frischer Tat ertappt. Wenn ein Abgeordneter des Parlaments vor der Sitzungsperiode festgenommen oder inhaftiert wurde, wird er auf Verlangen des Parlaments während der Sitzungsperiode freigelassen.

Artikel 50

Kein Abgeordneter trägt außerhalb des Parlaments Verantwortung für Meinungsäußerungen und Abstimmungen, die er in seiner Eigenschaft als Abgeordneter im Parlament gemacht hat.

Artikel 51

Der Staatspräsident ist das Staatsoberhaupt und vertritt den Staat gegenüber dem Ausland.

Artikel 52

Wird das Amt des Staatspräsidenten frei oder ist der Staatspräsident nicht in der Lage, seine Befugnisse und Pflichten wahrzunehmen, so übt der Präsident des Chamuiwons, der Präsident des Minuiwons und Ministerpräsident in dieser Reihenfolge das Amt des Staatspräsidenten aus.

Artikel 53

(1) Der Staatspräsident wird von der gemeinsamen Versammlung der beiden Häuser mit 2/3 der Stimmen der gesetzlichen Mitglieder gewählt.

(2) Verfehlen alle Kandidaten die erforderliche 2/3 Mehrheit, so ist ein 2. Wahlgang vorzunehmen. Gelingt es auch in diesem 2. Wahlgang keinem der Kandidaten 2/3 der abgegebenen Stimmen auf sich zu vereinigen, so ist derjenige gewählt, der mindestens die Hälfte der abgegebenen Stimmen erhält, wobei mindestens 2/3 der gesetzlichen Anzahl der Abgeordneten anwesend sein müssen.

(3) Der Staatspräsident darf nicht in eine Partei eintreten und außer dem Präsidentenamt weder ein weiteres öffentliches noch ein privates Amt antreten.

Artikel 55

Die Amtszeit des Staatspräsidenten beträgt 5 Jahre. Eine Wiederwahl ist nur einmal zulässig.

Artikel 60

Der Staatspräsident kann im Parlament erscheinen und Ansprachen halten sowie schriftliche Botschaften an sie richten.

Artikel 61

Der Staatspräsident bestätigt gemäß der Verfassung und des Gesetzes die Ernennung und Entlassung der Beamten.

Artikel 63

(1) Der Staatspräsident kann durch den Beschluss des Staatsrates die Begnadigung, die Strafermäßigung und die Wiederherstellung der Rechte ausüben.

(2) Wenn der Staatspräsident eine Generalamnestie ausüben will, muss er die Zustimmung des Parlaments einholen.

(3) Die Einzelheiten über die Begnadigung, die Strafermäßigung und die Wiederherstellung der Rechte werden gesetzlich geregelt.

Artikel 66

Die Rechtshandlungen des Staatspräsidenten werden schriftlich niedergelegt und vom Ministerpräsidenten und den zuständigen Mitgliedern des Staatsrates gegengezeichnet. In militärischen Angelegenheiten wird entsprechend verfahren.

Artikel 68

(1) Die administrative Macht gehört zum Staatsrat.

(2) Der Staatsrat besteht aus dem Ministerpräsidenten, aus den Ministern und aus anderen Mitgliedern.

(3) Der Staatsrat trägt die Gesamtverantwortung gegenüber dem Unterhaus.

Artikel 69

(1) Der Ministerpräsident wird auf Vorschlag des Staatspräsidenten mit Zustimmung des Minuiwons ernannt. Wenn er die Zustimmung des Minuiwons nicht erhält, kann der Staatspräsident innerhalb von fünf Tagen nach diesem Tag einen zweiten Ministerpräsidentenkandidaten vorschlagen. Wenn der Staatspräsident das Vorschlagsrecht innerhalb dieser Frist nicht ausübt oder wenn der zweite vom Staatspräsidenten als Ministerpräsident Vorgeschlagene vom Minuiwon wieder keine Zustimmung erhält, wählt das Minuiwon den Ministerpräsidenten ohne einen Vorschlag des Staatspräsidenten.

(2) In der Zustimmung oder der Wahl nach Abs. 1 kann der vorgeschlagene Kandidat mit der Hälfte der Stimmen der Mitglieder des Minuiwons zum Ministerpräsidenten gewählt werden.

(3) Schlägt der Staatspräsident den Ministerpräsidentenkandidaten vor, soll das Minuiwon die Wahl für die Zustimmung frühestens vierundzwanzig, spätestens achtundvierzig Stunden nach dem Vorschlag stattfinden.

(4) Der Staatspräsident soll innerhalb von fünf Tagen nach der ersten Versammlung des Minuiwons den Ministerpräsidentenkandidaten vorschlagen.

(5) Die Minister und andere Mitglieder des Staatsrates werden vom Ministerpräsidenten ernannt und vom Staatspräsidenten lediglich bestätigt.

(6) Der Ministerpräsident und die Hälfte der Mitglieder des Staatsrates sollten unbedingt Abgeordnete sein.

(7) Die Anzahl des Staatsrates beträgt nicht mehr als 15 und nicht weniger als 8.

(8) Kein Angehöriger der Streitkräfte kann zum Mitglied des Staatsrates ernannt werden, bevor er aus dem aktiven Dienst ausgeschieden ist.

Artikel 70

(1) Der Ministerpräsident kann die Staatsratsitzung einberufen. Der Ministerpräsident ist Vorsitzender des Staatrates.

(2) Der Ministerpräsident kann aufgrund gesetzlicher Ermächtigung und im Rahmen der Gesetze die Verordnung des Staatsrates erlassen, die für die Ausführung der Gesetze erforderlich sind.

(3) Der Ministerpräsident repräsentiert den Staatsrat. Der Ministerpräsident beruft Gesetzesentwürfe ein und beaufsichtigt die Verwaltungstätigkeit der Ministerien.

(4) Wird das Amt des Ministerpräsidenten frei oder ist der Ministerpräsident nicht in der Lage, seine Befugnisse und Pflichten wahrzunehmen, so übt das nach der gesetzlich festgelegten Reihenfolge ermittelte Mitglied des Staatsrates das Amt des Ministerpräsidenten aus.

Artikel 71

(1) Wenn das Minuiwon ein Misstrauensvotum gegen den Staatsrat beschlossen hat, muss der Staatsrat innerhalb von zehn Tagen die Auflösung des Unterhauses beschließen. Andernfalls muss der Staatsrat geschlossen zurücktreten.

...

(3) Der Beschluss über den Misstrauensantrag des Minuiwons muss die Zustimmung der Mehrheit der gesetzlichen Mitglieder finden.

(4) Die Abstimmung über den Antrag muss frühestens vierundzwanzig, spätestens zweiundsiebzig Stunden nach dem Antrag erfolgen. Wenn das nicht der Fall ist, wird das Misstrauensvotum für nicht beantragt erachtet.

(5) Wenn das Amt des Ministerpräsidenten nicht besetzt wird oder sich das Minuiwon nach der Wahl der Abgeordneten zum ersten Mal versammelt, muss der Staatsrat geschlossen zurücktreten.

(6) Der Staatsrat hat gemäß Abs.1 und Abs. 5 die Kompetenz, die Geschäfte bis zur Ernennung des nächsten Ministerpräsidenten weiterzuführen.

Artikel 73

Die Minister jedes Ministeriums haben die Stellung der Mitgliedschaft des Staatsrates inne. Die Minister werden vom Ministerpräsidenten ernannt.

Schriften zum internationalen und zum öffentlichen Recht

Herausgegeben von Gilbert Gornig

Band 1 Michael Waldstein: Das Asylgrundrecht im europäischen Kontext. Wege einer europäischen Harmonisierung des Asyl- und Flüchtlingsrechts. 1993.

Band 2 Axel Linneweber: Einführung in das US-amerikanische Verwaltungsrecht. Kompetenzen, Funktionen und Strukturen der "Agencies" im US-amerikanischen Verwaltungsrecht. 1994.

Band 3 Tai-Nam Chi: Das Herrschaftssystem Nordkoreas unter besonderer Berücksichtigung der Wiedervereinigungsproblematik. 1994.

Band 4 Jörg Rösing: Beamtenstatut und Europäische Gemeinschaften. Eine Untersuchung zu den gemeinschaftsrechtlichen Anforderungen an die Freizügigkeit der Arbeitnehmer im Bereich des öffentlichen Dienstes. 1994.

Band 5 Wolfgang Wegel: Presse und Rundfunk im Datenschutzrecht. Zur Regelung des journalistischen Umgangs mit personenbezogenen Daten. 1994.

Band 6 Sven Brandt: Eigentumsschutz in europäischen Völkerrechtsvereinbarungen. EMRK, Europäisches Gemeinschaftsrecht, KSZE – unter Berücksichtigung der historischen Entwicklung. 1995.

Band 7 Alejandro Alvarez: Die verfassunggebende Gewalt des Volkes unter besonderer Berücksichtigung des deutschen und chilenischen Grundgesetzes. 1995.

Band 8 Martin Thies: Zur Situation der gemeindlichen Selbstverwaltung im europäischen Einigungsprozeß. Unter besonderer Berücksichtigung der Vorschriften des EG-Vertrages über staatliche Beihilfen und der EG-Umweltpolitik. 1995.

Band 9 Rolf-Oliver Schwemer: Die Bindung des Gemeinschaftsgesetzgebers an die Grundfreiheiten. 1995.

Band 10 Holger Kremser: "Soft Law" der UNESCO und Grundgesetz. Dargestellt am Beispiel der Mediendeklaration. 1996.

Band 11 Michael Silagi: Staatsuntergang und Staatennachfolge: mit besonderer Berücksichtigung des Endes der DDR. 1996.

Band 12 Reinhard Franke: Der gerichtliche Vergleich im Verwaltungsprozeß. Auch ein Beitrag zum verwaltungsrechtlichen Vertrag. 1996.

Band 13 Christoph Eichhorn: Altlasten im Konkurs. 1996.

Band 14 Dietrich Ostertun: Gewohnheitsrecht in der Europäischen Union. Eine Untersuchung der normativen Geltung und der Funktion von Gewohnheitsrecht im Recht der Europäischen Union. 1996.

Band 15 Ulrike Pieper: Neutralität von Staaten. 1997.

Band 16 Harald Endemann: Kollektive Zwangsmaßnahmen zur Durchsetzung humanitärer Normen. Ein Beitrag zum Recht der humanitären Intervention. 1997.

Band 17 Jochen Anweiler: Die Auslegungsmethoden des Gerichtshofs der Europäischen Gemeinschaften. 1997.

Band 18 Henrik Ahlers: Grenzbereich zwischen Gefahrenabwehr und Strafverfolgung. 1998.

Band 19 Heinrich Hahn: Der italienische Verwaltungsakt im Lichte des Verwaltungsverfahrensgesetzes vom 7. August 1990 (Nr. 241/90). Eine rechtsvergleichende Darstellung. 1998.

Band 20 Christoph Deutsch: Elektromagnetische Strahlung und Öffentliches Recht. 1998.

Band 21 Cordula Fitzpatrick: Künstliche Inseln und Anlagen auf See. Der völkerrechtliche Rahmen für die Errichtung und den Betrieb künstlicher Inseln und Anlagen. 1998.

Band 22 Hans-Tjabert Conring: Korporative Religionsfreiheit in Europa. Eine rechtsvergleichende Betrachtung. Zugleich ein Beitrag zu Art. 9 EMRK. 1998.

Band 23 Jörg Karenfort: Die Hilfsorganisation im bewaffneten Konflikt. Rolle und Status unparteiischer humanitärer Organisationen im humanitären Völkerrecht. 1999.

Band 24 Matthias Schote: Die Rundfunkkompetenz des Bundes als Beispiel bundesstaatlicher Kulturkompetenz in der Bundesrepublik Deutschland. Eine Untersuchung unter besonderer Berücksichtigung natürlicher Kompetenzen und der neueren Entwicklung im Recht der Europäischen Union. 1999.

Band 25 Hermann Rothfuchs: Die traditionellen Personenverkehrsfreiheiten des EG-Vertrages und das Aufenthaltsrecht der Unionsbürger. Eine Gegenüberstellung der vertraglichen Gewährleistungen. 1999.

Band 26 Frank Alpert: Zur Beteiligung am Verwaltungsverfahren nach dem Verwaltungsverfahrensgesetz des Bundes. Die Beteiligtenstellung des § 13 Abs. 1 VwVfG. 1999.

Band 27 Matthias Reichart: Umweltschutz durch völkerrechtliches Strafrecht. 1999.

Band 28 Nikolas von Wrangell: Globalisierungstendenzen im internationalen Luftverkehr. Entwicklung der Regulierung und Liberalisierung unter Berücksichtigung strategischer Allianzen und des Code-Sharing. 1999.

Band 29 Marietta Hovehne: Ein demokratisches Verfahren für die Wahlen zum Europäischen Parlament. Legitimation gemeinschaftlicher Entscheidungsstrukturen im europäischen Integrationsprozeß. 1999.

Band 30 Nina Kaden: Der amerikanische Clean Air Act und das deutsche Luftreinhalterecht. Eine rechtsvergleichende Untersuchung. 1999.

Band 31 Brigitte Daum: Grenzverletzungen und Völkerrecht. Eine Untersuchung der Rechtsfolgen von Grenzverletzungen in der Staatenpraxis und Folgerungen für das Projekt der International Law Commission zur Kodifizierung des Rechts der Staatenverantwortlichkeit. 1999.

Band 32 Andreas Fürst: Die bildungspolitischen Kompetenzen der Europäischen Gemeinschaft. Umfang und Entwicklungsmöglichkeiten. 1999.

Band 33 Gilles Despeux: Die Anwendung des völkerrechtlichen Minderheitenrechts in Frankreich. 1999.

Band 34 Michael Reckhard: Die rechtlichen Rahmenbedingungen der Sanktionierung von Beitragsverweigerung im System der Vereinten Nationen. 1999.

Band 35 Carsten Pagels: Schutz- und förderpflichtrechtliche Aspekte der Religionsfreiheit. Zugleich ein Beitrag zur Auslegung eines speziellen Freiheitsrechts. 1999.

Band 36 Bernhard Mehner: Die grenzüberschreitende Wirkung direktempfangbaren Satellitenfernsehens aus völkerrechtlicher Sicht. 2000.

Band 37 Karl-Josef Ulmen: Pharmakologische Manipulationen (Doping) im Leistungssport der DDR. Eine juristische Untersuchung. 2000.

Band 38 Jochen Starke: Die verfassungsgerichtliche Normenkontrolle durch den Conseil constitutionnel. Zum Kompetenztitel des Art. 61 der französischen Verfassung. 2000.

Band 39 Marco Herzog: Rechtliche Probleme einer Inhaltsbeschränkung im Internet. 2000.

Band 40 Gilles Despeux: Droit de la délimitation maritime. Commentaire de quelques décisions plutoniennes. 2000.

Band 41 Christina Hackel: Der Untergang des Landes Braunschweig und der Anspruch auf Restitution nach der Wiedervereinigung Deutschlands. 2000.

Band 42 Peter Aertker: Europäisches Zulassungsrecht für Industrieanlagen. Die Richtlinie über die integrierte Vermeidung und Verminderung der Umweltverschmutzung und ihre Auswirkungen auf das Anlagenzulassungsrecht der Bundesrepublik Deutschland. 2000.

Band 43 Karsten Bertram: Die Gesetzgebung zur Neuregelung des Grundeigentums in der ersten Phase der Französischen Revolution (bis 1793) und deren Bedeutung für die deutsche Eigentumsdogmatik der Gegenwart. 2000.

Band 44 Ulrike Hartmann: Die Entwicklung im internationalen Umwelthaftungsrecht unter besonderer Berücksichtigung von *erga omnes*-Normen. 2000.

Band 45 Thomas Jesch: Die Wirtschaftsverfassung der Sonderverwaltungsregion Hongkong. Eine Darstellung vor dem Hintergrund der Wiedereingliederung in die Souveränität der Volksrepublik China. 2001.

Band 46 Sven Gottschalkson: Der Ausschluß des Zivilrechtsweges bei Eigentumsverlusten an Immobilien in der ehemaligen DDR. 2002.

Band 47 Gilbert Hanno Gornig/Gilles Despeux: Seeabgrenzungsrecht in der Ostsee. Eine Darstellung des völkerrechtlichen Seeabgrenzungsrechts unter besonderer Berücksichtigung der Praxis der Ostseestaaten. 2002.

Band 48 Andreas Zühlsdorff: Rechtsverordnungsersetzende Verträge unter besonderer Berücksichtigung des Umweltrechts. 2003.

Band 49 Katja Schmitz: Durchgriffswirkung von Maßnahmen der UN und ihrer Sonderorganisationen unter besonderer Berücksichtigung von Resolutionen des UN-Sicherheitsrates - Die Entwicklung supranationaler Strukturen. 2003.

Band 50 Stefanie Rothenberger: Die angemessene Nutzung gemeinschaftlicher Ressourcen am Beispiel von Flüssen und speziellen Ökosystemen. Eine vergleichende Betrachtung zum modernen Verständnis eines klassischen völkerrechtlichen Nutzungsprinzips. 2003.

Band 51 Christoph von Burgsdorff: Die Umsetzung der EG-Datenschutzrichtlinie im nicht-öffentlichen Bereich. Möglichkeit einer zukunftsorientierten Konzeption des Datenschutzes in der Privatwirtschaft unter besonderer Berücksichtigung des BDSG. 2003.

Band 52 Frank Reinhardt: Powerline. Verfassungs-, verwaltungs- und telekommunikationsrechtliche Probleme. 2003.

Band 53 Chie Sato: Immunität Internationaler Organisationen. 2004.

Band 54 Johannes Thoma: EU-Recht und Schranken hoheitlicher Staatstätigkeit. 2004.

Band 55 Wolf Peterhoff: Rechtsansprüche enteigneter Volksgruppen und ihre Durchsetzbarkeit. 2004.

Band 56 Do-Hyub Kim: Das deutsche parlamentarische Regierungssystem als mögliches Modell für Korea. 2004.

FSC
www.fsc.org
MIX
Papier | Fördert
gute Waldnutzung
FSC® C083411

Kolibri 360 GmbH
Ferdinand-Jühlke-Straße 7
99095 Erfurt, Deutschland
produktsicherheit@kolibri360.de

Druck:
CPI Druckdienstleistungen GmbH
im Auftrag der
Kolibri 360 GmbH
Ferdinand-Jühlke-Str. 7
99095 Erfurt